山东省社会科学规划研究项目文丛
山东省社科规划项目研究成果(项目批准号:17CTYJ04)

公共体育服务协同供给

——基于校园足球公共服务供给的实证研究

马玉华　著

山东大学出版社
SHANDONG UNIVERSITY PRESS
·济南·

图书在版编目(CIP)数据

公共体育服务协同供给:基于校园足球公共服务供给的实证研究/马玉华著.—济南:山东大学出版社,2023.11
ISBN 978-7-5607-6949-3

Ⅰ.①公… Ⅱ.①马… Ⅲ.①群众体育—社会服务—研究—中国 Ⅳ.①G812.4

中国国家版本馆 CIP 数据核字(2023)第 224949 号

责任编辑 武迎新
封面设计 王秋忆

公共体育服务协同供给
GONGGONG TIYU FUWU XIETONG GONGJI
——基于校园足球公共服务供给的实证研究

出版发行 山东大学出版社
社　　址 山东省济南市山大南路 20 号
邮政编码 250100
发行热线 (0531)88363008
经　　销 新华书店
印　　刷 山东星海彩印有限公司
规　　格 720 毫米×1000 毫米 1/16
　　　　 13.75 印张 222 千字
版　　次 2023 年 11 月第 1 版
印　　次 2023 年 11 月第 1 次印刷
定　　价 58.00 元

前　言

面对中华民族伟大复兴战略全局和世界百年未有之大变局，体育亦需要立足新发展阶段，贯彻新发展理念。全民健身战略、健康中国战略、体育强国目标的提出深刻表明，我们国家已将体育纳入社会发展的总体目标和民族复兴伟大战略中，确立了体育的国家战略地位。这一战略的实现是服务于实现中华民族伟大复兴事业和人民对美好生活向往愿景的。而这一伟大战略愿景和战略目标的制定也冲击着我国公共体育服务供给制度生态，要求政府构建更高水平的公共体育服务体系。同时，公共体育服务的跨域性、跨边界性特征越来越突出，在某种意义上需要跨部门合作进行公共体育产品的联合生产，做好这项工作本身就是一种创新。合作部门需要学习一种全新的思维方式和行事方式，让合作解决问题的模式取代以前的单一力量和单维思路的模式。

随着研究的逐步开展，笔者渐渐发现公共体育服务跨部门合作和创新之间有一种更为重要的联系，可以说协同供给是公共服务实践中创新性的体现。笔者意识到，要理解公共体育服务协同供给，就要深入案例之中进行深度研究，在实践层面做出努力。

2015 年 2 月 27 日，中央全面深化改革领导小组审议通过了《中国足球改革发展总体方案》，其中有 17 处涉及校园足球，这标志着校园足球上升为国家战略，也成为我国的一项公共事务。2015 年 7 月 22 日，教育部等六部委下发《关于加快发展青少年校园足球的实施意见》(教体艺〔2015〕6 号)，对实施校园足球的总体要求和重点任务等进行了明确规定，标志着国家从组织和政策层面对校园足球发展进行顶层设计。

校园足球是一项国家战略，也是一项国家公共事务。校园足球承载着我们的足球梦想也承载着教育改革的梦想，地方政府在发展这一公共事务时要进行理性的分析，促进其健康发展。近年来，山东省认真贯彻习近平总书记关于足球发展的一系列重要讲话和重要指示精神，始终把校园足球作为落实立德树人根本任务的育人工程，坚持普及与提高相结合，完善顶层制度设计，创新体制机制。2015 年，成立山东省青少年校园足球工作领导小组。2016 年，依托山东体育学院设立山东省校园足球发展研究中心，作为山东省青少年校园足球工作领导小组办公室的研究和执行机构规划和推进山东省校园足球整体工作。笔者作为山东省校园足球发展研究中心团队的核心成员，一直致力于山东省校园足球的整体推进和协同发展，本书便是集这项工作进行过程中的成果与感悟而成。

本书并不止于理论分析，而是将协同供给的治理思路，落实到山东省校园足球近几年的实践操作之中，在实践中进一步分析协同治理的策略、路径和价值。可以说把协同供给的公共体育服务理念运用于山东省校园足球发展实践是本书的重要特色。

公共体育服务协同供给研究是一项具有挑战性的工作，笔者一直享受这个挑战过程，并深深地感谢那些一直陪伴我的人，感激那些提供帮助的机构。

受现实条件约束，以及笔者能力所限，未能够对我国未来公共体育服务供给的发展路径进行更深入和系统的分析，这既是本书的不足之处，也是笔者今后努力的一个方向。笔者希望通过自己的深入研究能够发掘更多基本的问题，能为公共体育服务供给机制创新的理解做出点贡献。

马玉华

2023 年 6 月

目　录

第一章 概 述

第一节 问题提出

随着政府转型的深入和服务型政府的建设，我国一直致力于公共服务治理模式的创新。从推动事业单位分类改革，到引入社会组织、民间组织和志愿者组织参与公共服务供给，体育社会组织在公共体育服务的供给中逐步发挥作用，扮演重要角色。政府也越来越多地把一些公共体育服务职能转移给具备一定条件的非营利性民间组织来承担。公共体育服务的模式从以政府为主逐渐转向政府机构、私人组织和非营利组织共同参与。公共体育服务供给主体的多元化趋势和多元合作治理的实践正在逐渐改变公共体育服务的形态和逻辑，促使人们去认真思考这些多元主体在供给中的职能，以及他们如何能形成一种有效的机制和更有效地提供公共服务。政府机构、私人组织和非营利组织越来越多地开始追求双赢或者多赢局面，合作正在成为时代主旋律。同时，这样一项重要的公共议题，需要顶层设计，统一规划；需要形成以国家为主导的，各级政府和政府的相关部门、公共体育组织等有关主体进行联合与协同的模式，共同推进体育事业的发展。

振兴和发展足球是全国人民的热切期盼，关系到群众身心健康和优秀文化培育，对于建设体育强国、促进经济社会发展、实现中华民族伟大复兴的中国梦具有重要意义。2015 年 3 月 8 日，国务院办公厅印发《中国足球改革发展总体方案》（国办发〔2015〕11 号，以下简称《方案》），这是中国足球史上一个里程碑式的事件。作为中国足球改革与发展的纲领性文件,《方案》为中国足球未来发展指明了方向和道路。《方案》中最重要的制度保障则是确立足球改革发展部际联席会议制度,它进一步明确国家体育总局和教育部两大部门在推动足球发展过程中的主体责任,并要求"各方面应当各司其职、各负其责、各尽其力、协同配合,共同推动足球改革发展"。青少年校园足球工作复杂,任务繁多,单靠某一个部门或区域无法完成,鉴于此,职能部门率先提出了创新政府主导、行业协会支持、社会力量参与的治理格局。在治理理念上实现了从"行政管理"向"公共治理"的转变,在参与主体上实现了从"单一主体"向"多方参与"的转变,在运行机制上实现了从"任务驱动"向"需求驱动"的演变,以及从"各自为政"向"利益契合"的推进,这为我国青少年校园足球治理迎来前所未有的机遇。

如此一来,在现实问题、社会发展约束条件和社会需求的多重诉求下,公共体育服务供给模式变革势在必行。相关从业者必须主动肩负起对过去的反思、对现实的认知和对未来的思维建构等工作,为此,我们迫切需要有针对性的深度理论思考,其中比较重要的理论有协同治理理论和整体政府理论。以协同治理理论和整体政府理论为基础进行的公共服务协同供给是西方国家在政府转型中推行的一种创新性的公共服务供给模式,该模式以创造公共价值为基准,多个供给主体为了共同的目标通过协同机制来进行供给。这些理论也为我国政府公共体育服务的供给创新提供了一定的理论支撑。

因此,"建构一个多元主体参与、协同供给的公共体育供给模式"是我国公共体育服务供给改革的一个现实选择,也是我们改革的目标之一。这既是其他各国在政府转型中进行公共体育服务改革的普遍实践,也是我国建设服务型政府政策下公共体育服务供给改革的必然选择。

中国足球一直是我国体育改革的试点项目之一,在公共体育服务供给体制机制变革中也为我们提供了很多案例和经验,值得我们研究和反思。校园足球体制革新应与国家治理体系的改革方向相一致,政府在推进校园足球体制革新的过程中,应以新的治理范式寻求政府、市场和社会等多元治理主体的协同发展;校园足球的体制革新应从理念与实践两个层面确立相应的价值导向,并对政府、市场和社会等治理主体进行组合与重构,加快推进政府部门体制革新,吸纳市场和社会体育组织的参与,构建起多元协同的治理格局。

公共体育服务供给是一个复杂的投入产出过程，存在多方面的制度嵌入和联系，并非简单的人、财、物和组织的结合。如何在新的生态环境下协调各利益主体间的关系，回应不同主体间的价值诉求以达成共识，是今后公共体育服务供给研究中的核心问题。

第二节　研究的意义

一、理论意义

本书在综合梳理国内外关于公共服务供给和协同治理理论及其他相关理论（网络治理、整体政府、伙伴关系等）的基础上，系统归纳出了用于分析公共体育服务协同供给的理论框架，既丰富了公共体育管理的理论体系，又为研究公共体育服务理论提供了有效的分析工具。

近年来，协同治理、整体政府理论和服务型政府理论兴起，为公共服务的协同供给模式的建构提供了思想资源和实践框架，其中关于公共服务供给的研究主要集中于公共服务多元供给主体中的协同治理的理论性研究。

公共体育服务协同供给在许多国家已然成为一种主流趋向，尤其是在英国、新西兰、澳大利亚、加拿大、日本、中国等国。这些国家在政府转型背景下进行了为公民提供无缝隙连接的整合性公共服务供给模式的创新，而这一创新是理论和实践共同作用的产物。其高度依赖各种伙伴关系、协议和同盟所组成的协同网络来从事和完成公共体育服务的供给活动。公共体育服务协同供给模式改变了传统的行政组织提供模式，取而代之的是基于平等伙伴关系的合作模式。

虽然政府的等级模式依然存在，但一边是政府想要尝试解决更为复杂问题的推力，另一边是允许革新者创造性地回应新的递送工具所产生的拉力，在两种力量的共同作用下，公共体育服务的变革势在必行。而这种推力和拉力也使得公共体育服务协同供给问题成为跨越文化、制度和发展差异的共识。正是基于这样的社会发展需求和目前面临的问题，在需求导向和问题导向下，本书在分析公共服务提供与生产分开的相关理论和观点以及协同治理理论和整体政府理论等文献的基础上，建构了公共体育服务协同供给的模型，并以此模型为框架，探讨了西方国家公共体育服务中的协同的目标定位、制度安排、协同过程和协同结果与绩效，让我们可以对西方国家公共体育服务协同供给模式有个清晰的认知。同时，本书在回顾我国公共体育服务供给模式的历史演进和我国目前公共体育服务供给中的协同实践的基础上，借鉴不同国家的经验，分析了我国公共体育服务供给演进模式和存在的问题，并提出未来的发展思路。

运用理论分析框架对国外公共体育服务协同供给进行分析，可以更好地追踪国外公共体育服务供给改革与治理的新趋势、新战略、新方法，推动新时期我国公共体育服务供给创新，一方面可以促进我国公共体育管理学科的发展，另一方面也可以为我国刚刚兴起的协同治理研究提供一个应用案例，丰富理论研究内涵。

二、实践意义

在实践中，我国政府把公共体育服务纳入国家公共服务体系中，把体育上升为国家战略，体育由“国家体育”向“全民体育”转型。这是一项大工程，任务复杂，服务主体多样，其中涉及多个部门，需要多元主体参与治理才有可能实现。因此，本书的实践意义体现在：第一，本书可以帮助实践者来理性地看待实践中那些想当然的假设，同时可以为实践提供一些标杆，建立评估和分析框架。在我国实现国家治理能力和治理体系现代化、建设体育强国的大背景下，研究公共体育服务的协同供给这一涉及跨部门互动的理论和实践，有利于指导我国相关实践的开展，少走弯路。第二，本书有助于我国即将和已经开始的体育行政和公共体育服务改革，处理好各个层面关系，如机构改革和其他配套改革的关系、价值理性（价值理念更新）和工具理性（操作层面改革）的关系、公共体育服务提供与生产的关系等。第三，本书有助于在我国公共体育服务实践中引入新的治理工具和方法，完善我国公共体育服务供给中的预算制度和绩效评估。

以校园足球公共服务供给为案例进行实证分析研究，可以明确山东省校园足球发展的目的，促使其发展更趋合理，为地方政府发展校园足球提供校园足球协同供给模式，确立校园足球协同供给的价值体系和终极立场，也就是校园发展的"初心";同时,为山东省校园足球公共服务供给既定目标的实现提供操作模式和工具系统,在实事求是的基础上实现既定目标,以保证我们校园足球"不忘初心,砥砺前行"。

第三节 研究思路

本书按照"理论分析—模型构建—国际实践经验借鉴—国内现实考察—发展思路设计"的研究路径,以公共管理学、行政学、体育学等学科理论为指导,综合运用文献分析法、比较分析法、实证与规范相结合分析法等研究方法,聚焦于我国公共体育服务供给中的协同机制进行研究和探讨。在理论借鉴和实证分析的基础上,提出公共体育服务协同供给分析模型,并对若干发达国家的公共体育服务协同供给实践进行分析,总结经验,以期为我国公共体育服务协同供给相关政策提供借鉴。具体的研究路径如图 1-3-1 所示。

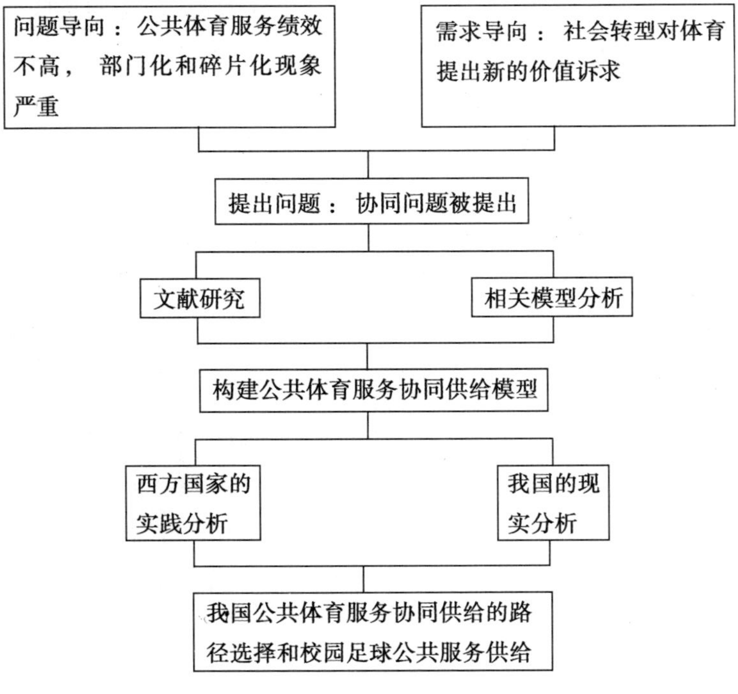

图 1-3-1 研究路径

第二章　研究的理论基础和现状

进入21世纪,合作治理、协作的公共服务提供解决社会问题的方式已成为一种全球趋势。尤其是西方国家掀起了第二次政府再造运动所提出的以提升公共服务质量为主题的公共服务整体性和协同性供给模式,更是成为针对新公共管理模式中政府公共服务的市场化供给机制导致的问题而进行的一次重大变革。公共服务协同供给随着“整体政府”理念的实践开始进入研究者的视域,他们主要从整体政府、协同治理、伙伴关系等角度进行了深入研究。在我国,公共体育服务供给研究的发展迅速,但以翻译国外资料和研究国外案例的情况居多,结合政府转型和公共体育服务的研究较少。

第一节　研究的理论基础

一、新公共服务理论

罗伯特·B.登哈特(Robert B. Denhardt)和珍妮特·V.登哈特(Janet V. Denhardt)夫妇于21世纪初提出了一个全新的管理模式和管理理念,即新公共服务理论,这是一套明确公共行政在以公民为中心的治理系统中所扮演的角色的理念,其试图建立一种以公共协商对话和公共利益为基础的公共服务行政模式。

1.政府的职能是服务而不是掌舵

新公共服务理论认为,政府的作用在于,与私营及非营利组织一起为社区所面临的问题寻找解决办法。政府职能从控制转变为议程安排，使相关各方坐到一起，为促进公共问题的解决进行协商、提供便利。

2.公共利益是目标而非副产品

其一，建立社会远景目标的过程并不能只委托给民选的政治领袖或被任命的公共行政官员，广泛的公众对话和协商至关重要。其二，公共行政官员应当积极地为公民提供能够通过对话清楚地表达共同的价值观念并形成共同的公共利益观念的舞台，应该鼓励公民采取一致的行动。

3.战略地思考，民主地行动

其一，通过激发人们应有的公民自豪感和责任感，相关各方共同努力，为参与、合作和达成共识创造机会。其二，政治领袖应该扮演一种明确且重要的角色，他们要清晰地表示并鼓励对公民责任感的强化。其三，人们必须逐步认识到：政府的目标就在于确保开放性、可接近性和具有回应能力，能够为公民服务并且为实现公民权利创造机会。

4.服务于公民而不是顾客

新公共服务理论认为，政府与公民的关系不同于企业与顾客的关系，政府必须关注公民的需要和利益。

5.责任并不是单一的

新公共服务理论认为，公共机构通过分享领导权，特别是通过公民或与公民一起来行使领导权可以达到改变参与者的目的，并且可以把公民的关注点转移到更高层次的价值理念上。

6.重视人而不只是生产率

新公共服务理论认为，公共行政官员已经受到并且应该受到包括公共利益、民主规范、公民需要等在内的各种制度和标准等复杂因素的综合影响，而且他们应该对这些制度和标准等复杂因素负责。

7.超越企业家身份，重视公民权和公共服务

新公共服务理论明确地指出，公共行政官员不是政府所有者，政府的所有者是公民。公共行政官员不仅要分享权力，通过公民来工作，通过中介服务来解决公共问题，而且还必须将其在治理过程中的角色重新定位为负责任的参与者，而非企业家。

二、资源依赖理论

资源依赖理论(Resource Dependence Theory)最早萌生于塞尔兹尼克(Phlip Selznick)的共同抉择理论,后由詹姆斯·汤普森(James Thompson)提出组织结构依存性类型之后,被广泛应用于组织间关系的研究。其主要代表人物是杰弗里·菲佛(Jeffrey Pfeffer)与杰勒尔德·萨兰基克(Gerald Salancik),其代表作是他们1978年出版的《组织的外部控制》(*The External Control of Organizations*)一书。

该理论的主要观点为:其一,组织间的资源依赖产生了对特定组织的外部控制,并影响了组织内部的权力安排;维持组织的运行需要多种不同的资源,而这些资源不可能都由组织自己提供。其二,外部限制和内部的权力构造形成了组织行为的基础,并产生了组织为摆脱外部依赖而维持自治度的行为。

资源依赖理论认为,虽然各个组织总体上都会非常珍视其自主权而尽量避免合作,但是在实际中由于资源的稀缺性和分布不均衡性,组织为了实现各自的目标,就会产生合作意愿。因为任何一个组织都是要生存的,为了生存就需要从外部获得资源,从而产生资源依赖。资源依赖有两种类型:竞争性互依与共生性互依。竞争性互依主要是指在同一市场中运行的组织与其他组织竞争稀缺资源。共生性互依主要是指组织与其他组织为了实现共同的目标,通过资源的整合利用,相互依赖,共生共灭。

资源依赖理论认为,各个部门之间存在资源与权力的相互依赖关系,正是这种依赖促成了伙伴关系各方的互动合作。从本质上说,协作各方的互动过程,就是资源的相互依赖过程。根据资源依赖理论的观点,政府作为公共服务供给组织与其他公共服务供给组织主体间存在着资源依赖关系。在公共服务需求日趋多元化和复杂化的环境中,政府组织需要通过其他组织中的优势资源,尤其是专业知识,才能完成公共服务的生产;其他供给主体组织也依赖政府的政策、资金等资源来实现自己的组织目标。因而在公共服务领域中,通过公私合作新的模式取代由公共机构直接提供服务的传统模式实现公共服务的协同供给、实现公共利益的思路,是较为可行的。简言之,通过资源依赖理论可以让公共服务供给的多元主体明确资源相互依赖和共同利益目标是公共服务协同供给发生的前提条件。正如唐纳德·F.凯特尔(Donald F. Kettl)所言:“在整个20世纪,公共行政发生的最大变化就是公共组织中不断增长的相互依赖性,它改变了公共行政管理人员的传统工作方式,使得公共机构间必须建立更加紧密的联系。”[①]

三、机制设计理论

机制设计理论是由赫维茨(Leonid Hurwicz)、马斯金(Eric S. Maskin)和梅尔森(Roger B. Myerson)等人在20世纪60~70年代创立的。瑞典皇家科学院将2007年度诺贝尔经济学奖授予了这三位学者,以表彰他们的这一理论贡献,也使得该理论在更大范围内引起关注。机制设计理论的核心内容是信息效率、激励相容、显示原理和执行理论。共主要目标就是通过机制设计,避免信息不完全所带来的资源配置损失,为主体提供合理激励,实现资源最优化利用,以实现个人利益和社会福利的最大化。该理论旨在说明,即使在市场机制不能充分实现效率最大化目标时,社会仍能通过选择其他经济机制来达到既定的社会目标。[②] 概括地说,机制设计理论是在已知目标既定的条件下,求解最优的路径,也即探讨“什么样的经济机制可以实现目标”的问题。该理论通过解释个人激励和私人信息,大大提高了我们在这些条件下对最优配置机制的理解。

机制设计理论的核心概念之一是“激励相容”(Incentive Compatibility, IC),由赫维茨于1972年提出。“激励相容”概念被表述为:如果在某个机制背后的博弈中,每人如实报告自身类型是其占优策略,那么该机制是激励相容。[③] 机制设计者很难掌握所有个人的信息,在这样的情况下,只要掌握一个原则,即设计出来的机制能够在实现社会目标的前提下给参与的个体以激励,使参与者在最大化个人利益的同时也达到了组织所制定的目标。

机制设计理论的另一个重要概念是“显示原理”(The Revelation Principle)。“显示原理”最早由美国经济学家吉尔巴特(James William Gibart)提

---

① Kettl, D., “Governing at the Millennium”, in James L. Perry ed., *Handbook of Public Administration* (2nd), San Francisco: Jossey-Bass, 1996, p.8.

② 参见刘峰:《不完全信息、激励与机制设计理论——2007年度诺贝尔经济学奖评述》,《光明日报》2007年10月30日。

③ 参见方燕、张昕竹:《机制设计理论综述》,《当代财经》2012年第7期。

出,马斯金等人将之扩展为标准的贝叶斯-纳什均衡概念,迈尔森进一步将其一般化,并应用于一些具体的经济问题。[①] 简单来说,这个原理就是在大量的可供选择的机制集合中寻找最优的可供选择的机制时,可以把注意力限制在由少量机制组成的一个亚类中,这些亚类中的机制满足赫维茨的激励相容条件即可。一旦一个最优直接机制被找到,研究者就可以把这个直接机制转化成现实机制。直接机制并非对现实制度的描述,但其数学结构使分析相对简单。对给定配置问题下所有直接机制的集合进行最优化能够很好地在数学上加以定义。实施理论由马斯金提出,并于1999年发表在《经济研究评论》(*The Review of Economic Studies*)杂志上。在论文中,他提出了著名的"马斯金定理"。该定理指出,在一定条件下,人们可以找到适合的用以实现社会目标的机制。

机制设计理论因其优秀的解释力和适应性,在经济领域得到了广泛的应用,尤其在国有企业改革、政府拍卖、金融、医疗改革和教育体制改革等领域都有深入应用。机制设计理论不仅仅在经济领域适用,而且已经成为部分政治科学的核心内容。[②] 目前,我国政府的第二次转型是以制度建设为关键的政府转型,学者们对此已基本达成共识。因此,我们应该把机制设计理论运用到政治体制改革中来,通过设计合理的制度来稳妥推进改革。

公共体育服务供给需要进行机制创新,因此,在设计时为了实现公共体育服务社会福利最大化的目标,我们在进行研究和创新时,应通过显示原理和执行原理的方式来实现信息效率的最大化和激励相容,这也为我们进行机制设计提供了一个更广阔的思路。

四、协同治理理论

公共服务供给创新越来越依赖政府机构、私营组织和非营利组织之间的跨边界协同。随着电子政务的出现,相关机构亦开始大量使用先进的信息技术以尝试改善公共服务。政府改革和新技术之间的协同作用重新设计

---

① 参见刘峰:《不完全信息、激励与机制设计理论——2007年度诺贝尔经济学奖评述》,《光明日报》2007年10月30日。

② 参见郭其友、李宝良:《机制设计理论:资源最优配置机制性质的解释与应用——2007年度诺贝尔经济学奖得主的主要经济学理论贡献述评》,《外国经济与管理》2007年第11期。

公共服务的新形态。

同时,西方学术界近些年兴起的协同治理理论,为公共服务的协同供给模式的建构提供了思想资源和实践操作的框架。协同治理理论或与之相关的协作性管理中关于公共服务供给的研究,主要是探讨公共服务多元供给主体中的协同治理的理论性研究,以及对协同治理的可供操作的模型的研究。

克里斯·安赛尔(Chris Ansell)和艾利森·加什(Alison Gash)对协同治理的概念及实践进行了研究,提出了常用的"协同治理"的概念,建构了影响协同治理的要素模型。丹麦罗斯基勒大学的民主网络治理中心比较早展开协同治理的研究,其主要集中于对欧盟的"协作治理试验场"进行理论建构研究,主要包含协作治理的概念、特征和实现路径、障碍及其解决等的研究。

萨拉蒙的"公共服务中的伙伴"研究,主要分析政府和非营利组织在公共服务中的合作。① 随后达霖·格里姆赛(Darrin Grimsey)和莫文·刘易斯(Mervyn K. Lewis)在其著作《公私合作伙伴关系:基础设施供给和项目融资的全球革命》(*Public Private Partnership: The Worldwide Revolution in Infrastructure Supply and Project Finance*)中探讨了在基础项目设施建设中公私合作伙伴关系,并对欧洲的一些案例进行分析,提出了公共服务合作的一些可操作性的概念和模型。②

尼古拉斯·迪金(Nicholas Deakin)在对英国的志愿部门、社会企业等非政府部门解决社会和经济问题的途径进行研究,提出在新的时期国家和民间团体的协作伙伴关系是解决社会问题迅捷途径的观点。③

哈佛大学肯尼迪学院发起了关于协作治理的"维尔"项目(the Weil Program),雪城大学马克斯韦尔学院发起了协作治理计划,举办学术论坛,出版刊物,开设报告会,进行案例研究和教学比赛。IBM 政府事务中心组织了关

---

① 参见[美]萨拉蒙:《公共服务中的伙伴:现代福利国家中政府与非营利组织的关系》,田凯译,商务印书馆 2008 年版。

② 参见[英]达霖·格里姆赛、[澳]莫文·K.刘易斯:《公私合作伙伴关系:基础设施供给和项目融资的全球革命》,济邦咨询公司译,中国人民大学出版社 2008 年版。

③ 参见[英]尼古拉斯·迪金:《政府、民间团体和企业在英国社会福利中的协作伙伴关系》,《行政管理改革》2010 年第 7 期。

于协作治理的论坛。这些研究对协同治理的内涵提出了各自的看法，如表2-1-1所示。

表 2-1-1 协同治理的不同概念界定

提出者	定义
安赛尔与加什	协作治理是这样一种治理安排，其中一个或者多个公共机构直接加入到非国家利益相关方的集体决策过程中，该过程是正式的、有共识的、审慎的，以制定或者执行公共政策或者管理公共项目或公共资产为目的①
唐纳休	通过与政府以外的生产者共同努力并与之共享自由裁量权的方式，追求官方选定的公共目标②
查德克（Simon Zadek）	协同治理指的是来自公共和私人机构的多元参与主体一起制定、执行和管理规则，为共同面对的挑战提供长期解决方案的过程③
卡尔佩帕（Pepperv Culpepper）	协同治理指的是政府和非政府参与者在一个既定的政策领域内进行经常性的互动，且在这个过程中，政府对问题的界定以及实施方法的选择上均没有垄断的权力④
莫尔斯（Ricardo Morse）和斯蒂芬斯（John Stephens）	协同治理是一个伞形概念(an umbrella term)，包括了公共行政领域中相互交织的诸多概念，比如府际协同(intergovernmental collaboration)、区域主义(regionalism)、跨部门伙伴关系(cross-sector partnership)、公共服务网络(public service networks)、达成共识(consensus building)和公共参与(public engagement)等⑤

① Ansell, C., Gash, A., "Collaborative Governance in Theory and Practice", *Journal of Public Administration Research and Theory*, 2008, 18(4), pp.543-571.

② Ansell, C., Gash, A., Collaborative Governance in Theory and Practice, *Journal of Public Administration Research and Theory*, 2008, 18(4), pp.543-571.

③ Zadek, S., The Logic of Collaborative Governance: Corporate Responsibility, Accountability and the Social Contract, *Corporate Social Responsibility Initiative Working Paper*, 2006, 17.

④ Culpepper, P. D., *Institutional Rules, Social Capacity, and the Stuff of Politics: Experiments in Collaborative Governance in France and Italy*, Florence: European University Institute, 2004.

⑤ Morse, R. S., Stephens, J. B., "Teaching Collaborative Governance: Phases, Competencies, and Case-based Learning", *Journal of Public Affairs Education*, 2012, 18(3), pp.565-583.

续表

提出者	定义
联合国全球治理委员会	协同治理是个人、各种公共或私人机构管理其共同事务的诸多方式的总和。它是使相互冲突的不同利益主体得以调和并且采取联合行动的持续的过程。其中既包括具有法律约束力的正式制度和规则，也包括各种促成协商与和解的非正式的制度安排①

五、整体政府理论

20 世纪后期，西方国家进行了一项公共部门协调与整合机制的改革运动——“整体政府”（Whole of Government，WOG）。其作为一种有效解决问题的方式，是对传统公共行政的衰落和新公共管理改革过程中造成的严重碎片化的“战略性回应”。整体政府是一种国际性政府变革思潮，它源于英国，并迅速扩展到澳大利亚、新西兰、荷兰等国。此后，美国、加拿大等国的各级政府也进行了类似的改革实践。现在，以跨部门协同为核心价值的整体政府改革已然成为西方国家行政改革的普遍实践，以至有人认为该理论可望成为 21 世纪有关政府治理的“大理论”。②

英国是最早提出并实践整体政府理论的国家。1997 年，布莱尔上台后提出了“协同政府”（Joint-up government）理念，其整体政府改革的施政纲领主要表现在 1999 年颁布的《现代化政府》白皮书中。它为英国提供了一个实施整体政府改革、推行现代化政府的革新框架。③

1999 年，新西兰工党政府改革时提出重视机构间协调，提供协调的公共服务的目标。新西兰总理组织出版了 19 本描述整体政府活动差异的典型案例。这些案例揭示了整体政府的一些共同的特征：以顾客为导向的服务；各种相关机构及不同层级政府之间的整合；社区参与；适合地方和区域需要的服务定制；资源的有效使用；以公众的需要而不是官僚制结构需要来设计服务方式；等等。

---

① 转引自俞可平：《治理和善治》，社会科学文献出版社 2000 年版，第 5 页。

② 参见彭锦鹏：《全观型治理：理论与制度化策略》，《政治科学论丛》2005 年第 23 期。

③ 参见李长晏：《跨域治理》，（台北）五南图书出版股份有限公司 2005 年版，第 71 页。

澳大利亚政府很早就提出并实施了“整体治理”战略，总理或内阁建立各种加强政府部门合作的新机构，如新内阁/部委委员会、部际/内或局际合作机构、府际委员会、联合小组、特别工作小组、跨部门计划或项目等，同时，还提出了要提高领导的合作能力的目标。1997 年，澳大利亚又新成立了一个“联络中心”来负责原先由联邦政府几个部所承办的一系列社会工作。通过这些新机构、“联络中心”网点和各种一站式服务中心，澳大利亚政府实现了为民众提供无缝隙公共服务的目标。澳大利亚政府管理咨询委员会对各国整体政府实践模式进行总结提升后，形成了整体政府的最佳实践模式。具体内容如图 2-1-1 所示。[①]

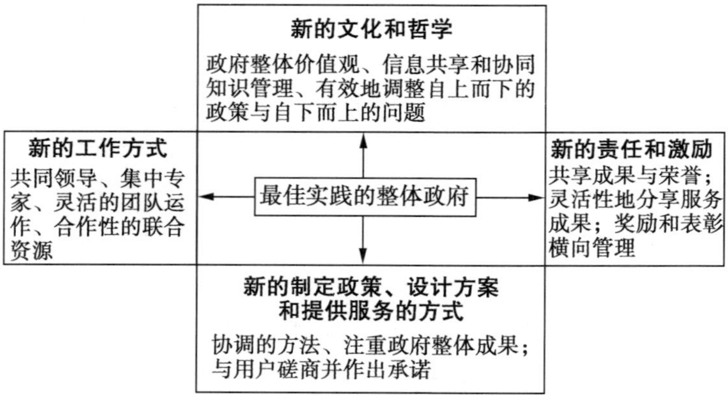

图 2-1-1　整体政府公共服务的最佳实践模型

通过对英国、澳大利亚、新西兰等国家整体政府改革的分析，经济与合作发展组织（以下简称“经合组织”或“OECD”）提出整体政府改革在全球得以迅速推行的六方面原因：其一，现存的政府结构和政策工具不能应对诸如贫困、竞争、环境等新问题；其二，以前的改革议程不能适应复杂的问题情境和结合互联网的潜力；其三，社会科学家提供了确凿的证据证明相互存在联系的问题的大量产生；其四，科学技术和组织技术的快速发展；其五，公民对政府提供的公共服务提出了更高的诉求和期望；其六，人们的注意力从原子

① 参见张立荣、曾维和：《当代西方“政体政府”公共服务模式及其借鉴》，《中国行政管理》2008 年第 7 期。

模型转向环境、生物学、计算机、团体等系统思考。

"整体政府"是一个大概念,相关术语包括"协同政府"(Joined-up Government)、"网络化治理"(Government by Network)、"伙伴关系"(Partnerships)、"政策整合"(Policy Integration)、"水平化管理"(Horizontal Management)、"跨部门合作"(Cross-agency Collaboration)等。这表明,西方国家在第二次转型中更加关注公共管理的协作性和公共服务供给的整体性。公共服务供给的改革开始呈现出一种不同于以前的实践模式。通过对文献的梳理,目前对整体政府内涵的界定主要有以下几种观点,如表 2-1-2 所示。

表 2-1-2 整体政府的不同概念界定

提出者	定义
佩里·希克斯(Perri Six)	整体政府是指项目、政策或机构的组织安排之间的一致性,这种一致性可以促使机构之间进行协作
澳大利亚《联合政府报告》(*The Connecting Government Report*)	整体政府是指公共服务机构为了完成共同的目标而实行的跨部门协作,以及为了解决某些特殊问题组成联合机构。它所采取的措施可以是正式的也可以是非正式的,可侧重于政策的制定、项目的管理或者服务的提供
经合组织(OECD)《整体政府的方法治理虚弱的国家(2006 年)报告》	整体政府的方法(Whole-of-Government Approach, WGA)在治理"虚弱国家"(fragile states)时不会在操作层面自动发生作用,它要求实施一系列政策、治理工具和战略来促进联合工作
克里斯托夫·波里特(Christopher Polite)	整体政府是指一种通过横向和纵向协调的思想与行动以实现预期利益的政府改革模式。它包括四个方面内容:排除相互破坏与腐蚀的政策情境;更好地联合使用稀缺资源;促使某一政策领域中不同利益主体团结协作;为公民提供无缝隙而非分离的服务
曾维和	整体政府意味着一种新型的政府改革治理模式,即在公共政策与公共服务的过程中,采用交互的、协作的和一体化的管理方式与技术,促使各种公共管理主体(政府、社会组织、私人组织以及政府内部各层级与各部门等)在共同的管理活动中协调一致,达到功能整合、消除排斥的政策情境,有效利用稀缺资源,为公民提供无缝隙服务的思想和行动的总和

综合以上研究，我们可以看出：协同治理和整体政府作为政府治理改革的新趋势，其最主要的目标是提供优质的公共服务。提供的方式是公共服务的多元主体间的合作和协同，强调某一政策领域中不同利益相关者之间的团结协作。整体政府强调公共服务供给的协同化和公共服务政策的协调性。公共服务中的协同既包括横向部门间的协同，也包括纵向部门间的协同，还包括不同利益相关者间的协同。其中，协同治理中的主要治理工具是伙伴关系。这些理论和实践的研究为我们进行体育领域中的公共体育服务协同供给研究提供了理论基础和分析的基础模型。

第二节　公共服务协同供给的相关研究

一、国外公共服务协同供给研究

在政府变革和公共服务供给的理论与实践中，比较受关注的是公共服务供给中“提供”与“生产”的分离。公共选择理论认为没有任何逻辑与理由能证明公共服务必须由政府机构来提供，摆脱困境的最好出路是打破政府的垄断地位，建立公私机构之间的竞争。多中心治理理论主张将公共服务的“提供”和“生产”区别开，指出政府并非公共服务的唯一提供者，在政府范围之外还存在着其他的公共服务供给形式。①他们还提出：“以多样化的提供方式取代单一政府提供方式既包括通过政府以外的其他主体提供，也包括政府可根据公共物品的不同属性，采取多种不同方式提供的可能性，关键在于充分发挥各主体的优势，提升公共服务的效率。”②

新公共管理理论在公共服务供给上倡导公共服务供给的市场化和民营化。戴维·奥斯本(David Osbone)和特德·盖布勒(Ted Gaebler)在《改革政府：企业家精神如何改革着公营部门》一书中提炼为“企业家政府”模式，可以说是用市场机制重塑政府的典范。他们认为起催化作用的政府是一种

---

① Ostrom, V., &Ostrom, E., *Public Goods and Public Choices*, *in Alternatives for Delivering Public Services*: *Toward Improved Performance*, New York: WestView Press, 1977.

② [美]埃莉诺·奥斯特罗姆：《公共事物的治理之道》，余逊达、陈旭东译，上海译文出版社2012年版，第57页。

把政策制定(掌舵)同服务提供(划桨)分开的体制,而权力转移、公私联合、伙伴关系等,则是起催化作用的政府的主要手段。[①] "民营化大师"萨瓦斯的研究表明,没有任何逻辑理由证明公共服务必须由政府机构来提供,而摆脱政府公共服务低效率和资金不足困境的最好出路便是打破政府的垄断地位,积极实行公共服务的民营化,建立起公私机构之间的竞争。他还通过对英美公共服务市场化的举措进行分析,将公共服务的提供制度分为政府服务、政府间协议、契约、特许经营、补助、凭单制、市场、自我服务、用者付费、志愿服务等方式。[②]

罗伊斯·汉森(Royce Hansen)也认为:"有一种共识正被越来越多的人所承认,这就是政府有责任通过政策制定来提供公共服务和公共设施,但是这些公共服务和公共设施可以由任何部门根据成本效益原则和公平的价值观来生产。"[③]蒂伯特(Charles Tiebout)等在分析大城市地区的政府组织结构安排时也明确地对地方公共服务的"供应"和"生产"进行了区分,他们认为:"提供是指征税和支出的决策,决定适当类型的服务及其供给水平,并安排生产和监督生产。生产是指把投入转换成产出。作为提供一项公共服务之政治单位的组织不必一定生产该项服务。"[④]奥克森认为:"服务的提供是指一系列集体选择行为的总成,它就下列事项做出决定:需要提供什么样的产品和服务、产品和服务的数量和质量标准、需要筹措的收入数和如何筹措、如何约束和规范公共产品和服务消费中的个人行为、如何安排产品和服务的生产。服务的生产则是指如何将一系列的输入资源转化为产品和服务的技术过程。"[⑤]迈克尔·麦金尼斯(Michael Mcginnis)指出:"生产是指物理过程,据此公益物品或者服务得以成为存在物,而提供则是消费者得到产

---

① 参见[美]戴维·奥斯本、[美]特德·盖布勒:《改革政府:企业家精神如何改革着公营部门》,周敦仁等译,上海译文出版社 2013 年版。

② 参见[美]E.S.萨瓦斯:《民营化与公私部门的伙伴关系》,周志忍等译,中国人民大学出版社 2002 年版,第 26 页。

③ Hanson, R., "The Urban Filthier New Policies and Issues", *Journal of Housing*, 1987, January/ February.

④ [美]迈克尔·金尼斯:《多中心体制与地方公共经济》,毛寿龙译,上海三联书店 2000 年版,第 423 页。

⑤ [美]罗纳德·奥克森:《治理地方公共经济》,万鹏飞译,北京大学出版社 2005 年版,第 3 页。

品的过程。”[①]

世界银行发布的《2004年世界发展报告：让服务惠及穷人》从公共服务参与方之间的责任关系入手，用“责任”一词将公共服务供应链中的各方联结起来，提出了一个广为流传的公共服务供给分析框架。[②]

通过上述理论研究可以看出，对于政府变革下的公共服务供给研究，各理论流派基本达成共识，在公共服务供给中决策职能和执行职能分开。公共服务供给中，提供与生产分开，是破解政府公共服务垄断供给导致的公共服务效率低下的一剂良药，为公共服务多元主体的参与供给开辟了道路。但是，如何整合这些多元主体间的关系形成一种合力，又成为一个新的课题。

二、我国公共服务协同供给研究

近年来，随着我国政府转型和服务型政府的建设，关于公共服务协同供给的研究成为国内理论研究的重要内容。[③] 周志忍、孙迎春、曾维和、郑恒峰等一批学者都对西方的整体政府及公共服务协同供给理论进行了介绍，对公共服务供给模式创新和各领域公共服务的转型发展注入了新的理论。

学者们从不同的角度论证和分析我国公共服务多元主体协同发展的必然性和必要性，认为实现社会公共服务由单一服务主体向多元主体协同发展，成为政府转型下政府摆脱困境的必然选择。周志忍、蒋敏娟认为，我国需要从战略高度上重视公共服务协同供给制度的研究和实践，这是一项系统工程，不应仅仅聚焦于技术层面的创新，而应对制度进行顶层设计。[④] 张立荣、曾维和认为西方的整体政府理论在价值取向、组织结构、供给方式、技术手段等方面对改革公共服务体系具有重要的启示和借鉴意义。[⑤] 郑恒峰

---

① [美]迈克尔·麦金尼斯：《多中心体制与地方公共经济》，毛寿龙译，上海三联书店2000年版，第4页。

② 参见世界银行主编：《2004年世界发展报告：让服务惠及穷人》，中国财政经济出版社2004年版，第46～52页。

③ 参见车峰：《我国公共服务领域政府与NGO合作机制研究》，中央民族大学出版社2013年版。

④ 参见周志忍、蒋敏娟：《中国政府跨部门协同机制探析：一个叙事与诊断框架》，《公共行政评论》2013年第1期。

⑤ 参见张立荣、曾维和：《当代西方“整体政府”公共服务模式及其借鉴》，《中国行政管理》2008年第7期。

认为，协同治理能够充分发挥公共服务多元供给主体的各种优势，形成整体性的治理功效，是治理公共事务的理想模式。[①] 吴光芸、方国雄认为，应该构建充满竞争和活力的公共服务体系，寻求政府、市场和社会在公共服务供给领域的均衡点，建立公共服务供给的多中心体制和互补机制。[②] 唐任伍、赵国钦提出，公共服务的跨界合作通过部门间协同构建多样化服务供给框架，将碎片化的服务整合到连续统一体之中。[③] 郭道久认为，在公共服务供给实践中代表着体制内供给者的政府和代表着体制外供给者的第三部门应该通过各种方式相互合作，结成伙伴关系，相互监督，协同发展。[④] 汪锦军从“目标”和“利益”两个变量出发，来构建公共服务协同机制的分析框架，提出科层制协同、沟通性协同、公私协同、战略性协同四种协同机制。[⑤]

还有很多学者从政府与社会组织合作来供给公共服务的角度展开研究，探讨具体的合作模式。汪锦军认为，公共服务领域需要政府与非营利组织合作，以应对公共服务的挑战，并提出了协同增效、服务替代和拾遗补阙三种合作模式。[⑥] 石国亮认为，从以政府垄断为主的公共服务供给模式，到政府与社会合作供给公共服务格局的形成，表明了公共服务合作供给的历史必然性。[⑦] 车峰探讨了在主体（非政府组织类型）、过程（公共服务过程）、结果（公共物品的类别）这三个维度上全面建立起一整套政府与非政府组织深度多层次合作的机制。[⑧] 沈荣华认为，要建立以公众为导向的公共服务供给方式，应该更多地引入市场方式、政府与社会的合作方式、政府间协作方式等等，充分发挥事业单位提供公共服务的作用，加强第三部门参与和完善

① 参见郑恒峰：《基于我国公共服务中我国政府公共服务供给机制创新研究：基于协同治理的视角》，《辽宁行政学院学报》2009 年第 11 期。

② 参见吴光芸、方国雄：《市场失灵、政府失灵与非营利组织失灵及三者互动的公共服务体系》，《四川行政学院学报》2005 年第 1 期。

③ 参见唐任伍、赵国钦：《公共服务跨界合作：碎片化服务的整合》，《中国行政管理》2012 年第 8 期。

④ 参见郭道久：《第三部门公共服务供给的“二重性”及发展方向》，《中国人民大学学报》2009 年第 2 期。

⑤ 参见汪锦军：《构建公共服务的协同机制：一个界定性框架》，《中国行政管理》2012 年第 1 期。

⑥ 参见汪锦军：《公共服务中的政府与非营利组织合作：三种模式分析》，《中国行政管理》2009 年第 10 期。

⑦ 参见石国亮：《公共服务合作供给的生成逻辑与辩证分析》，《江海学刊》2011 年第 4 期。

⑧ 参见车峰：《我国公共服务领域政府与 NGO 合作机制研究》，中央民族大学出版社 2013 年版。

公私合作。① 常修泽认为，近几年中国在提供公共服务方面开始试行“公私伙伴关系”即“PPP模式”。② 毛寿龙和李梅指出，公共服务的承包制改革，就是把政府业务承包出去，具体的办法是通过一种竞争性的招标办法，把政府所承担的公共服务业务承包给非政府的组织去经营，实际上就是公共服务的民营化，其为民营化改革政策的继续。③ 王名等学者认为，中国非政府组织参与公共服务供给，是改革开放中政治资源、社会资源和文化资源等由政府逐步向民间流转，是一种“双重失灵”。④ 郑卫荣提出，政府依靠公共权力对资源配置和运作由单向度、一极化向多向度和其他治理主体转移。⑤ 唐任伍、赵国钦提出，通过部门间协同构建多样化服务供给框架，整合公共服务供给碎片化，回应社会和公民对公共服务的多样化需求。⑥

从我国学者的研究可以看出：第一，公共服务协同供给模式是未来我国公共服务的有力选项，我国公共管理学界开始关注公共服务的协同供给，并且基本达成共识；第二，我国建设服务型政府回应公民需求和创造公共价值的创新机制就是公共服务协同供给；第三，我国应从战略的高度来重视和设计公共服务协同供给制度。

第三节　公共体育服务协同供给的相关研究

一、我国公共体育服务协同供给的相关研究

我国学者在研究中认为，我国公共体育服务供给过程中，供给主体将由政府一元供给向社会多元主体供给转化，提供主体和生产主体可以分离。

---

① 参见沈荣华：《论政府公共服务机制创新》，《北京行政学院学报》2004年第5期。

② 参见中国（海南）改革发展研究院：《聚焦中国公共服务体制》，中国经济出版社2006年版，第285～288页。

③ 参见毛寿龙、李梅：《西方政府的治道变革》，中国人民大学出版社1998年版，第25页。

④ 参见王名、刘国翰、何建宇：《中国社团改革——从政府选择到社会选择》，社会科学文献出版社2001年版，第17页。

⑤ 参见郑卫荣：《政府治理视角下的公共服务协同治理》，《经营与管理》2010年第6期。

⑥ 参见唐任伍、赵国钦：《公共服务跨界合作：碎片化服务的整合》，《中国行政管理》2012年第8期。

供给主体的多元化是一种发展趋势。[①] 刘艳丽等认为，在我国体育公共服务供给过程中，提供主体和生产主体可以适当分离，提出了政府、市场、第三部门的多元生产趋势。[②] 学者们对于供给主体的构成也进行了深入的分析。如肖林鹏认为，体育行政部门、准政府组织、非政府组织、企业、个人等都可以作为公共体育服务供给的主体。[③] 陈静霜分析了包括政府、企业和非政府组织在内的多元供给主体。[④] 蓝国彬等提出，体育公共服务供给主体将由政府这个唯一主体逐步转化为政府部门、非政府部门、非营利部门、私人部门多主体并存。[⑤] 尹维增等认为新形势下应构建以政府为主导、多元化的公共体育服务供给体系，充分发挥民间组织的积极作用，构建多元治理结构，建立公共体育服务体制和高层次的改革协调机制。[⑥]《中国公共体育服务发展报告(2013)》蓝皮书显示：未来我国公共体育服务的发展必须以强化政府的公共体育服务职能为保障，形成以政府为主导，由市场、社会组织等多元主体共同参与的公共体育服务发展格局。

关于公共体育服务多元主体供给方式的研究中，学者们提出了竞争与合作模式、政府购买公共体育服务等方式，认为合作供给是一种全新的选择。刘艳丽等认为，在相关体育服务生产和提供过程中，非营利组织、营利性企业和政府之间应是竞争与合作的关系。[⑦] 肖林鹏认为，公共体育服务供给的方式主要包括政府供给、市场供给和志愿供给三种形式。[⑧] 赖其军、郇昌店等认为，政府购买是优化公共体育服务政府供给的创新路径之一，可以

---

① 参见荆俊昌、冯欣欣：《服务型政府背景下公共体育服务的多元化供给研究》，《沈阳体育学院学报》2011 年第 6 期。

② 参见刘艳丽、姚从容：《从经济学视角试论我国体育公共服务产业生产主体的多元化》，《西安体育学院学报》2004 年第 5 期。

③ 参见肖林鹏：《论我国公共体育服务供给的基本问题》，《体育文化导刊》2008 年第 1 期。

④ 参见陈静霜：《我国公共体育服务模式选择与供给主体分析》，《成都体育学院学报》2009 年第 6 期。

⑤ 参见蓝国彬、樊炳有：《我国体育公共服务供给主体及供给方式探析》，《首都体育学院学报》2010 年第 2 期。

⑥ 参见尹维增、张德利：《对构建和谐社会环境下公共体育服务的基本责任研究》，《体育与科学》2009 年第 1 期。

⑦ 参见刘艳丽、姚从容：《从经济学视角试论我国体育公共服务产业生产主体的多元化》，《西安体育学院学报》2004 年第 5 期。

⑧ 参见肖林鹏：《论我国公共体育服务供给的基本问题》，《体育文化导刊》2008 年第 1 期。

实现政府、营利机构和非营利组织共赢的局面。[①] 蓝国彬等指出，体育公共服务供给方式及供给主体将逐渐从“政府体育公共服务供给垄断单一模式”转向“政府主导的多主体供给模式”和“市场主导的多主体供给模式”等形式。[②] 郝海亭等认为自治供给是一种“公平和效率”的公共体育服务供给方式。[③] 张义峰等指出，非营利性体育组织作为政府、市场之外的第三方新兴力量，与政府构建“合作主义”公共体育服务模式更适合我国国情。[④] 丁鸿祥提出构建以社区为核心的群众体育管理体制，推行政府购买社区公共体育服务模式，培育社会体育组织。[⑤] 杨冬钧以制度依赖理论和网络治理理论为基础，提出了我国公共体育服务供给的思路：一是制度保障，从制度层面创新公共体育服务的模式；二是主体协同，从网络治理视角分析各服务主体间的关系。[⑥]

政府供给、市场供给、社会供给是公共体育服务的三种方式，构建相互协调、共同发展的多元供给方式是未来主流趋势。[⑦] 公共体育服务协同供给是克服多元供给碎片化困境的机制选择。[⑧] 唐刚等提出，在我国多元主体参与公共体育服务治理的协同机制要将政府主导协调、社会组织共享补充、私营组织互利共赢、个人积极参与作为协同机制的主体结构，以政府主导下的公共体育权力与利益均衡作为内在动力，同时要把合作、竞争、制衡作为协

① 参见赖其军、郇昌店等：《从政府投入到政府购买——公共体育服务供给创新研究》，《体育文化导刊》2010 年第 7 期。

② 参见蓝国彬、樊炳有：《我国体育公共服务供给主体及供给方式探析》，《首都体育学院学报》2010 年第 2 期。

③ 参见郝海亭、肖林鹏、郇昌店等：《自治——公共体育服务的“公平、效率”供给方式》，《广州体育学院学报》2010 年第 2 期。

④ 参见张义峰、李文辉：《“合作主义”公共体育服务模式探析——基于非营利性体育组织发展视角》，《吉林体育学院学报》2011 年第 1 期。

⑤ 参见丁鸿祥：《社区公共体育服务供给模式创新研究》，《广州体育学院学报》2012 年第 1 期。

⑥ 参见杨冬钧：《全民共享体育公共服务的制度困境与优化》，《浙江工业大学学报》(社会科学版)2010 年第 3 期。

⑦ 参见来博：《多元供给模式下我国公共体育服务供给侧结构性改革研究》，《广州体育学院学报》2018 年第 1 期。

⑧ 参见郑娟、郑志强：《公共体育服务协同供给：基于演化博弈的分析框架》，《中国体育科技》2017 年第 2 期。

同运行的基本原则。[①] 刘艳提出多元参与创新路径包括：完善市场竞争机制，发挥市场机制的纽带作用；创新政社合作机制，发挥社会组织服务功能；创新公民参与机制，推进公民的个体参与。[②] 关怀志提出，“政府主导下的公共体育权力的利益契合”是我国多元主体参与公共体育服务的内在动力。[③]

政府购买公共服务已经成为推动政府职能转变、促进社会治理创新、提高公共服务质量的重要方式。近年来，政府购买公共体育服务也成为我国学术领域颇为关注的热点和焦点议题。学者们从多个视角出发，对政府购买公共服务等问题进行了广泛探讨，并形成了诸多值得讨论的理论与观点。

其一，关于政府购买公共体育服务模式的研究。研究者认为，政府购买公共体育服务的模式主要有独立关系竞争性购买、独立关系非竞争性购买和依赖关系非竞争性购买。[④] 契约化购买模式或者说独立性竞争性购买模式是近年来我国各地探索实践的主要模式，也是未来的发展趋势。[⑤] 根据购买的对象，可以分为竞争性购买与非竞争性购买。[⑥] 当前我国政府购买公共体育服务模式主要以合同制购买、项目申请制购买、定向购买、委托制购买以及混合制购买模式为主。[⑦]

其二，关于政府购买公共体育服务制度建设存在的问题和建设策略研究。研究认为，我国政府购买公共体育服务制度无论在主体范围、市场准入、购买方式还是监督机制、纠纷解决机制等方面均存在不足。[⑧] 其中存在法律制度需要完善、制度供给有待提高、政策执行难以到位、评价及监督机

---

① 参见唐刚、彭英：《多元主体参与公共体育服务治理的协同机制研究》，《体育科学》2016 年第 3 期。

② 参见刘艳：《公共体育服务多元参与机制创新研究》，《北京体育大学学报》2016 年第 1 期。

③ 参见关怀志：《多元主体参与公共体育服务治理的协同机制研究》，《文化创新比较研究》2017 年第 1 期。

④ 参见丛湖平、卢伟：《政府购买公共体育服务的模式、问题及建议——基于苏、浙、沪、粤等省市的调研》，《体育科学》2016 年第 12 期。

⑤ 参见孔德银：《我国政府购买体育公共服务模式研究——基于理论与经验的分析》，《云南行政学院学报》2017 年第 1 期。

⑥ 参见汪全胜、卫学芝：《政府购买体育公共服务的运作机制析论》，《体育与科学》2017 年第 4 期。

⑦ 参见张德利、尹维增、李诚刚、朱峰、张永龙：《欧美政府购买体育公共服务模式及对我国的启示》，《体育与科学》2018 年第 6 期。

⑧ 参见胡伟：《论我国政府购买公共体育服务制度的完善》，《体育与科学》2016 年第 1 期。

制缺失、体育社会组织发展受限等问题。[①] 多项研究认为，国家应在政府购买公共体育服务制度构建的法理基础上扩大政府购买主体范围，健全承接主体市场准入规则体系，科学合理设置政府购买方式，强化监督机制，提升政府购买公共体育服务纠纷解决机制功能，以实现对政府购买公共体育服务制度的完善。除此之外，国家还须通过加强政府管理创新、完善相关法律法规、明确政府购买流程、健全评价与监管制度、提升体育社会组织参与实力等策略加强制度建设。

其三，关于政府购买公共体育服务绩效评估的研究。研究者认为，我国政府购买公共体育服务还处于初步阶段，在绩效评估的理论与实践方面都需要予以关注，涉及的各项制度还亟须完善。[②] 存在相关制度环境不健全、绩效评估指标内容不完善、绩效评估程序不合理、第三方评估作用未能得到充分发挥、评估对象存在片面性、评估内容缺乏全面性、评估过程缺乏完整性等问题。研究者认为，要解决以上问题，须做到完善政府购买公共体育服务绩效评估制度建设，健全政府购买公共体育服务绩效评估机制，标准化绩效评估流程，建立科学合理的政府购买公共体育服务绩效评估指标体系。

其四，关于政府购买公共体育服务实践的研究。政府购买公共体育服务作为一项解决体育公共产品有效供给问题的主要措施，已在全国多个城市被推广使用，其中具有代表性的有“常州模式”“上海模式”“广东模式”等。研究者认为，购买中存在的现实问题主要有：政府购买公共体育服务的认识不同、实际购买过程中的竞争性不强、对购买内容缺乏准确的估价等。[③] 制度上则存在体育行政部门职能转变慢、相关法律供给不足、缺乏制度化的保障机制、体育社会组织亟待发展壮大、财税优惠政策扶持力度不够等问题。[④]

---

① 参见沈克印、吕万刚：《我国政府购买公共体育服务的制度建设研究——基于社会学制度主义的分析视角》，《成都体育学院学报》2017 年第 1 期。

② 参见吴卅：《政府购买公共体育服务绩效评估现状——基于上海市和常州市经验》，《北京体育大学学报》2017 年第 3 期；梅湘屏、郭建强：《政府购买公共体育服务绩效研究——以常州市为例》，《体育科技》2017 年第 3 期；冯维胜、曹可强：《政府购买公共体育服务的评估实践与反思》，《首都体育学院学报》2016 年第 6 期。

③ 参见刘玉：《广东省政府购买公共体育服务研究》，《中国体育科技》2017 年第 6 期。

④ 参见兰自力、骆映、魏太森：《逻辑检视与现实困境：政府购买公共体育服务路径探析》，《武汉体育学院学报》2016 年第 10 期。

面临的其他困难还有：认识有差异、资金管理不科学、监督评价体系缺失等。[①] 购买中还存在公共体育服务购买主体和承接组织公共责任偏离、政府关系嵌入使得公共体育服务购买产生投射效应和惯性效应等风险。[②] 实践中尚存在政策法规不够成熟、承接主体区域发展还不够均衡、购买类别不够明晰、监督评估机制尚未建立、受益主体公平性有待考量等问题。[③]

研究认为，规范政府购买程序，培养发展体育社会组织，完善制度化机制，明确权利与义务，是解决购买现实问题的途径。可通过完善政府购买公共体育服务的法律与制度、倡导公共服务精神、培育公共体育服务文化、提高政府体育职能部门的行政职能、加强购买主体的自主性建设等手段预防购买风险。在此基础上，着力于完善相关政策法规、科学地选择购买内容、促进承接主体均衡发展、加强购买程序模式构建、完成购买类别科学划分、建立完善监督评估机制、促进受益主体公平有序发展、建立社会公众需求表达机制、引入第三方评估、尝试建立“公共体育服务券”的政府购买模式等具体策略。[④]

通过对政府购买公共体育服务的国外实践研究发现，不同国家提供公共体育服务的途径亦不尽相同，主要是根据其国情与实际需要采用不同的公共服务供给方式。例如，澳大利亚的“昆士兰现象”，即学校体育外包，这对我国政府购买公共体育服务具有一定的借鉴意义。[⑤] 英国政府购买公共体育服务的特点主要表现为强调完备的法律与制度、充足的资金保障、完善的购买程序、科学的合同管理与监管等。[⑥] 而借鉴成功案例，制定适合我国国情的法律法规保障体系，完善市场监督管理机制及绩效评估制度，建立和

---

① 参见吴卅、常娟：《政府购买公共体育服务研究——基于上海市民体育大联赛个案调查》，《体育文化导刊》2016 年第 1 期。

② 参见谢叶寿、陈钧：《政府购买公共体育服务的风险及防范措施》，《首都体育学院学报》2018 年第 3 期。

③ 参见张大超、杨娟：《我国政府购买公共体育服务的现实困境和发展对策》，《体育科学》2017 年第 9 期。

④ 参见高奎亭、李勇勤、孙庆祝、殷志栋：《地方政府购买公共体育服务的经验、启示与选择》，《首都体育学院学报》2018 年第 2 期。

⑤ 参见李峰、刘璐：《发达国家政府购买公共体育服务的经验及其启示》，《云南行政学院学报》2017 年第 2 期。

⑥ 参见谢叶寿、阿英嘎：《英国政府购买公共体育服务的实践与启示》，《体育与科学》2016 年第 2 期。

构建多元化参与的协同机制，是推动和完善我国政府购买公共体育服务的重要举措。[①]

近几年，关于公共体育服务购买边界的问题，引起学界的高度关注。研究者认为，公共体育服务的本质为政府职能，而政府购买公共体育服务的边界取决于政府的职能范围。目前，政府购买公共体育服务逐步为各级政府认可并推广，现实迫切需要理论界对政府购买公共体育服务购买边界进行研究。[②] 为此，需科学界定公共体育服务购买范围，基于政府的财力状况，拓展政府购买范围的广度和深度，坚持以民为本的原则，建立购买的动态调整与保障机制。[③]

公共体育服务购买财政和法律等保障机制研究认为，财政保障的欠缺正在制约着政府与社会力量的合作。[④] 政府购买体育公共服务的有效实施依赖于法律的保障。[⑤]

此外，还有以下方面的研究：关于政府购买残疾人体育公共服务研究[⑥]；成为"精明买家"是政府提高体育公共服务购买能力的核心问题[⑦]；探究政府购买体育服务选择项目制的根源及治理效果[⑧]；探讨体育企业参与政府购买公共体育服务的操作性[⑨]；对当前城市社区体育公共服务的政府购买进行研

① 参见张德利、尹维增、李诚刚、朱峰、张永龙：《欧美政府购买体育公共服务模式及对我国的启示》，《体育与科学》2018 年第 6 期。

② 参见袁新锋：《政府购买公共体育服务边界的研究》，《山东体育学院学报》2017 年第 3 期。

③ 参见沈克印、吕万刚：《政府购买公共体育服务的学理逻辑与边界问题研究》，《首都体育学院学报》2018 年第 2 期。

④ 参见张小航、杨华：《政府购买公共体育服务中的现代财政保障机制研究》，《天津体育学院学报》2018 年第 3 期。

⑤ 参见秦小平、王格格、王健、陈元欣：《政府购买体育公共服务法律缺失与对策研究》，《山东体育学院学报》2016 年第 5 期。

⑥ 参见张韬磊、吴燕丹：《政府购买残疾人公共体育服务的实现路径研究》，《西安体育学院学报》2018 年第 1 期。

⑦ 参见花楷、刘晓宇：《"精明买家"：政府购买体育公共服务的内在逻辑、现实困境与实现路径》，《天津体育学院学报》2018 年第 1 期。

⑧ 参见李克敏、刘春华：《政府购买体育服务的项目制选择与治理成效》，《北京体育大学学报》2016 年第 11 期。

⑨ 参见满江虹：《体育企业参与政府购买公共服务的模式》，《上海体育学院学报》2017 年第 6 期。

究[①];对政府购买全民健身公共服务进行研究[②];等等。

通过上述研究可以看出,公共体育服务供给主体的多元化已成为学界的共识。同时,市场化(民营化)是目前我国公共体育服务供给的主要机制。由此可以看出,我国学术界对公共体育服务供给改革的关注点仍在公共服务外包/民营化,以及被民营化升级版的 PPP 模式。这既与我国公共体育服务的实践在以市场建设为中心的路径依赖下进行的改革有关,也与我国公共管理理论相关研究较为滞后有关。但是,公共服务市场化必然会伴生一系列的问题,这在西方社会已经得到了充分证明。虽然对于问题该如何解决、多元主体参与供给的机制是什么等方面的研究相对较少,但公共体育服务的协同供给实践已然开始,而在现实中市场化导致的责任缺失、公共利益的缺失以及部门主义和碎片化现象比较严重,因此,公共体育服务供给需要从理论和实践方面进行创新。

二、国外公共体育服务协同供给的相关研究

国外关于公共体育服务协同供给模式的研究主要体现在对公共体育政策的研究。主要内容集中在公共领域内的体育治理,传统的公共行政在处理体育问题时遇到的挑战,如何进行制度设计和创新,以及关于社区公共体育领域公共服务的设计、评估和政策等。国家关注自己权力范围内的公共体育发展,以及公共体育服务和社会福利、经济发展的关系等。[③] 大多数的学术研究集中在政府对哪些体育感兴趣和政府应该对哪些体育负责。关于公共服务协同的研究,主要观点如下。

其一,针对现代体育治理问题,学者们提出了不同于传统利益相关者(俱乐部、会员、志愿者、官员、培训机构、区域协会等)的治理模式,倾向于政府及其代理机构和商业赞助者的责任模式和合作模式的深刻转换。《体育、

---

① 参见岑国斌:《政府购买城市社区体育公共服务机制建设研究》,《广州体育学院学报》2018 年第 6 期。

② 参见史小强、戴健、程华、刘峥:《政府在购买全民健身公共服务中的角色偏差与矫正》,《成都体育学院学报》2018 年第 1 期。

③ Green, M., "Olympic Glory or Grassroots Development: Sport Policy Priorities in Australia, Canada and the United Kingdom, 1960-2006", *The International Journal of the History of Sport*, 2007, 24(7), pp. 921-953.

政策和政治：比较分析》（*Sport, Policy and Politics: A Comparative Analysis*）一书对五个国家和地区（澳大利亚、加拿大、爱尔兰、英国和北美）的体育政策决策过程和体育行政架构进行了比较分析，认为不同层级的政府，中央或联邦政府、州政府、地方政府，由于它们在体育公共服务中的责任不同，因此，回应也各不相同。政策涉及运动员在竞技中乱用药、学校体育设施供应等问题。①

其二，在国家的公共体育服务模式方面，由于一些国家体育的脆弱性而被全球化或者强势体育文化国家侵蚀。尽管欧洲联盟努力构建欧洲体育发展模式以区别于美国高度商业化的发展模式，但是欧盟中挪威的体育行政人员和政治家，受美国的体育商业化影响，摒弃了体育作为一种非商业化的社区文化传统，开始注重体育的商业化发展。加拿大的体育与国家福利范围向外交政策目的转移。德国由原来的高度集权化、高度政治化和过度关注精英体育的体育政策向更加分权和基于俱乐部及社会福利体育政策转移。新西兰体育理事会也提出了“关注使命，而不是关注过程”的理念。协同治理改变了首先关注过程而后才关注使命的传统性政府管理。②

巴里·霍利亨（Barrie Houlihan）、米克·格林（Mick Green）在《精英体育比较发展：系统、结构和公共政策》（*Comparative Elite Sport Development: Systems, Structures and Public Policy*）一书中提出，很多体育大国，包括美国、中国、日本、德国、新加坡、新西兰、法国、波兰、挪威等越来越关注于对精英体育尤其是奥运会的天才运动员的识别和培养，并为此在政府层面上提出了竞技体育和社区体育的融合发展趋势，通过国家体育组织和社区体育组织的伙伴合作实现这一目的。③

福斯（Alexander Fuchs）对德国体育政策进行了研究。他提出，自第二次世界大战始，德国体育政策制定强烈依赖于新型社团主义模式，这种模式

---

① Houlihan, B., *Sport, Policy and Politics: A Comparative Analysis*, London: Psychology Press, 1997.

② Piggin, J., Jackson, S., Lewis, M., “Telling the Truth in Public Policy: An Analysis of New Zealand Sport Policy Discourse”, *Sociology of Sport Journal*, 2009 (26), pp.462-482.

③ Houlihan, B., Green, M., eds., *Comparative Elite Sport Development*, London: Routledge Press, 2007.

下体育协会拥有谈判能力、协同调控技能和享受政府例行访问的权利。[①]

博腾堡(Maarten Van Bottenburg)综述了荷兰国家体育政策的发展。他在关注改变国家和地方政府的角色和体育的伞状组织的同时，进一步分析了精英体育政策和基层体育政策之间的关系，表明其拥护精英体育和基层体育间的联合的态度。[②] 法伦(Josef Fahlén)和威克曼(Kim Wickman)研究表明，在很多国家，体育的政治意图越来越明显，其将更健康和更有活力的人口和社会目标的实现结合在一起。在关于瑞典政府对体育的干预目的、流程、责任和自律，以及政府和体育组织的关系、不同水平体育组织之间关系进行的研究结果显示，体育在政府的议程中获得一个更为突出的位置，在伴随着增加的资源来帮助政府实现成就的同时，被随附了更多的工具性目标。[③]

基特(Rebecca Keat)和山姆(Michael Sam)对新西兰体育政策进行研究，发现其旨在提高体育参与的政策目标很容易随政府发展的优先程度和政府的政策工具而发生转移和改变；同时，他们发现体育参与的提高和体育信托机构在很大程度上调整其组织来满足中央政府的目标相关。[④]

哈里斯(Spencer Harris)探讨了英国社区体育政策过程，尤其指出了郡(县)级体育伙伴(Country Sports Partnerships，CSP)和国家体育管理机构(National Governing Body，NGB)的关系以及在社区体育政策执行过程中的重要性。这项研究关注到了不同层次社区体育政策过程的性质、合作的意义，郡(县)级体育伙伴在国家和地方政策的中介作用，以及相关的执行政策机构在实施社区体育政策时面临的挑战。这项研究的理论分析价值在于社区体育领域的多元化，特别是微观层面框架的组合使用，如倡导联盟框架和政策网络方法。[⑤]

---

① Fuchs, A., Meier, H.E., "From Corporatism to Open Networks? Structural Changes in German Sport Policy-making", *International Journal of Sport Policy*, 2014, 6(3), pp.327-348.

② Bottenburg, M., "'Passion Alone is No Longer Enough': The Reframing of Elite Sport from a Private Trouble to a Public Issue", *Managing Social Issues*, 2013, 9, pp.126-142.

③ Fahlén J., Wickman, E. K., "Resisting Self-regulation: An Analysis of Sport Policy Programme Making and Implementation in Sweden", *International Journal of Sport Policy*, 2014, 7(3).

④ Keat, R. A., Sam, M. P., "Regional Implementation of New Zealand Sport Policy: New Instrument, New Challenges", *International Journal of Sport Policy*, 2013, 5(1), pp.39-54.

⑤ Harris, S., An Analysis of the Significance of Sub-regional Partnerships in the Community Sport Policy Process, Loughborough University, 2014.

2010 年 5 月，澳大利亚政府在《澳大利亚体育：通向成功之道》(*Australian Sport：The Pathway to Success*)中对本国体育服务的供给制定了一个整体的改革战略，提出改革的总体方向是整体化协同供给。新西兰政府意识到国家体育的成功取决于他们的合作伙伴的支持，提出新的历史时期体育发展战略计划是“伙伴关系”(Partnership)，并一直致力于创建一个能为民众提供无缝隙的公共体育服务的供给系统。2002 年，加拿大联邦政府、10 个省政府和 3 个准省政府负责体育的部长组成了联邦-省府/领地体育委员会(The F-P/T Sport Committee)，负责体育政策的制定，这反映了加拿大社会的各个层面上的广泛合作和协商。英国的两大体育执行机构英国体育理事会(UK Sport)和英格兰体育理事会(Sport England)，致力于与一系列的体育合作伙伴构建网络化的协同供给体系以发展国家竞技体育和改变国民的体育习惯，建立伙伴关系成为英国现代公共体育服务供给的新基点。

国外关于公共体育服务制度的研究主要集中在体育的治理、传统的公共行政在处理体育问题遇到的挑战以及如何进行制度设计和创新等方面，还有微观上关于社区公共体育领域公共服务的设计、评估和政策等。在体育政策研究方面，主要是以某些国家为例分析研究某个方面的政策，如精英体育政策、大众体育参与政策等。很多专家和学者亦在努力明确公共体育政策的范围，如基于欧洲大众体育宪章，研究影响大众体育参与的因素。① 近年来，英国的体育政策通过“体育和体育溢价”对小学体育进行了可观的投资。其结果便是体育外包(将服务控制权交给外部机构)的增多，包括职业足球俱乐部社区项目的体育教练。② 法国的体育政策基于两项原则：体育管理由以国家为主导转向以体育协会为主导，关注体育联盟内专业和基层体育之间的团结。③ 澳大利亚政府正在引领一个综合体育政策发展的新时代，这一时代催生了一种“体育经营，政府支持”的方式，以实现从基层社区

---

① Hartmann-Tews, I., “Social Stratification in Sport and Sport Policy in the European Union”, *European Journal for Sport & Society*, 2016, 3(2), pp.109-124.

② Parnell, D., Cope, E., Bailey, R., et al., Sport Policy and English Primary Physical Education: The Role of Professional Football Clubs in Outsourcing, *Sport in Society*, 2017, 20(2), pp. 1-11.

③ Scelles, N., “*France: Organisation of Sport and Policy Towards Sport Federations*”, *Sport Policy Systems and Sport Federations*, Londan Palgrave Macmillan UK, 2017.

延伸到高水平体育的国家体育目标。[①] 大众体育一直是许多西方国家体育政策中的一个主要问题。[②]

在西方国家，无论是理论研究还是社会实践，协同供给体系和战略合作伙伴的理念已成为公共体育政策的主流。其注重国家在不同管理层次上的责任和责任回应，重视地方政府在公共服务中发挥的重要作用。针对公共体育领域中的治理问题，要运用协同供给机制来实现公共服务水平的提高。

第四节 关于青少年校园足球公共服务供给的相关研究

2009 年，国家体育总局和教育部联合发布《关于加强全国青少年校园足球工作的通知》(以下简称《通知》)，青少年校园足球开始引起学界的关注。尤其是《通知》的颁布和校园足球发展战略顶层设计的提出引起了国内学术界的广泛研究和讨论。研究集中在以下几个方面：一是关于校园足球上升为国家战略后的顶层设计的研究。如毛振明等从战略的高度分析校园足球的制度设计和机制运行。[③] 沈建敏等对校园足球发展的顶层设计与底层回应进行分析。[④] 二是对校园足球在快速推进中不断出现的新问题尤其是一些全局性问题、异化现象等进行解析，并从不同角度提出了解决的策略。[⑤]

---

① Brockett, C., "Australia: Evolution and Motivators of National Sport Policy", *Sport Policy Systems and Sport Federations*, Londan Palgrave Macmillan, 2017.

② Scheerder, J., Vandermeerschen, H., Breedveld, K., *Diversity in Participation Reigns, Policy Challenges Ahead: Sport for All (Ages) from a European Perspective Sport and Physical Activity across the Lifespan*, London: Palgrave Macmillan, 2018.

③ 参见毛振明、刘天彪、臧留红：《论"新校园足球"的顶层设计》，《武汉体育学院学报》2015 年第 3 期；毛振明、刘天彪、李海燕：《校园足球实施一年来的成绩、经验与问题——论"新校园足球"的顶层设计之四》，《武汉体育学院学报》2016 年第 3 期。

④ 参见沈建敏、应孜、高鹏飞：《校园足球发展的顶层设计与底层回应》，《北京体育大学学报》2017 年第 4 期。

⑤ 参见李新威、李薇：《我国校园足球的异化现象》，《体育学刊》2015 年第 5 期；杨献南、于振峰、左娜等：《我国校园足球"升级"相关问题的理性思考》，《哈尔滨体育学院学报》2015 年第 2 期；刘宗超、于冬晓：《政策网络视域下我国校园足球政策执行的问题与出路》，《河北体育学院学报》2016 年第 4 期；娄方平、向禹：《校园足球实践发展审视：现象、成因与治理》，《武汉体育学院学报》2016 年第 3 期；龚波、陶然成、董众鸣：《当前我国校园足球若干重大问题探讨》，《上海体育学院学报》2017 年第 1 期。

三是关于校园足球发展定位的研究。如袁静提出“校园足球回归育人本原”[①],徐建提出“校园足球不只是体育,更是教育”[②],何强提出“对校园足球热需要进行冷思考”[③]。

关于校园足球公共服务供给体系的研究包括:在保证政府承担校园足球公共服务主导责任的同时,厘清供给权限与范围,充分发挥社会力量在校园足球公共服务供给中的作用,扩大社会力量在公共服务供给中的范围,提出了政企合作、校企合作、非营利性社会组织合作、个人志愿与捐助等供给模式[④];省域校园足球未来推进的发展策略主要是健全法规制度建设,建立协同工作机制[⑤];供给方式上,除校园足球专项发展资金和校园足球改革发展政策必须由政府直接供给外,其他内容的供给方式大多是采用政府购买的间接供给方式[⑥];教育行政领导观念转变是校园足球事业发展的先导,完善的系统建设是县(区)域校园足球工作的中心[⑦]。

关于校园足球协同治理的研究包括:校园足球在治理理念上实现了“行政管理”向“公共治理”的转变,在参与主体上实现了“单一主体”向“多方参与”的转变,协同治理是完善我国青少年校园足球治理体系,提升校园足球治理能力的现实选择[⑧];在我国校园足球发展过程中,政府职能定位存在传统体制壁垒、部门利益藩篱、政策扶持不力、规章制度冲突、行政干预过度以及市场监管缺失等问题,因此,在校园足球发展中应首先确立宏观调控职能,实现由“无限政府”向“有限政府”的转变,建立政府与社会组织、市场机

---

① 袁静:《论校园足球回归育人本原之思考》,《广州体育学院学报》2016 年第 1 期。

② 徐健:《关于校园足球的几点思考——校园足球不只是体育,更是教育》,《运动》2015 年第 12 期。

③ 何强:《校园足球热的冷思考》,《体育学刊》2015 年第 2 期。

④ 参见吴玉昊:《山东省校园足球公共服务体系及供给模式的研究》,山东大学硕士学位论文,2017 年。

⑤ 参见郑原、李卫东、韩斌、许明浩:《省域校园足球推进的审视与未来发展——基于 H 省的实地调研》,《武汉体育学院学报》2019 年第 4 期。

⑥ 参见袁腾飞:《青岛市青少年校园足球公共服务供给体系研究》,山东体育学院硕士学位论文,2020 年。

⑦ 参见王崇喜、陈治:《校园足球运动县域推进体系的构建与实践探索——以临颍县校园足球发展工程为例》,《北京体育大学学报》2012 年第 4 期。

⑧ 参见吴丽芳:《我国青少年校园足球协同治理研究》,福建师范大学博士学位论文,2020 年。

构、特色学校合作的四级互动服务体系[①]；我国青少年校园足球的实现路径：政府转变职能成为多元治理主体的政策依托，社会共同治理成为多元治理主体的运行机制，激发市场活动成为多元治理主体的配置方式[②]；政府在推进校园足球体制革新过程中，应以新的治理范式寻求政府、市场、社会多元治理主体的协同发展[③]；在理想的京津冀校园足球协同发展体系中，政府的角色是权责框架的制定者与监管者、合作平台的搭建者以及公共资源的调配者，学校的角色是技术、手段创新的主导者和政策创新的重要参与者，产业的角色是品牌效应的培育者和创新成果的价值转化者[④]。

关于政府购买校园足球公共服务的研究包括：应持续扩大政府购买服务在校园足球事业发展中的比重，引入竞价机制，多重利用社会资源；打造公共服务链，以期形成政府与社会组织合作治理的结构[⑤]；在我国大力推广"政府购买服务"的公共管理制度的大背景下，如何充分利用社会资源，启动"公私合作"，切实提高校园足球发展水平，已成为现阶段必须直面的课题[⑥]；实现向"有限政府"的转变，充分整合社会资源，利用社会力量共同推进青少年校园足球的发展，已成为现阶段必须直面的课题[⑦]。

关于校园足球发展价值的研究认为：在校园足球上升至国家战略背景下，个别单位为了政绩出现政策执行目标错位、管理体制形式化、监督评估仪式化等问题，扭曲了校园足球的价值取向，导致校园足球难以实现预期的

---

① 参见邱林、戴福祥、张廷安：《我国校园足球发展中政府职能定位研究》，《武汉体育学院学报》2016 年第 6 期。

② 参见柳鸣毅、丁煌：《基于路线图方法的我国青少年校园足球治理体系研究》，《武汉体育学院学报》2017 年第 1 期。

③ 参见邱林、王家宏：《国家治理现代化进程中校园足球体制革新的价值导向与现实路径》，《上海体育学院学报》2018 年第 4 期。

④ 参见张磊：《多主体参与下的京津冀校园足球协同发展创新策略——基于三螺旋模型的分析》，《北京体育大学学报》2020 年第 9 期。

⑤ 参见彭炤灯：《政府购买视角下的校园足球体系构建研究》，《广州体育学院学报》2018 年第 5 期。

⑥ 参见刘笑贝：《县级政府购买青少年校园足球服务研究——以株洲市荷塘区为例》，湘潭大学硕士学位论文，2020 年。

⑦ 参见参见张帆：《政府购买服务视角下淮北市校园足球发展路径研究》，淮北师范大学硕士论文，2018 年。

发展目标。[①] 目前,学校与家长只把足球看作一种体育健康活动,这是对足球极大的误解和矮化。足球育人的核心内容是对抗精神或者说尚武精神、团队精神、团队对抗下的规则精神,这是其他项目所不具备的,也正是中国传统文化稀缺的元素。[②] 当前,部分管理干部对开展校园足球的意义认识还未上升到促进青少年学生身心健康、立德树人、全面推进学校体育综合改革的高度,以致工作缺乏主观能动性,长远发展没有规划。[③] 校园足球活动的开展应紧扣学校教育的中心任务,从提高国民健康素质和培养健全人格的高度出发,通过深化足球教学改革,广泛组织开展班级与年级足球联赛、趣味性足球运动会和足球文化节等形式多样的赛事与活动,培育健康的校园足球文化,促进青少年健康快乐地成长,实现学校体育真正融入、回归到学校教育体系之中。[④]

综观上述研究可以看出,认识与体制问题一直是最为热点和受到关注的话题。其中"校园足球不只是体育,更是教育"的观点很有代表性。刘海元等众多学者对校园足球政策进行详细解读,对制度改革寄予厚望并提出各种解决方案,这些构成了校园足球研究的基本框架。随着校园足球的开展,研究重点导入过程性问题,旨在明确如何更好地推进校园足球或重视某些不良倾向,这将是未来阶段持续研究热点。

多元主体参与校园足球公共服务协同供给已经成为校园足球公共服务供给模式的一个主要课题,学者们已趋达成共识,但目前研究还主要集中在政策层面,在实践探索方面还有待深入。

---

① 参见蒋中伟、刘露、艾志远、王大鹏:《基于善治理论的我国校园足球治理机制研究》,《沈阳体育学院学报》2019 年第 3 期。

② 参见陈翀、孙科:《本源·功利·回归——纵论中国校园足球改革障碍突破策略》,《南京体育学院学报》2018 年第 2 期。

③ 参见刘世宏、陈海:《发展校园足球现存主要问题及改进策略》,《山东体育学院学报》2015 年第 4 期。

④ 参见李卫东、夏伦、王健:《校园足球活动政策的本质内涵、发展目标与推进思路》,《体育文化导刊》2018 年第 2 期。

第三章 公共体育服务协同供给模式构建

第一节 相关概念界定

一、公共体育服务

由于西方公共经济理论和公共选择理论对公共服务的物品规定性思维的影响，以及和我国公共服务主流研究路径亦遵从公共物品规定性思维的双重影响，我国官方和学界在界定公共体育服务时也是用物品的规定性来解释公共体育服务。[①] 但也有学者从其他角度进行概念的界定，如戴永冠带领的研究小组在综合专家访谈、问卷调查、文献研究基础上，提出了公共体育服务是指政府或非政府组织在供给人们共同消费或享用的体育产品、体育服务过程中所承担的职能的观点。[②]

本研究在参考公共经济学、公共管理学、公法学、公共哲学等语境下相关公共服务概念的同时，结合国内公共体育服务的相关概念，对公共体育服务进行了如下界定：公共体育服务就是政府运用公共资源，为了实现公共利益、满足公共需要提供和生产的体育产品及服务的总和。

从公法学的角度讲，公共体育服务要与社会发展的实现和促进不可分

① 参见肖林鹏、李宗浩、杨晓晨：《公共体育服务概念及其理论分析》，《天津体育学院学报》2007 年第 2 期；刘艳丽、苗大培：《社会资本与社区体育公共服务》，《体育学刊》2005 年第 3 期。

② 参见戴永冠、林伟红：《公共体育服务概念、结构及人本思想》，《武汉体育学院学报》2012 年第 10 期。

割，是政府有义务和责任实施的行为。

从公共哲学的角度讲，政府提供公共体育服务和产品是为了实现共同的“善”，是为了创造公共价值，实现公共利益。

从公共管理学的角度讲，组织公共产品的生产是政府的一项基本职能。政府是公共体育服务提供的责任主体，公共服务的生产可以由政府直接生产，也可以由社会体育组织和私人组织参与生产。

二、公共服务供给

公共服务供给是指公共服务供给主体通过公共计划向特定的受益人团体提供服务。向受益人提供服务的机构称为服务的提供者，服务供给涉及无数个负责实施和执行公共计划的机构，主要包括政府部门、非政府公共部门、非营利组织、私人部门等。公共服务供给可以分为公共服务提供和公共服务生产，公共服务提供是指政府对公共服务制定政策、提供资助、进行授权和监督，公共服务生产可以由政府直接生产或者通过合同承包、补助、凭单、特许经营等形式由私营机构或社会机构来完成。

三、协同

在英语语境中与“协同”对应的单词是“Collaboration”。国内与“Collaboration”对应的翻译主要为“合作、协作”“协同、协力”等。本书归纳了国内外学者对协同的多种定义作为参考，具体如表 3-1-1 所示。

表 3-1-1　有关协同的概念

巴达赫 (Eugene Bardach)	协同是两个或者两个以上机构，为了增进公共价值，而共同工作的一切联合性行动①
赫克瑟姆 (Chris Huxham)	人们为了实现积极的目标而进行跨部门合作的所有情况②

① Bardach, E., *Getting Agencies to Work Together: The Practice and Theory of Managerial Craftsmanship*, Washington: Brookings Institution Press, 1998, p.8.

② Huxham, C., Vangen, S., *Managing to Collaborate: The Theory and Practice of Collaborative Advantage*, London: Routledge Press, 2013, p.13.

续表

林(Peter Smith Ring)、范德文(Andrew Van de Ven)	协同是一个动态过程,不同组织为了决定或解决他们共同关心的事务,通过正式或非正式的谈判、共同制定规则和共同确定的组织结构来处理彼此之间的关系,包括共享的标准和互惠的关系[①]
齐格勒(Beverly Cigler)	在对合作(cooperation)、协调(coordination)和协同(Collaboration)三者进行区分的基础上,提出"协同是一种更加持续和固定的关系,需要建立新的结构,以便构建权力体系,发展共同愿景,开展广泛的共同规划"的观点[②]
田培杰	协同强调的是来自不同部门的参与方采取集体行动的这一过程,而在这个过程中,各参与方之间会建立起一种比较正式和紧密的关系,而且各参与方都会为最终的结果和自己的行为承担一定的责任[③]
秦长江	协作是双方或者多方之间达成的互惠互利之关系,通过"共同工作"达到共同目的,工作过程中责任共担、权力共享[④]

由上述定义我们可以总结出协同的基本特征:(1)协同的目的是为了解决公共问题或者实现公共价值;(2)协同是一个过程;(3)协同由两个或两个以上的机构参与;(4)协同中利益与责任共享。

四、公共服务协同供给

公共服务协同供给是指作为公共服务提供机构(两个或两个以上不同的公共部门机构或私人部门,包括非营利组织)彼此间支持与合作提供公共服务的供给模式,是公共服务机构为了完成共同的目标而实行的跨部门协作,或是为了解决某些特殊问题而通过组成联合机构来进行协作。这种合

① Ring, P. S., Van de Ven, Andrew H., "Developmental Processes of Cooperative Interorganizational Relationships", *Academy of Management Review*, 1994, 19(1), pp.90-118.

② Cigler, B. A., "Preconditions for the Emergence of Multicommunity Collaborative Organizations", *Review of Policy Research*, 1999, 16(1), pp.86-102.

③ 参见田培杰:《协同治理:理论研究框架与分析模型》,上海交通大学博士学位论文,2013年。

④ 参见秦长江:《协作性公共管理:理念、结构与过程》,上海交通大学博士学位论文,2012年。

作是全面的，包括公私部门合作、政府与非政府合作、政府部门之间合作以及中央和地方政府之间的合作等。通常这种合作会转化为正式协议，其中包括双方合作的目的，有形和无形的责任，资源、风险和收益的共享方式等。

公共服务协同供给意味着多个部门和组织间共同工作以达到共同目的，往往是多部门和多参与主体通过跨边界的方式进行工作。所采取的措施可以是正式的，也可以是非正式的，内容可以侧重于政策的制定、项目的管理或者服务的提供，常用的治理工具是伙伴关系、政府间协议等。

第二节　公共服务协同供给分析模型

公共服务协同供给在西方国家已然成为一种主流趋向，尤其是英国、新西兰、澳大利亚、加拿大等国家。这些国家在整体政府转型下进行了为公民提供整合性的公共服务供给模式的创新，这一创新是理论和实践共同发展的产物，很多国家在体育领域也开始了这一供给模式的实践。尤其是近些年，随着社会的转型，很多国家赋予体育更高层面的价值，认识到体育所具有的公共价值，通过体育塑造社会。为了实现这一目标，政府加大对体育的干预力度——无论是在机构改革方面，还是在公共财政投入方面，其中很多国家都提出了协同供给的制度安排和模式创新。归纳整理和分析这些经验，能为我国公共体育服务协同供给实践提供标杆和范本。

为了更好地对这种新供给模式在体育领域的实践进行分析，需要在理论上构建一个概念化的分析框架。本研究以协同治理、跨部门协同和协同供给模型等理论为基础，在分析文献的基础上，提出了用于公共体育服务协同供给的分析框架。

一、相关模型的分析

西方学者对协同问题不仅仅在理论上进行了完善和发展，为了将理论更好地应用于实践，公共管理领域的一些学者还对协同实践进行了更加深入的研究，通过构建协同模型来构建更具可操作性的分析模式。本研究通过归纳及整理，试图构建出一个公共服务协同供给中的各要素和协同过程的关系框架，以对公共体育服务的协同供给的实践进行分析。研究所选用的模型主要是跨部门协同、协作网络、伙伴关系和整体政府公共服务的实践模型，以期从中找出学者们共同关注的一些关键构件。研究中选择的样本是西方公共管理中与公共服务协同供给相关的一些典型案例，具体如表3-2-1所示。

表3-2-1　研究参考的相关模型列表

	创立者及研究实践	模型及构件
跨部门协同模型	布赖森(John Bryson)、克罗斯比(Barbara Crosby)以及斯通(Melissa Stone)	该模型包括初始条件、过程、结构和治理、意外事件与约束条件结果和责任五个部分①
公共服务协同供给模型	美国奥尔巴尼大学政府技术中心	公共服务协同项目提供的关键要素有环境因素、协同参与者和协同目标、协同过程、协同方法、协同结果②
协同治理模型	安赛尔(Chris Ansell)、加什(Alison Gash)	该模型由起始条件、催化领导、制度设计和协同过程四个部分组成③
公共服务中的协同模型	苏利文(Helen Sullivan)、斯凯奇(Chris Skelcher)	提出公共服务协同的要素：环境因素(包括国家环境政策、关键主体、地方政府的接受程度)；参与者的学习能力；冲突管理水平；资源共享及共同愿景④

① Bryson, J. M., Crosby, B. C., Stone, M. M., "The Design and Implementation of Cross-Sector Collaborations: Propositions from the Literature", *Public Administration Review*, 2006, 66(s1), pp.44-55.

② Dawes, S. S., Eglene, O., "New Models of Collaboration for Delivering Government Services: A Dynamic Model Drawn from Multi-national Research", Proceedings of the 2004 Annual National Conference on Digital Government Research, Digital Government Society of North America, 2004, p.93.

③ Ansell, C., Gash, A., Collaborative Governance in Theory and Practice, *Journal of Public Administration Research and Theory*, 2008, 18(4), pp.543-571.

④ Sullivan, H., Skelcher, C., *Working Across Boundaries*: *Collaboration in Public Services*, London: Palgrave Macmillan, 2002.

续表

	创立者及研究实践	模型及构件
影响协作成功的要素模型	戴德阔尔库特(Aysin Dedekorkut)	在理论分析和实证研究的基础上对影响协作成功的要素进行分析,认为影响协作成功的主要因素有成员要素、过程要素和资源要素①
跨部门协作的过程及结果整合框架	秦长江	在对跨部门协同分析模型进行修订的基础上创建的整合模型,包括外部环境、初始条件、协同过程、治理结构、权变与限制条件、结果反馈与问责等②
协同治理的综合模型	田培杰	根据协同优势理论及相关文献对 SFIC 模型做出修改完善后,设计出协同治理的综合模型,包括外部环境、协同动因、协同引擎、协同行为以及协同后果③

通过上表我们可以看出,西方国家对协同治理和公共服务协同供给的实践研究主要是围绕着影响协同供给成功的要素进行的。模型构建的方法主要是在分析关于影响协同成功要素的大量文献资料和对协同的实践案例进行分析相结合的基础上总结出来的。其中,比较常用的是布赖森等人的跨部门协同模型和安赛尔、加什的协同治理模型,用于研究公共服务协同供给的主要是美国奥尔巴尼大学政府技术中心的模型。通过对这些模型进行研究可以看出,虽然学者们针对不同的案例,从不同的视角进行研究,但是其中包含的基本要素大体上是一致的,有些要素虽然名称不同但关注点基本一致,大致上都包括环境的分析(有些研究中强调初始条件)、协同的过程、协同结构和治理(制度设计)、协同的结果。下面就几种常见的模型进行介绍。

① Dedekorkut, A., *Determinants of Success in Interorganizational Collaboration for Natural Resource Management*, Tallahassee: The Florida State University, 2004.

② 参见秦长江:《协作性公共管理:理念、结构与过程》,上海交通大学博士学位论文,2012 年。

③ 参见田培杰:《协同治理:理论研究框架与分析模型》,上海交通大学博士学位论文,2013 年。

安赛尔和加什构建的协同治理模型是在大量的文献和实践分析的基础上得出的具有普适性价值的分析模型(见图 3-2-1)。两位学者认为该模型是一个“基因”模型,而不是像其他基于某一个案例或领域的文献总结的“品种”模型。他们认为,在过去的几十年里,一种新形式的治理——协同治理已取代单一的决策和管理模式,因为它推动了公共和私人利益相关者在集体论坛与公共机构中从事一致决策。研究通过回顾在一系列政策领域中的协同治理案例,识别出一些关键变量,认为这些变量会影响这种治理模式是否将产生成功的合作。这些变量包括之前的历史冲突或合作、鼓励利益相关者参与、权力和资源失衡、领导和制度设计。[①] 研究还确定一系列对协作过程本身至关重要的因素,这些因素包括面对面的对话、建立信任与承诺和共同理解等。他们发现,一个良性循环的合作倾向于发展合作论坛,关注“小赢”,建立信任、承诺和共同的理解。

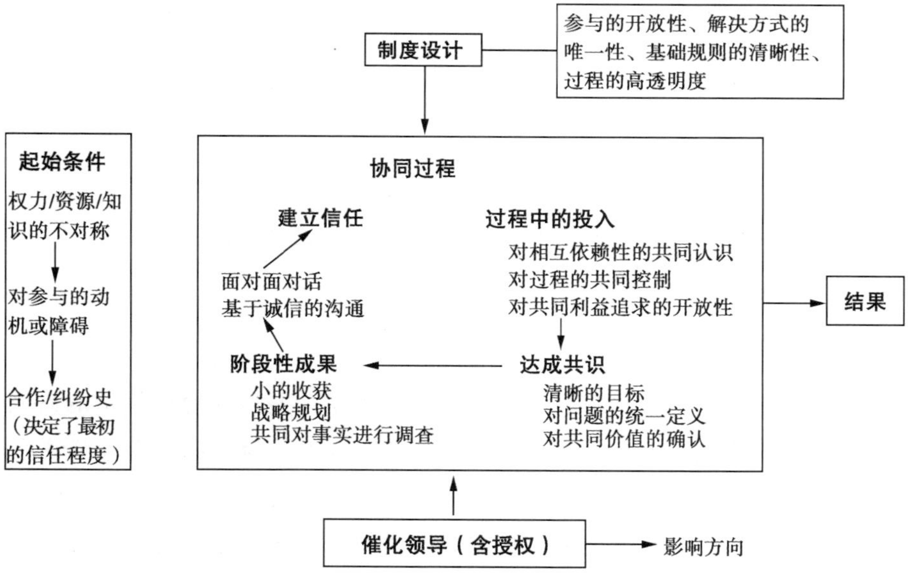

图 3-2-1　协同治理模型

① Ansell, C., Gash, A., “Collaborative Governane in Theory and Practice”, *Journal of Public Administration Research and Theory*, 2008, 18(4), pp.543-571.

布赖森、克罗斯比以及斯通三位学者提出的跨部门协同(Cross-sector Collaboration)分析模型包括起始条件(Initial Conditions)、过程(Process)、结构和治理(Structure and Governance)、偶然事件与约束条件(Contigencies and Constraints)、后果与责任(Outcomes and Accountabilities)等五个部分。这五个部分所包含的因素和相互之间的关系如图 3-2-2 所示。

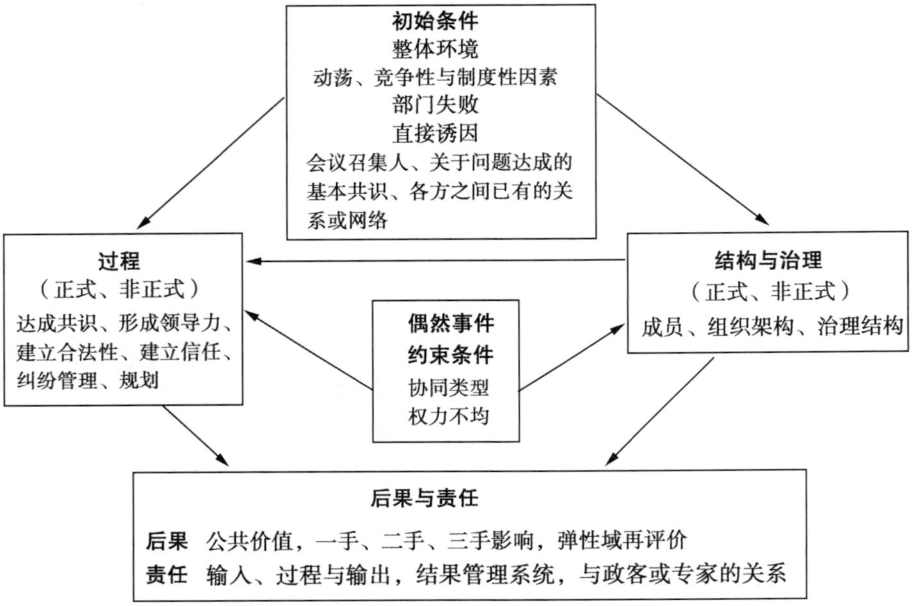

图 3-2-2 跨部门协同分析模型

美国奥尔巴尼大学政府技术中心开展的关于公共服务协同供给的研究提出了公共服务协同供给概念模型，即组织如何协同为公民和企业递送公共服务。模型来自对加拿大、美国以及欧洲的 12 个合作案例的比较研究。包括公共、私人和非营利组织等追求各种各样服务目标的多种协同组织。研究者在对跨组织网络、管理信息系统、公共管理和组织行为相关文献梳理的基础上，制定了一个关于协同形式和实施的初步模型(见图 3-2-3)，在比较案例研究数据的基础上与初步模型进行比较并予以修正。在对影响协同成功与否的引子进行分析的基础上建构了公共服务供给的新协同模型(见图 3-2-4)。由此提出了一个更合理和动态的模型，该模型更加符合不同的服务类型、项目结构和国家，比如协同各方之间的互动、学习、职责转换等。影响协同的主要因素包括环境因素、协同目标、供给参与者、协同过程、协同结果。该研究意在帮助人们理解多元组织合作来实现政府向公民和企业递送和交付公共服务。这里的“协同”的概念是广泛的，不仅包括公私伙伴关系，还涉及多个政府组织的合作情况以及政府与非营利组织间的合作。其特征是单独组织努力组合成一个由先进信息技术支持的连贯的服务交付系统。这些技术的快速发展为协同提供了新机遇，政府通过这些技术可以创造性地重新设计服务模式以及重新调整与其他组织的关系。

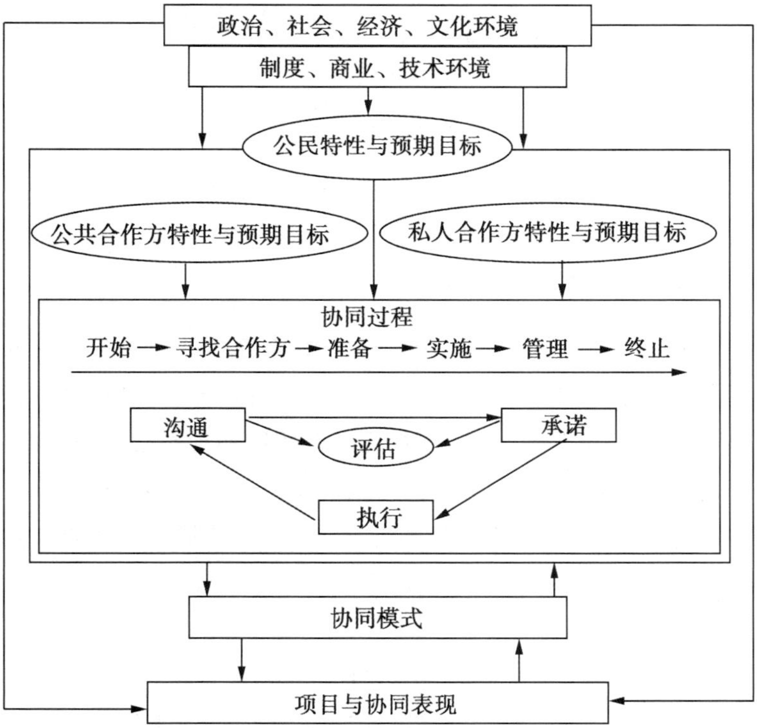

图 3-2-3　公共服务协同供给初始模型

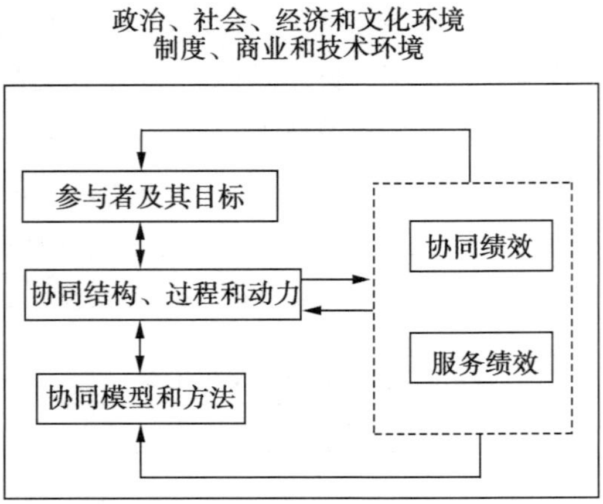

图 3-2-4　公共服务协同供给修正模型

二、分析框架的构建

为了从宏观上对整个国家的公共体育服务协同供给进行研究分析，笔者选择了美国奥尔巴尼大学政府技术中心研究构建的公共服务协同模型为基础模型。由于该模型是以较为微观意义上的案例为基础而得出的，因此，为了研究的需要，本研究在分析相关文献的基础上，主要参考了上述协同供给模型和跨部门协同模型，并试图再加入其他影响协同成功的要素，以期构建一个较为宏观的模型（见图 3-2-5）。

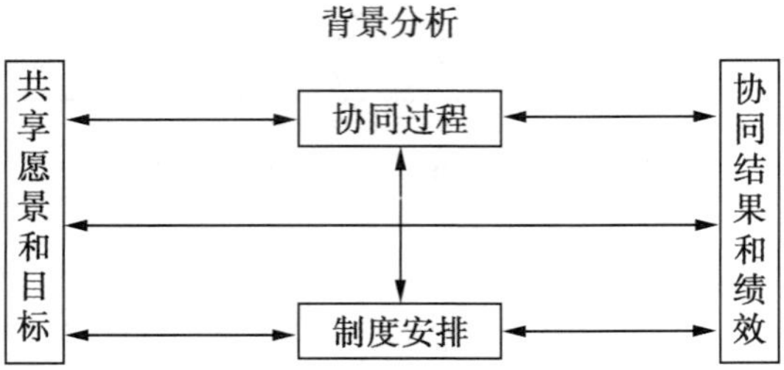

图 3-2-5　公共体育服务协同供给分析模型

分析框架主要包括以下几部分：

1.背景分析

依据资源依赖理论，组织和外界环境之间存在资源依赖关系，依赖关系是产生协同的前提条件之一。根据系统理论，组织处在一个复杂而广阔的社会环境之中，其中包含科技、政治、社会、经济等各方面因素，其中许多因素都可能对组织产生一定影响，因为这些系统的外在因素，促成了组织之间的协同。本研究旨在分析不同国家公共体育服务协同供给的现实，而不是研究如何形成协同，因此，在分析时主要着眼于不同国家的体育发展的背景。

2.共享愿景和目标

研究协同比较早也比较有代表性的学者哈克斯姆认为，协同的实现必须具备"集体对内涵取得共识"，"单纯的公开协议还远远不够"。[①] 在实践中达成目标共识是件很困难的事情，各协同主体间明确协同的目标尤为重要——清晰的目标、对问题的统一定义和对共同价值的确认是进行协同的重要条件。其中，目标一致是指成果而不是过程，政府负责建立提供体育服务的网络以及对各参与主体的目标和责任的协调工作。目标不一致则表现在服务的成效难以测量、目标协调困难、网络成员试图将自身利益最大化、尽量地将个体利益上升为公共利益等。因此，目标一致与否会直接影响最终成果，各国政府在发展体育时亦都非常注重对体育目标的制定。

政府是公共体育服务的提供者。近年来西方政府意识到了体育的公共价值，因此开始越来越多地干预体育事务，并提出"发展体育是政府的一项责任"等宣传口号。而这一价值和目标的实现需要多元主体参与，否则便难以实现，因此，协同必须基于价值共识和目标。

3.制度安排（治理结构和治理模式）

制度主要体现在参与者及其职责和共同遵守的规则。在公共服务协同供给中，伙伴关系成为一种主要的制度安排方式。公共服务协同供给中的伙伴形式关系主要包括以下几种。

（1）"公—公"伙伴。这类主要包括同一级政府间两个机构或部门之间

① Huxham, C., Vangen, S., Huxham, C., et al., "The Challenge of Collaborative Governance", *Public Management an International Journal of Research and Theory*, 2000, 2(3), pp.337-358.

的协议，抑或是垂直政府间的联邦、州和地方的水平之间的协议，这往往出于各方需要而自愿相互关联。

(2)“公—私”伙伴。公私合作伙伴关系(PPP 或 P3)是目前常见的合作的方法，也是争论比较大的合作方法。购买力评价意味着资源共享风险和收益，以及项目相关的业务。在此情况下，政府的一部分管理职责交予社会组织，同时保持足够的控制，以确保对公共利益的保护。

(3)“公共—非营利组织”伙伴。在体育服务行业，非营利服务机构是主要的(有时是唯一的)服务交付的代理机构。今天，我们看到多个机构联合开发公共和非营利服务项目，参与者深入其中，负责了程序设计、性能和评价等工作。

协同供给中的制度安排还包括政府间协议制度、部际联席会议制度等。

4.协同过程

过程要素主要包括初始协议、治理结构以及治理能力、授权、资源共享等。初始协议包括协同目的、授权、承诺的资源。协同采用的治理结构主要包括权力结构的确定(正式领导的介绍、决策结构和领导机制)、合作伙伴之间的关系、参与的利益相关者。公共服务协同供给过程核心要素如图 3-2-6 所示。

学界主要从两个方面对协作效果进行研究，并将绩效分为过程绩效和结果绩效，“绩效”和“结果”已成为衡量公共服务投资成功的关键要素。过程测评集中于协作伙伴的工作、伙伴之间的关系以及稳固的协作关系，结果测评主要集中在协作安排是否带来了更好的服务或者是否提高了公共政策质量。通常认为伙伴关系应该通过结果测评而非过程测评。比如英国审计委员会认为，组建伙伴关系的目的在于增进绩效，而其绩效应该由服务使用者、市民和其他利益相关方来评价。

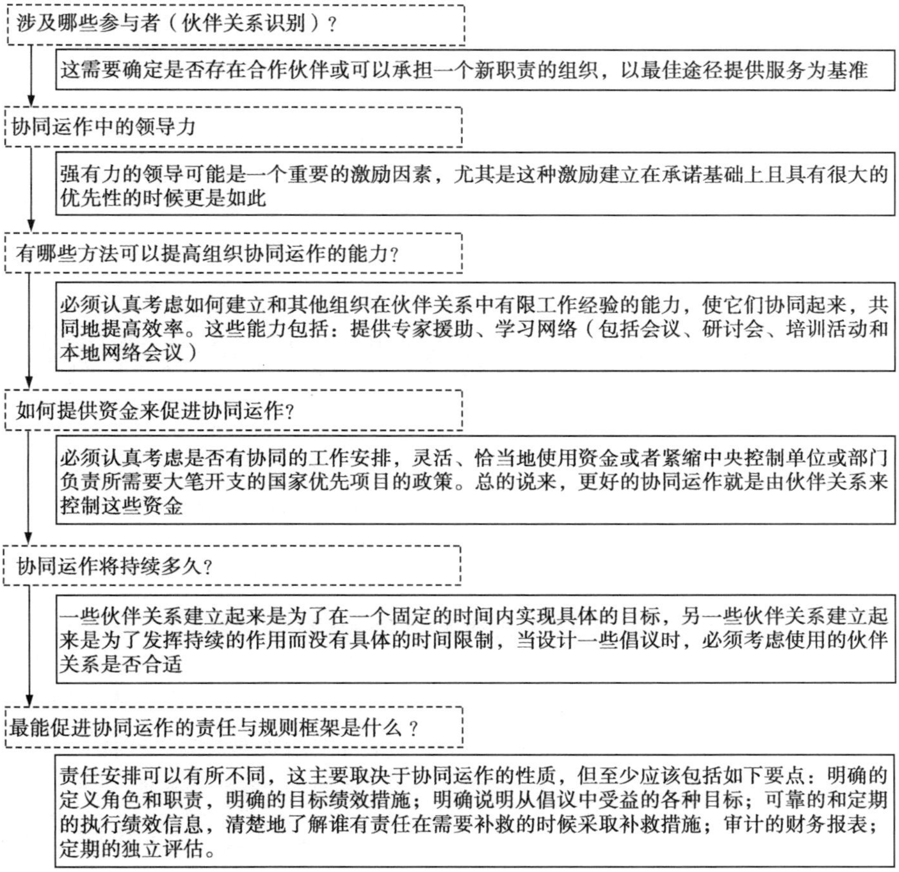

图 3-2-6　公共服务供给协同过程核心要素

协同治理理论或者与之相关的协作性管理中关于公共服务供给的研究主要是探讨公共服务多元供给主体中的协同治理的理论性研究，以及对协同治理的可供操作的模型的研究。整体政府理论提出了公共服务供给中的跨部门协同，既包括内部跨部门协同、不同层级政府间的纵向协同，也包括政府和社会组织之间的内外协同。研究这些协同中的关键和核心要素，有助于我们更深刻地分析和研究不同领域中的协同问题。运用该模型分析公共体育服务领域中的协同实践，有助于我们对这一理论有更深入的认识。

第四章　国外公共体育服务协同供给实践

第一节　澳大利亚公共体育服务协同供给实践

一、澳大利亚公共体育服务协同供给的背景

20 世纪后期，作为对新公共管理范式中的“企业家政府”改革的回应和修正的“整体政府”改革，是探索公共服务协同供给的典范。“整体政府”是一种国际性政府变革思潮，它源于英国，并迅速扩展到澳大利亚、新西兰、荷兰等西方国家。1997 年，澳大利亚成立了联络中心以负责原先由联邦政府几个部所承办的一系列社会工作。通过这些新机构、联络中心网点和各种一站式服务中心，澳大利亚政府实现了为民众提供无缝公共服务的目的。澳大利亚政府管理咨询委员会对各国整体政府实践模式进行总结提升后，形成了一种更加关注公共管理的协作性和公共服务供给的整体政府最佳实践模式，其主要包括三种形式：联邦政府和州政府之间的协同、全国各地提供类似的服务的政府间的协同以及公共部门和私营机构之间的合作关系。

1997 年澳大利亚进行了整体政府改革，制定了公共服务法案和专门性的公共服务法规。1999 年 12 月制定的《公共服务法案》和《公共雇佣法规》以及澳大利亚总理签发的《公共服务指令》，也相当于专门性的法规。澳大利亚公共体育服务的改革也被嵌入政府改革的进程之中。

澳大利亚体育的发展深受不同政府的意识形态的影响，在不同发展阶段，公共体育政策的价值和政策工具也有较大的不同。现代澳大利亚体育

管理系统的政策如表 4-1-1 所示。

表 4-1-1　现代澳大利亚体育管理系统的政策

时间	20 世纪 50 年代至 70 年代	20 世纪 70 年代至 2000 年	2001 年之后
特征	缓慢下降	逐步发展	局部权力下放
主流意识形态	保守/自由方法：视澳大利亚为自然优越体育国家	社会民主党政策和新自由主义：把体育作为一个合法的公共政策问题来关注	新自由主义：权力下放和增强体育组织作为金融独立存在的必要性
政府角色	缺乏系统的政府干预	不断增加政府投资和参与	澳大利亚体育委员会扩展国家单项体育组织的权力以增加他们的行政和资金使用效率以及独立于委员会的执行职能
管理方法	高度的志愿发展，业余体育管理	引入大量的运动机构和组织，体育专业化和商业化的趋势明显，志愿者的人数下降	体育组织更多地被视为自治实体为自身生存而做的努力
精英体育	不干涉的方法——有限支持选手派遣	弗雷泽（自由）政府（1975～1983），重新关注精英体育	霍华德（自由）政府（1998）目标定位于精英体育的潜力奖牌，以精英体育政策为重点，强调人才的识别
体育参与	20 世纪 60 年代末兴起健身运动	惠特拉姆（工党）政府（1972～1975），将运动视为工具，提高人民福祉；弗雷泽（自由）政府（1975～1983），提出“生活，在其中”，期待精英体育的成功能激励基层的参与	霍华德（自由）政府（1998 年至今），关注体育参与人数降低，重视基层体育参与

资料来源：Booth, D., “Sports Policy in Australia: Right, Just and Rational?”, *The Australian Quarterly*, 1995, pp.1-10。

20 世纪 70 年代以后，澳大利亚联邦政府才开始积极干预体育发展。在此之前，联邦政府仅仅对参加奥运会、英联邦大会等国际体育大会的运动员提供支持。依据澳大利亚体育的发展需要，内阁部于 1985 年设立了澳大利亚体育委员会(Australian Sports Commission, ASC)作为体育管理的执行机构。澳大利亚体育委员会依据 1989 年修订的《澳大利亚体育委员会法》运行，作为澳大利亚卫生部投资组合部门。目前，澳大利亚体育管理组织机构，主要包括国家体育管理机构、地方体育管理机构和其他体育管理机构。具体组织体系如图 4-1-1 所示。

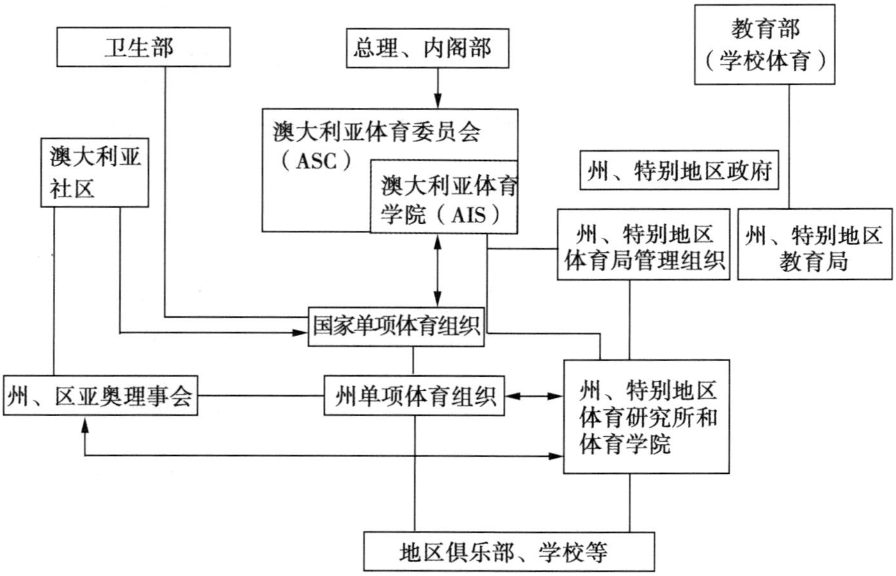

图 4-1-1　澳大利亚的体育组织体系示意图

2008 年 5 月，联邦政府发表了《澳大利亚体育：新的挑战，新的方向》一文，提出了广义上持续的体育系统改革的必要性。2009 年 11 月，澳大利亚政府公布了澳大利亚体育独立专家小组关于澳大利亚体育调查的报告。专家小组强调澳大利亚体育面临一系列的挑战，正处于“历史的关键时期”，并建议在这样的背景下对体育部门进行改革。澳大利亚政府为回应这一报告，于 2010 年 5 月发布《澳大利亚体育：通向成功之道》(*Australian Sport: The Pathway to Success*)一文，为澳大利亚体育服务的供给制定了一个整体的改革战略，提出了改革的总体方向是整体化协同供给的全新理念。

二、澳大利亚公共体育服务协同供给愿景和目标

澳大利亚体育委员会提出组织的目标有：增加体育参与，增加国际体育赛事上的成功，促进体育可持续发展，增加体育理事会的领导力和对合作伙伴的支持力度等。

为了实现公共体育政策目标，澳大利亚政府提出首先要构建澳大利亚体育的共享愿景——“通过体育实现更美好的生活”，并提出需要构建一个协同的国家体育系统来实现这一愿景，这在澳大利亚体育发展中是前所未有的。为了实现这一目标，澳大利亚政府追加了大量的公共资金。此外，澳大利亚政府提出了专注于增加全澳大利亚人的体育参与、造福社区和国际体育成功的新发展路径。澳大利亚政府通过澳大利亚体育委员会为本国体育提供领导、协调和支持，澳大利亚体育委员会又反过来促进国家体育系统的协同。澳大利亚体育的共享愿景的具体架构如图 4-1-2 所示。

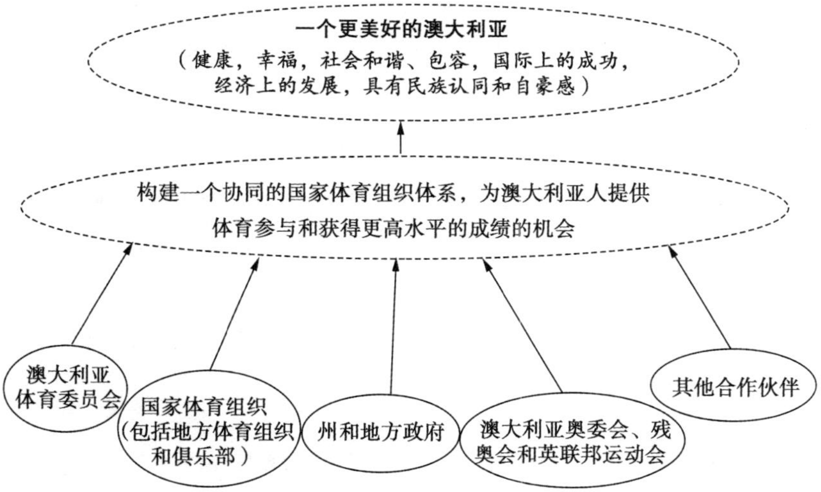

图 4-1-2　澳大利亚体育的共享愿景图示

三、澳大利亚公共体育服务协同供给的制度安排

在《澳大利亚体育:通向成功之道》中,澳大利亚政府承认澳大利亚需要加强体育部门作为一个统一整体来支持体育参与,以引导本国体育参与者通过不同的参与阶段实现终生体育参与。这意味着要构建一个从基层开始发展体育的途径,以确保体育的持续参与并为体育的国际成功建立一个坚实的基础。他们提出澳大利亚的公共体育服务协同供给将开创一个“新时代”,并确立澳大利亚体育委员会的领导地位,提出其核心职能是构建体育部门间的协作。为了该职能的实现,2010 年 9 月,澳大利亚体育委员会改由总理和内阁部管辖,同时在内阁中设置体育担当大臣,形成了以澳大利亚体育委员会为核心的多部门协同的“合作伙伴关系”。

澳大利亚体育委员会的主要体育部门合作伙伴主要包括:国家体育组织(National Sporting Organizations,NSO)、澳大利亚奥委会(Australian Olympic Committee,AOC)、澳大利亚残奥会(Australian Paralympic Committee,APC)、澳大利亚英联邦运动会协会(Australian Commonwealth Games Association,ACGA),办公室运动、澳大利亚地区、当地政府、艺术和体育运动和娱乐部(Office for Sport, Department of Regional Australia, Local Government, Arts and Sport),州和地区的体育和娱乐部门(State and Territory Departments of Sport and Recreation, SDSR)、国家和区域体育院校(State and Territory Institutes and Academies of Sport, SIS)、国家和区域体育联合会(State and Territory Sports Federations,SSO)。

为了实现发展目标,澳大利亚体育委员会开发了一系列项目(具体见表 4-1-2),来促进协同体系的形成。

表 4-1-2　澳大利亚政府开发的主要项目(国家首创)

项目	开发者	合作伙伴	服务接受者
体育学校	澳大利亚政府(政府首创,由澳大利亚体育委员会递送的项目)	国家体育组织、学校等相关组织	学校

续表

项目	开发者	合作伙伴	服务接受者
地方体育冠军项目	—	—	12～18岁的青少年
加入一个俱乐部项目	州和地区的体育娱乐部门、社区	澳大利亚首都、新南威尔士州北领地、昆士兰州、南澳大利亚、塔斯马尼亚州和维多利亚州	孩子和家长
积极的课外社区项目	—	一个基于区域性协调的本地网络，覆盖东区等四个区域	小学生
运动能力2	澳大利亚体育委员会	—	残疾人
精英自主旅行和住宿援助计划	澳大利亚政府和澳大利亚体育委员会	—	土著人口
体育领域中的女性领导者资助项目	澳大利亚政府	澳大利亚体育委员会、澳大利亚政府女性办公室	女性管理者、教练与官员

与地方政府层面的协同，主要是地方政府与8个国内体育和娱乐部门签订开发和交付项目以及服务协议并对这些部门进行投资。这些协议包括的活动领域主要有自主运动、指导和支持、初级运动、残疾人体育组织发展、体育俱乐部发展、治疗体育和妇女体育等。州和特别地区的体育和娱乐资金需每年审查一次，将目标和绩效指标列入年度协议，以满足澳大利亚体育委员会的需求。

联邦政府和各州、特别地区的体育娱乐担当大臣每年召开一次会议，即体育和娱乐部长理事会议（Sport and Recreation Minister's Council SRMC）。近年来，新西兰、巴布亚新几内亚的体育担当大臣也加入了这一行列，对推进体育休闲活动的相关协会工作、合作等问题进行讨论。

四、澳大利亚公共体育服务协同供给过程

1.协同运作所产生的权利

进行跨界性协同运作的第一步就是选择正确的合作伙伴。澳大利亚体育委员会制定资格认证标准体系，用于识别国家单项体育组织作为自己的合作伙伴，共同实现澳大利亚体育发展目标。

2012 年 2 月，澳大利亚体育委员会识别了 84 个单项体育组织、8 个单项残疾人体育组织，资助了其中 54 个单项体育组织。

澳大利亚体育委员会(ASC)从 2013 年 6 月到 8 月对“2009～2013 年认证体系标准”进行了全面的审查。调查部门包括所有州、领地的体育和娱乐部门。同时与其他国家体育组织的认证体系进行比较，包括英国、加拿大和新西兰等国家；并向与国家体育组织有密切的工作关系的澳大利亚体育委员会项目执行区域以及澳大利亚体育反兴奋剂机构进行咨询。在调研的基础上对原来的认证标准进行了重新修订。新一轮的“2014～2018 年国家体育组织资格认证标准”从 2014 年 7 月 1 日起开始执行。

通过澳大利亚体育委员会认证的国家体育管理组织在认证期内享有以下几种特权：

其一，使用 ASC 标志的机会。在赞助和资金应用程序、年度报告、简报和杂志、赞助商网页或类似组织的网站上使用该标志。通过 ASC 认证的国家体育组织可以使用英联邦徽章。

其二，在有关比赛中澳大利亚体育代表的服装以及陪同人员的服装上可以申请使用英联邦徽章。

其三，在 ASC 认证的与国家体育组织有关的体育项目中可以使用 ASC 标志。

其四，可以受邀参加 ASC 会为认证的国家体育组织举办的研习班、研讨会和其他论坛。

其五，可以获得 ASC 国家体育信息中心为国家体育组织提供的服务。

其六，有机会参加 ASC 国家培训认证计划、国家的裁判认证计划和相关的项目和服务。

其七，可以申请 ASC 管理的各种资助项目，获得政策发展援助和资金支

持的机会。

2.协同运作中的领导力的提升

澳大利亚政府通过 ASC 为澳大利亚体育提供领导、协调和支持。ASC 促进国家体育系统的协同，为所有澳大利亚人创造参与体育的机会。

ASC 归董事会委员领导，由其负责专业知识指导。董事会成员包括前运动员、商人和记者等，每个人都有关于澳大利亚体育的丰富的经验和第一手资料。

委员会致力于让更多的澳大利亚人参与体育和在竞技体育中追求卓越。为了达到这个目标，ASC 提供关键项目以实现澳大利亚政府的政策目标；向国家体育组织提供金融支持和其他援助，帮助他们实现体育参与和高水平体育成绩以及提高他们的能力、可持续性和有效性；构建协同、一致和有效的澳大利亚体育系统。

在 2011～2012 年度，ASC 重新调整其组织结构，使之满足其所需要的职能，现在该组织分为三个部门，具体如图 4-1-3 所示。

图 4-1-3 澳大利亚体育委员会结构

澳大利亚体育研究学院的主要职责是提供战略领导和高水平体育发展方向（包括能力建设和国家交付的任务），为世界级运动员的发展提供支持（包括教练、体育科学和运动医学、程序管理、职业保健和竞争机会），促进国家应用性研究的发展等。

体育参与和可持续发展部的主要职责是向体育和体育部门提供专业支持，构建国家体育组织的能力和水平以及向他们提供公共服务的能力。部门也侧重于与国家体育组织和其他合作伙伴的合作制定和实施全面参与计划，协调所有资金安排和维护体育部门伙伴关系，施行社区体育的主动课外社区计划和国际体育发展计划等。

公司运营部的主要职责是为澳大利亚体育委员会的所有部门提供业务和服务支持，使他们能够实现其战略计划。关注的重点领域包括：人力资源能力、信息技术功能、健全的金融和资产管理实践、在承诺框架内管理澳大利亚体育委员会的职责、提供高质量的设施和服务等。

3.公共预算和资金分配

2010 年，澳大利亚体育发展的全部预算约为 3 亿澳元，其中。由政府提供的拨款资金约为 2 亿澳元。澳大利亚卫生部 2009 年体育相关预算约为 6 万到 200 万澳元，但与此同时，从 2010 年开始新的政策“成功之路”的相关预算是 3 亿澳元。其中，有关促进体育运动参与的资金分配为 1 亿澳元。澳大利亚体育委员会对单项体育组织进行财政资助的种类，如表 4-1-3 所示。

表 4-1-3 澳大利亚体育委员会对单项体育组织财政支援的种类

种类	概要
AIS 拨款	AIS 的财政支持
高绩效 (High Performance)	奥运会等国际比赛的队伍的运动员需要强化训练，联邦政府针对此每年附加的非经常的补助，根据前一年的目标确定
体育参与 (Sport Participation)	对国家单项体育组织的常规补助(年度有计划的补助)
其他	其他队伍的比赛性补助

4.组织治理能力

澳大利亚体育委员会是澳大利亚政府法定授权的负责澳大利亚体育发展和资金分配的机构，由它负责分配政府的资金以实现发展精英体育和增加体育参与的目标。因此，提升澳大利亚体育委员会和国家体育组织的治理能力可以确保纳税人的钱能“物有所值”。为此，澳大利亚体育委员会提出了有效治理的六大原则及指标体系：

原则 1：董事会组成、角色和权力(13 条二级指标)。

原则 2：董事会的流程(6 条二级指标)。

原则 3：治理系统(10 条二级指标)。

原则 4：董事会报告和绩效(6 条二级指标)。

原则 5:利益相关者的关系和报告(4 条二级指标)。

原则 6:道德和责任的决策。(3 条二级指标)。

此外,澳大利亚体育委员会还通过开发一系列的网络课程来帮助组织提升治理能力。

澳大利亚体育委员会成员保护政策的模板(National Member Protection Policy Template),是为了协助国家体育组织编写自己的专业运动成员保护政策和措施,以解决骚扰、歧视和儿童伤害等问题。鼓励体育修改模板,它反映了组织的需要和需求。2001 年制定了政策工具箱(Member Protection Policy Toolkit)和投诉处理课程(The Complaint Handling Course)。澳大利亚体育委员会与“按规则比赛”(Play By The Rules)已经合作开发了一个包含七大模块的免费在线课程。七大模块包括:投诉处理概论、投诉解决程序、成员和法律保护、倾听和回应、会见联系人、道德和实际考虑、在产生危害前解决问题。此外,“按规则比赛”还为国家体育组织研究了五个完整的论坛主题——社会媒体、投诉处理、歧视、孩子安全环境和俱乐部文化。

五、澳大利亚公共体育服务协同供给结果和绩效分析

澳大利亚政府高度关注本国体育的可持续发展和增长。澳大利亚体育委员会致力于与合作伙伴密切合作,共同参与精英体育和实现体育参与的增加。为了实现澳大利亚政府四年内在体育上的 12 亿美元投资,澳大利亚体育委员会引入了年度绩效评审(An annual performance review),通过评审历史绩效来决定未来的投资可能。为了支持这一过程,澳大利亚体育委员会发布了年度体育绩效评审概述文档,协助所有体育项目了解其主要原则、角色和职责以及资金分配的最终决定。年度体育绩效评审模型旨在平衡确定性和连续性地获得澳大利亚政府投资。澳大利亚体育委员会对已经资助和非资助的体育项目提供支持,这不仅包括获得指导和执法程序、管理支持、计划、教育机会和援助,还包括帮助体育项目发展参与。同时,澳大利亚体育委员会的公共资源和公共资金的使用与管理还要遵守联邦、联邦机构和联邦公司的公共资源和公共资金的使用与管理的相关法律。另外,对花费的公共资金和财务运作进行监控和监督,主要通过澳大利亚体育基金

会的财务报表(Australian Sports Foundation Financial Statements)、澳大利亚体育委员会的财务报表(Australian Sports Commission Financial Statements)澳大利亚体育委员会的年度报告(Australian Sports Commission Annual Report)等进行。

第二节　英国公共体育服务协同供给实践

一、英国公共体育服务协同供给的背景

英国是由英格兰、苏格兰、威尔士和北爱尔兰四个地区政府构成的国家,它们各自都具有很高的独立性。在英国,除内阁部门外,还有大量政府及非政府类机构承担一定的政府公共职能,根据其法律地位不同主要有:内阁部门(Ministerial Departments)、执行机关(Executive agencies)、非内阁部委(Non-Ministerial Government Departments)、非部委公共机构(Non-Departmental Public Bodies)和其他公共机构。[①]

虽然体育是在文化、媒体、体育部(Department of Culture, Media, Sports, DCMS)的管辖范围内,但具体的政策还是由各个地方政府来制定和进行商议。20 世纪 60 年代以西欧、北欧这些福利国家为中心提出了终身体育政策。作为业余休闲的发祥地,虽然英国政府对体育介入控制的倾向愈发加强,但到了 1970 年以后,西欧、北欧其他诸国都已逐渐赶上。尤其是 1980 年以后对福利的不重视以及差距化扩大造成的地域不安定化、国民肥胖化、上升中的医疗费问题,都是摆在英国政府面前的非常大的政治课题。为了攻克这一政治课题,"世界一体育立国"政策被提出,"少儿体育""地域体育""精英体育"以及"残疾人体育"包含在内,以向全体国民进行体育的普及和取得世界最高水平成绩为目标。为了实现这些,英国在体育组织的协作、设施的保证、体育指导员的培养以及项目推进过程中的预算保证等相关方面,都制定了精密详细的政策规划。此后,2012 年伦敦奥林匹克运动会的召开而带动的体育大众化的普及和精英体育的振兴,作为奥林匹克遗产(通过奥林匹克运动会的召开而在举办城市和国家遗留下来的业绩)的一部分,

① 参见赵立波:《大部制改革理性定位与战略设计》,《行政论坛》2013 年第 3 期。

赋予了体育发展更多的活力生机。

文化、媒体与体育部是内阁部委，负责制定体育政策和财政拨款，但具体事务管理则交由非部委公共执行机构（英国体育理事会和英格兰体育理事会）承担，负责资助和联系全国体育领域的各个体育团体、机构和个人，形成全国的体育管理网络体系。

1997 年，英国政府掀起了整体政府改革运动，推进了公共服务协同供给，并在各个领域进行了制度的变革。体育作为英国社会发展的重要部分，使英国政府得以积极干预本国体育的发展，以更好地通过体育发展，恢复英国的老牌体育国家的地位。

二、英国公共体育服务协同供给的愿景和目标

1997 年，为配合公共服务改革，英国进行了组织机构的改革，成立了英国体育理事会（Uk Sport）和英格兰体育理事会（Sport England）。

英国体育理事会的目标：致力于与一系列体育合作伙伴机构在国家高水平运动体系内的合作，引领英国体育在国际上的成功。

英格兰体育理事会的目标：致力于增加经常参加体育的人数，让更多的人参与体育，帮助人们和社区在全国建立终身体育的习惯，实现通过体育让生活更美好的愿景。

三、英国公共体育服务协同供给的制度安排

作为政府发展体育的两大代理机构英国体育理事会和英格兰体育理事会，都意识到实现自己的目标不可能靠一己之力便能完成，只有靠协作才能实现。他们致力于与一系列的体育合作伙伴机构构建网络化的协同供给体系，来实现国家高水平体育的成功和改变国民的体育习惯。

英国体育理事会已经与他们投资的每个国家体育管理机构建立了伙伴关系，为这些国家体育管理机构的运动员、教练员和他们的合作伙伴提供资助和支持。英国体育理事会协同英国体育学院、英国奥林匹克委员会、英国残奥会委员会以及其他的合作伙伴等一起工作（如图 4-2-1 所示）。

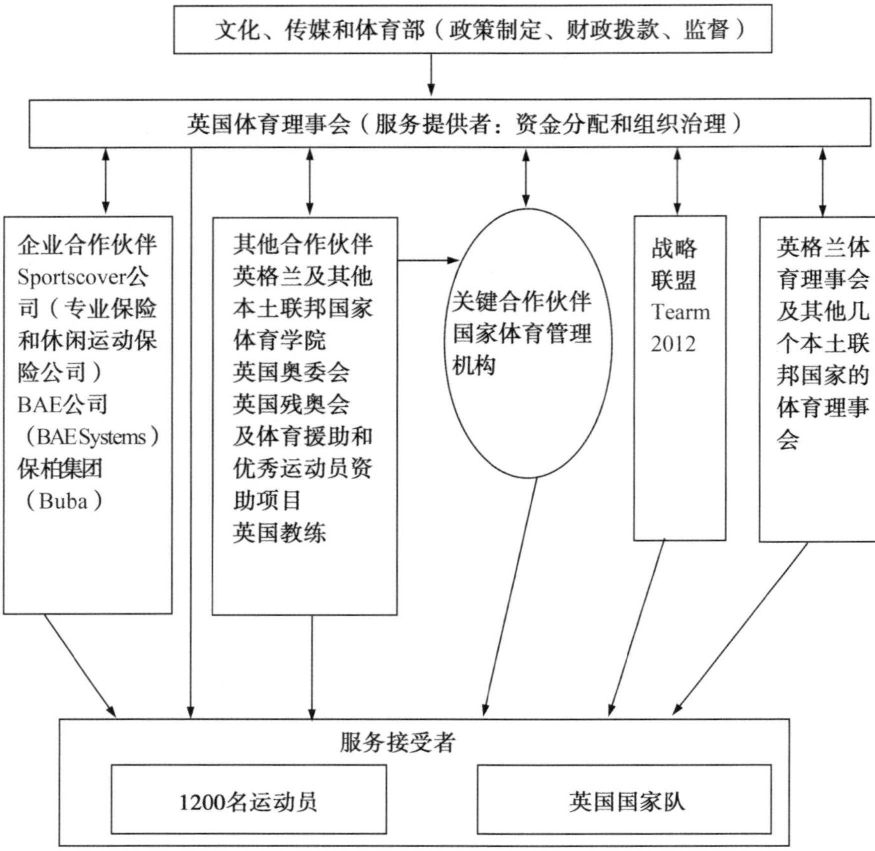

图 4-2-1　英国体育理事会合作伙伴关系

英格兰体育理事会也建立了强大的整体协同的组织网络体系。英格兰体育理事会与其他组织合作互利的方式已深入到社区体育和福利中。他们的合作伙伴主要包括：46 个国家体育组织、49 个郡（县）级体育伙伴、地方政府、国家专业技术合作伙伴、英国的大学及大学联盟、高等教育机构、志愿者组织、英国奥林匹克委员会、英国残奥会委员会、联邦赛事协会、英国体育理事会、青年体育基金等。

49 个郡（县）级体育合作伙伴共同致力于提高体育和身体活动参与。合作伙伴包括国家体育管理机构和他们的俱乐部、学校体育的伙伴关系、地方当局、体育和休闲设施、基层医疗基金和许多其他各类组织。目前，机构的合作伙伴主要来自私营机构，但他们愿意与其他公共部门和第三部门组织一起工作。

在地方层面上，体育和身体活动服务的递送则通过“一个联合的方法”(a joined-up approach)。这是一个强大的公共体育服务递送机制，其传递一个大范围的体育、经济和社会绩效，并协同其他机构实现这一绩效。伙伴主要包括：国家单项体育组织及其俱乐部、学校体育伙伴、地方当局、体育和休闲设施(机构)、初级保健信托(机构)和其他体育及非体育组织。英格兰体育理事会签订契约，提供一系列的核心服务，巩固国家单项体育组织递送服务的基础，支持国家单项体育组织和英格兰体育理事会实现自己的目标。帮助联合 NGB 和地方的合作伙伴，通过发展俱乐部、教练和志愿者支持 NGB 的工作，吸引外部资金，支持体育设施的建设。

卫生部(Department of Health)则是在当地地方层面唯一一个帮助卫生部门实现民众以体育与娱乐方式增进健康的组织，协同其他卫生部门和机构推进身体活动项目，同时来协同体育部门和国家及地方卫生机构，帮助证明身体活动的投资价值。

1.地方政府合作伙伴

英国地方政府的体育合作伙伴主要是郡(县)级体育合作伙。英格兰体育理事会把郡(县)体育合作伙伴作为一种重要的全国性网络，将他们与 NGB 协同，提供一致性的服务。该网络由 49 个合作伙伴组成，在英国国家范围内提供全覆盖的服务。郡(县)级体育合作伙伴与当地机构致力于组建网络一起工作来增加体育参与和体育活动。合作伙伴包括国家体育管理机构及其俱乐部、学校体育的合作伙伴、地方当局、体育和休闲设施、初级保健信托和非体育组织和许多其他的体育组织。郡(县)级体育合作伙伴由一个中央团队的专业人员组成的战略委员会来进行提供领导、协调和架构，让人们和组织在次区域层面更有效地工作在一起。

郡(县)级合作伙伴的递送机制为郡县体育合作合同制。英格兰体育理事会把整个运动计划交付国家体育管理机构并支持其运行，当地区域的合作伙伴则利用他们的知识、网络和联系、营销技巧，帮助落实 NGB 计划。

郡(县)体育合作伙伴关系构建一系列网络以形成多机构协作模式来发展体育和身体活动，其中包括郡(县)体育发展论坛、培训网络和俱乐部网络等，通过它们分享好的实践，加入工作链和识别当地需求来发展联合规划。

许多郡(县)级体育合作伙伴都有支持当地社区体育与体育活动网络结构(Cspan)或类似的组织,这样可以汇集当地合作伙伴来协调活动,集中资源,优先计划为当地社区体育和身体活动递送服务。

许多郡(县)体育合作伙伴与当地的战略伙伴关系有着密切联系,在那里他们可以更有力地提倡运动的社会贡献,同时也具有更强的本地优先级。每个郡(县)级体育合作伙伴的角色都是多重的,其中包括帮助国家管理机构联络当地及当地合作伙伴,支持国家管理机构发展俱乐部、教练和志愿者,帮助吸引外部投资,支持体育设施建设等。

地方政府供给体系还建立了通过社区体育和身体活动网络在地区层面进行协同,递送体系如图 4-2-2 所示。

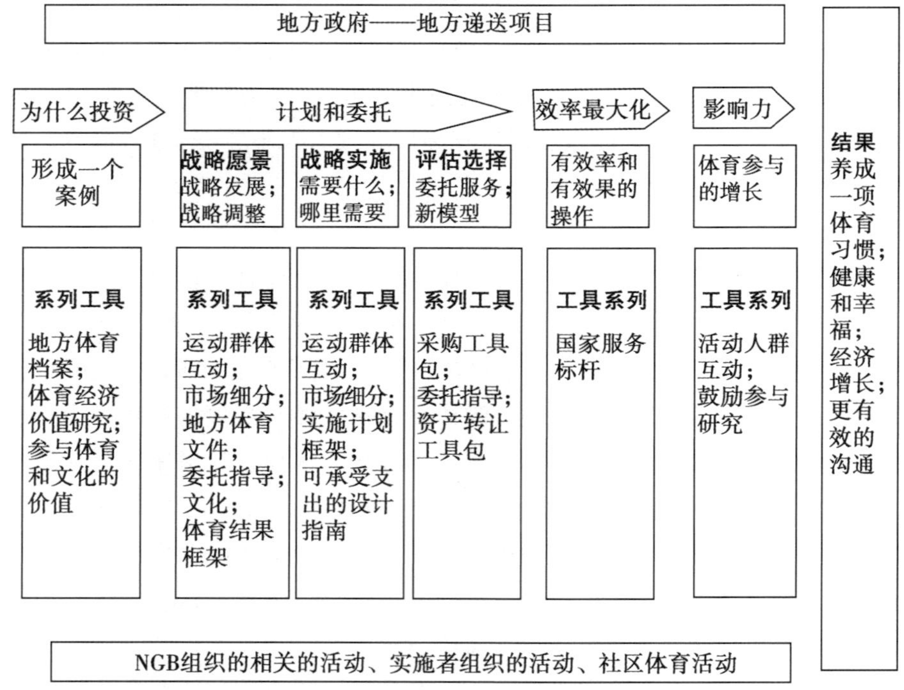

图 4-2-2　地方社区体育和身体活动协同递送框架

国家管理组织如何利用有限的资源在地方供给公共体育服务,如何与地方合作伙伴联合发展一种不同的体育,这需要创新形式、加强交流和强化互动。其中 B2B NGB 产品工具(Products Tool B2B NGB)是国家管理机构提供给地方体育领域的公共体育服务供给合作伙伴社区的一系列体育服务产品。该工具旨在帮助促进 NGB 和当地的服务递送直接对话。B2B NGB 产品工具视图选项(B2B NGB Product Tool View Options)如图 4-2-3 所示。

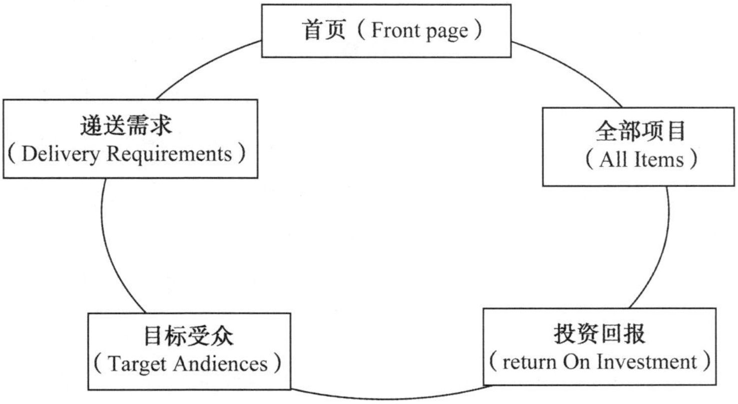

图 4-2-3　B2B NGB 产品工具视图选项

2.学校体育合作伙伴

英国文化、媒体和体育部与教育部共同推进学校体育的发展。在 2002 年制定的《国家体育、学校体育和俱乐部联合战略:PESSCL》的基础上,2007 年制定了推进青年人体育发展的《青年人的新的体育教育和体育战略:PESSYP》,提出了学校体育合作伙伴关系,并加大了对体育的公共资金投入。合作伙伴是指七八个学校之间合作,以此为中心,联合 50 个学校一起推进学校体育发展。

四、英国公共体育服务协同供给过程

英国体育理事会不去界定什么是体育或什么不是体育,因为关于什么是体育和体育有哪些构成的观点很多,英国体育理事会也没有自己的定义。其识别体育项目时,依然遵循着 1983 年《欧洲体育宪章》对体育的定义标准来进行,如果一个体育项目被很好地建立和发展就会进入其认证范围。

国家体育管理组织不是由体育理事会任命或者建立的,是独立运行的组织。

认证政策由认证小组于 2010 年 10 月制定,包括预申请过程和完整申请过程。通过预申请滤出那些不符合基本条件的机构，再走完整申请过程，其内容有挑战阶段（两个组织申请同一个项目）、认证复审过程、体育规则的改变（需符合《欧洲体育宪章》）。具体的认证流程如图 4-2-4 所示。

英国体育理事会和合作伙伴一起通过世界领先的治理方式致力于激发组织的领导力。不仅证明了他们有符合接受公共资金的资格，而且证明了治理和领导可以正面影响和支持运动员成功。英国体育理事会审查所有体育的管理和领导，他们投资以确保组织运行专业高效，致力于实现最高标准的组织治理和各级财务管理系统的优秀性，并将社会责任和道德标准纳入他们的组织结构和运行之中。这些原则被写入了政府与国家体育组织的协议中，如果不能实现既定目标，资金便会被临时扣留甚至被完全取消。

公共体育服务的协同供给要通过财务、内部控制框架以及实践来驱动。以确保实现投资的价值和"物有所值"。英国体育理事会进行战略投资，以达成自身目标。他们还为被投资的国家体育管理组织提供建议、专业知识和行业洞察，以确保能收到预期的利益。英国体育理事会还投资国家管理机构来实现使命和目标。在竞技体育中的投资，主要以理事会资助国家体育管理机构为主。

英国体育理事会的资金主要来源于政府公共财政资金和国家彩票资金，通常以体育发展资金和政府补助金的形式分配。英国体育理事会与 46 个国家体育管理组织之间建立了公共服务递送契约，其中主要包括整体体育计划（Whole Sport Plans），以确定公共财政资金和国家彩票资金的分配，并建立一个新的绩效管理制度，制定严格的绩效体系。

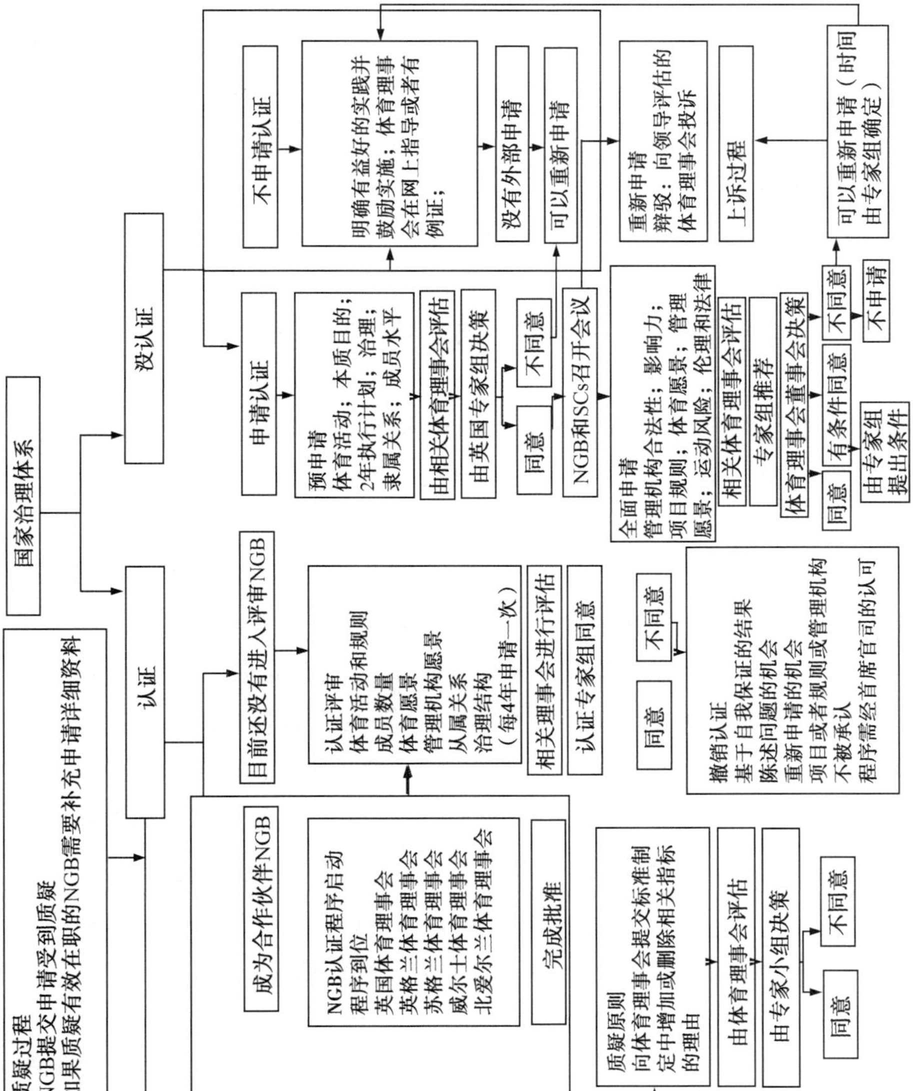

图4-2-4　NGB认证流程图

英格兰体育理事会领导着合作组织形成一种公司治理结构。这项工作带来重大收益，确保他们和他们所有的合作伙伴都能更好更有效地履行各种职责。英格兰体育理事会热心地帮助体育部门改善管理，为此他们向各种各样的组织提供专业知识。例如，他们提供一系列的支持，包括一个自我担保（self-assurance）的工具和指导，帮助国家体育管理机构改善管理。英格兰体育理事会还协助国家体育管理机构通过建立一个框架，方便为他们进行专业性服务。英格兰体育理事会正在建立一个提供商业、赞助和公关支持的框架，为他们确认的国家体育管理机构提供帮助，让其从中受益。英格兰体育理事会还常常在许多方面扮演咨询的角色，包括商业、创新和发展计划等。

英格兰体育理事会、体育和娱乐联盟、威尔士体育理事会和英国体育理事会共同成立了一个为全国运动主管部门和娱乐设施提供法律援助的专门机构。针对在经费及人力上对体育行政机关及文娱团体的要求，该机构设立了一套综合程序及法律咨询架构，供10家运动团体及文娱团体利用。该法律咨询框架旨在使全国体育主管部门及运动与休闲组织更容易地确定并得到优质的法律事务所所提供的公正的服务，从而为其提供一系列附加值。这项措施中包含一项公共事件资金，该资金将为符合条件的全国体育主管部门提供价值15万英镑的法律咨询服务，为期三年。在社会福利基金的代理和律师协会的框架下，为小型政府管理机构和体育、娱乐等机构提供免费的法律咨询服务。该联盟的律师事务所已经承诺每年为体育主管部门和娱乐部门提供5000英镑的免费服务。同时，为方便各运动主管部门、文娱单位申请这项免费服务，其还对报名条件等进行了详细规定。

1.英格兰体育理事会的治理战略

作为公共资金的投资者，英格兰体育理事会有责任确保公共财政投资的组织运转良好，以保障他们在一个更高的层面上，实现让更多人参与体育的目标。对英格兰体育理事会来说，他们为之投入大量公共资金的组织最重要的就是具有良好的经营和管理能力，为此他们制定了一项体育治理战略，提出了自己投资和治理的要求，帮助核心利益相关者发展和执行最高标准的领导和治理，确保他们和他们所有的合作伙伴都能更好更有效地承担自己的角色和履行各种职责。

为了实现更好的治理，战略中提出了治理目标、需求和所有利益相关者。英格兰体育理事会为他们投资的组织制定了治理框架和实践标准，在每个标准下又制定了详细的标准说明和解释，具体标准如图 4-2-5 所示。

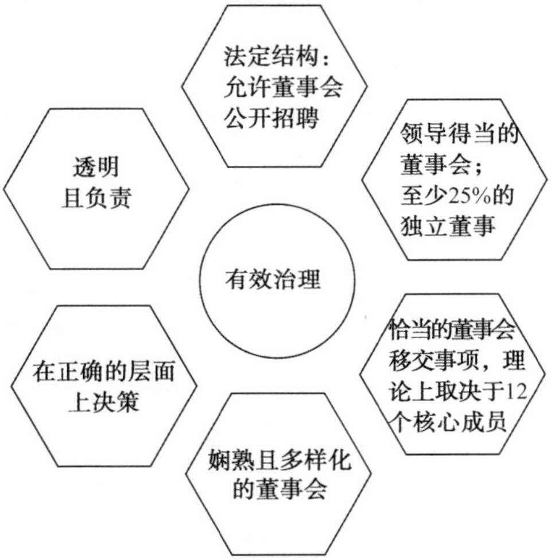

图 4-2-5　有效治理的关键标准

2.英格兰体育理事会治理战略目标

目标 1：提高资助的核心国家体育管理机构的治理标准，以确保他们的治理和管理能很好地实现理事会的战略投资结果。

目标 2：提高资助的核心国家合作伙伴的治理标准，帮助实现理事会的战略投资结果。

目标 3：支持承认的非核心国家体育管理机构或有希望成为公认的国家体育管理机构的良好经营。

目标 4：努力使郡（县）级体育合作伙伴达到良好的治理标准，支持理事会的战略投资结果。

目标 5：继续向资助和支持的组织提供足够的和适当的治理标准，帮助理事会实现其战略投资结果。

有效治理关键标准对投资的核心伙伴提出了详细的要求。每个标准评估指标都有详细的设置。英格兰体育理事会为了提升合作伙伴的治理能力，购买了一套“治理、财务和人力资源支持框架”(Governance, Finance and Human Resources Suppert Frame work)，该框架可以帮助体育机构不断改善治理，成为高质量公共体育服务供给者。这个框架的一个关键元素是能力支持，英格兰体育理事会已承诺为国家体育管理机构提供能力支持，以确保他们的支持和服务是一致的，帮助他们产生最大的影响力。

3.制定自助工具——“考虑的事情”(The Things to Think About, TTTA)[①]

TTTA 作为一套自助工具，汇集了需要支持的各个主题领域，其主要包括战略规划、财务管理、人力资源、组织政策、风险管理等。

这个工具设定了评估标准，并为理事会核心投资的体育机构提供提示或行事原则来支持这些标准，它还提供了其他一些专业网站链接，尽可能地来帮助这些组织。所有参与治理和管理体育的组织或个人——从董事会和高级管理人员到财务人员，只要是参与组织政策执行的人员都可以使用。这个工具不是一个给予人们现成答案和方法的解决方案，相反，它为投资的核心体育机构提供了一个资源，希望能帮助他们通过一些具有建设性的挑战以继续改善和发展自己的组织。那些非核心投资体育机构也可以在发展的不同阶段来使用这一工具来帮助他们建立自己的经营模式、金融手段和更广泛的控制框架(例如人力资源、战略规划等)。那些在体育委员会的联邦国家认证政策下向英格兰体育理事会申请国家体育管理机构资格的体育组织也可以使用。TTTA 的具体内容如图 4-2-6 所示。

---

① Sports England, “What is the self-assurance process and how does TTTA link to it?”, http://www.sportengland.org/support_advice/governance_framework_tool/using_the_framework_tool.aspx.

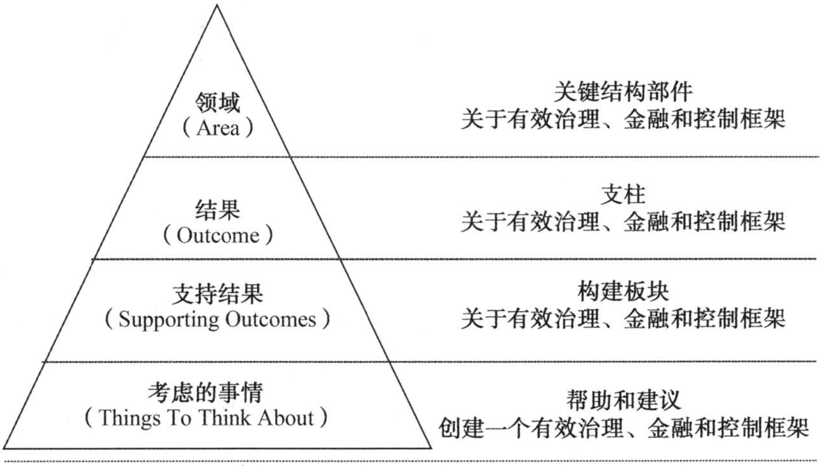

图 4-2-6　TTTA 自助工具图

五、英国公共体育服务协同供给结果和绩效分析

1.设立评估监管机制

各委员会每年向理事会提交一份报告“说明其行动和决定”，每三年接受一次总体评估。明确问责制安排，在横向协作和纵向问责之间形成一定的平衡，其主要形式包括小组评估、年度报告等（Annual Report and Financial Statements）。

在每一个融资期间，英格兰体育理事会把给国家体育管理机构提供的投资和其所取得的成果紧密地结合起来，以此为基础制定改善经营模式、金融手段和控制框架的做法。他们特别重视发展这些框架来支持国家体育管理机构，因为良好经营的核心是提供优秀的绩效。他们也认识到国家体育管理机构需要时间来发展他们的治理框架，因此，理事会支持和鼓励这些体育组织通过自我确认和现场审计等活动，在出现重大问题时，资金会被暂停发放，抑或是被调到月度、季度支付，直到关键问题被解决。

2.透明度倡议

英国财政部已经推出了一个将所有政府部门、机构和非政府公共机构（不包括公有公司）所持有的所有数据主动开放透明的倡议，要求机构对任何超过 2.5 万英镑的支出提供明细列表，列出任何支出的细节（即所有付给第三方的支出），并在网站上公示所有超过 2.5 万英镑的非拨款支出和财政支出。

3.基于责任机制的绩效度量

英国体育理事会致力于对体育参与度的统计。其建立了一个活跃人群调查项目（Active People Survey，APS），以便掌握年轻人体育参与度的可靠数据。活跃人群调查是英国最大的体育参与度调查，该调查针对的是居住在英国的 14 岁及 14 岁以上的居民，主要了解不同地域、不同群体的体育参与情况。活跃人群互动（API）是一个在线报告和资源分析工具，可以查看活跃人群调查结果。地方当局、县（郡）体育合作伙伴、国家体育管理机构和许多其他国家和地区合作伙伴可以使用这些数据进行分析，以更好地理解民众的体育运动参与情况。

4.制定评估框架和方法来进行绩效的测量

在评价机制中，评价对象主要是接受了财政和国家彩票投资的公共体育服务的供给主体，如国家单项体育组织等。评价内容包括公共体育服务的公平度评估和公共体育服务绩效评估。英格兰体育理事制定了主要的测评指标，其中最主要的三个核心指标是：给予愈加便捷的体育设施、增加志愿服务方面的机会、体育参与的程度得到提升。

第三节　新西兰公共体育服务协同供给实践

一、新西兰公共体育服务协同供给的背景

在 20 世纪 90 年代西方国家掀起的“政府再造”的公共管理改革中，新西兰公共部门改革是此次“新公共管理运动”的先锋，其作为“改革实验室”和“政策创新者”，因其彻底性、持续性及成效性而被誉为“改革的典范”。[①] 但是在这一场以私营化和市场化为手段，以追求效率（Economy、Efficiency 和 Effectireness，3E）为终极价值的改革浪潮中，新西兰政府在效率优先政策的

① 参见袁方成、盛元芝：《“新公共管理运动”的困境与转型——新西兰公共部门改革的反思及参鉴》，《公共管理学报》2011 年第 3 期。

指引下，在力图消除“福利国家”痕迹的同时导致了无暇顾及公平问题进而加剧了社会的不平等。1999 年，新西兰工党执政并开始在反思和修正新公共管理范式的基础上了推行了以“协调”“整合”为核心、以为公众提供无缝隙公共服务为前提的第二轮改革，即“整体政府”改革。新西兰的公共部门变革不断推进，新西兰的体育也是如此——在一个复杂、变化且常具有挑战性的环境中发展。作为对政府改革的回应，新西兰体育提出了“建立完善且世界一流的体育服务”理念，尤其是在最新的体育发展战略中，把这一目标作为优先级的战略目标来实现。经过之后 10 年的被称为“SPARC”、于 2012 年 2 月 1 日成立新西兰体育理事会，确保他们在各方面的服务递送的专业性，后来还推出了新西兰精英体育理事会(HPSNZ)作为子系统专注于精英运动员。为寻找方法来提高地区服务递送，提供对地方学校和俱乐部更好的支持(包括在一些地区的重新重视)，他们开发出了一个连贯的整体体育发展战略《新西兰体育战略 2009～2015》。

二、新西兰公共体育服务协同供给愿景和目标

新西兰政府以“通过体育运动过丰富的生活——每个人，每一天”作为发展的愿景，体现出政府把通过体育运动让每一个新西兰人享有丰富的生活的公共价值。确立了“更多的孩子、更多的成年人参与到运动中”和“更多的新西兰赢家在世界体育舞台上”的两个目标。

为了各伙伴间更好地协同，新西兰政府提出了“整体体育计划”方法(Whole-of-sport Planning Approach)和“以参与者和运动员为中心”的方法(A Participant/Athlete-Central Approach)。通过提供无缝隙的服务来确保民众享有高质量的体育经历，因为他们认为高质量的体育经历可以增加民众长期参与体育的可能性。

三、新西兰公共体育服务协同供给制度安排

新西兰政府提出发展体育的战略计划是伙伴关系(Partnership)。新西兰政府意识到，国家体育的成功在很大程度上来自合作伙伴的支持。政府一直致力于创建一个能为民众提供无缝公共体育服务的供给系统，尤其与国家体育和娱乐活动组织(National Sport and Recreation Organisations)以

及地方体育信托(Regional Sports Trusts,RST)形成合伙伙伴关系,传递公共体育服务。通过他们的工作与其他以社区为基础的组织让服务覆盖到社区的每一个角落,为民众提供无缝隙的服务。同时,他们还依赖于体育和娱乐的资助者、博彩业以及赞助者的有力支持,集中资源,减少浪费,以此实现让新西兰人最大受益。正是这些协同才使得地方、区域和国家的伙伴体育系统相互依存,正常运作,也使他们的系统产生更高的价值。社区公共体育服务协同供给体系如图 4-3-1 所示。

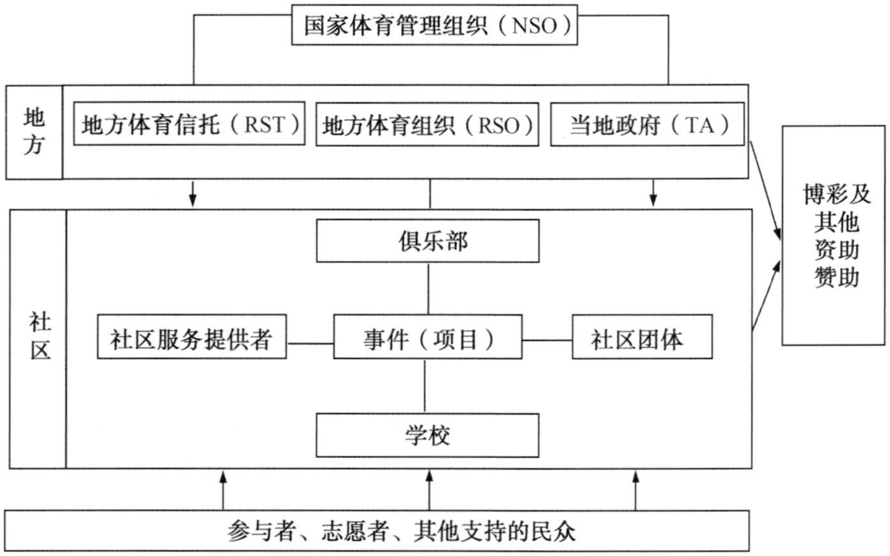

图 4-3-1　社区公共体育服务协同供给体系

目前,新西兰有超过 100 个国家体育组织、约 100 个地区体育组织、约 1.5 万个俱乐部和 3000 所中小学进入社区体育供给系统并成为其一部分。当地政府是社区体育的最大投资者,在 2009 年投入超过 9 亿美元;其次是博彩和地方信托,投资至少有 1.8 亿美元;而体育新西兰投资约 3600 万美元。在社区公共服务递送中,新西兰体育理事会调研发现,国家和地区机构缺乏提供适合社区需求的有关教练员能力和资质发展的培训。国家和地区体育组织、俱乐部及学校之间缺乏协同,导致了不一致的领导和体育指导、支持缺乏以及不稳定的交流和沟通等问题。新的发展战略目的即是通过鼓励更多关注社区的关键合作伙伴——国家体育组织、区域性体育信托和地方政府以及为了满足参与者不断变化的多样需求的现有的和潜在的伙伴，来解决这些问题。

针对在竞技体育领域中的伙伴关系，新西兰精英体育理事会制定了和新西兰大学合作网络支持培养运动员，主要的合作学校有：奥克兰理工大学、怀卡托大学、梅西大学、维多利亚大学、奥塔哥大学、怀阿里奇理工大学等。

四、新西兰公共体育服务协同供给过程

1.组织职责

新西兰体育理事会对不同群体和组织适合担任的职责进行了界定。

(1)新西兰体育理事会

新西兰体育理事会的主要职责是：从服务的供应者变为服务的催化者，催生服务；具有管理各种伙伴关系并让合作伙伴承担责任的能力；建立伙伴识别指南、认证标准和资金投资指南。具体领导体系如图 4-3-2 所示。

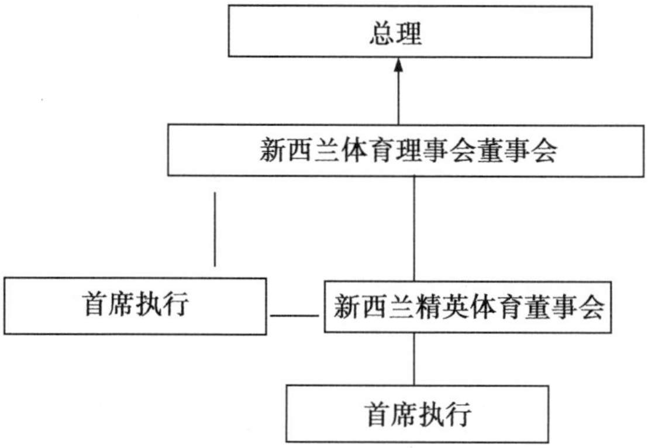

图 4-3-2 新西兰体育理事会的领导体系

(2)国家体育组织

国家体育组织的主要职责有：发展整体体育计划，提高公共体育服务在社区层面的供给水平；向资助者和其他人宣传社区体育的重要性和价值；与公共体育服务提供者确立伙伴关系，提升公共体育服务效果；为地方公共体育服务供给者和社区体育俱乐部提供专门知识和其他支持；制定发展规划，确定适当的支持资源、工具和指导方针；鼓励地区水平的最佳社区体育供给

实践。整体体育计划见图 4-3-3。

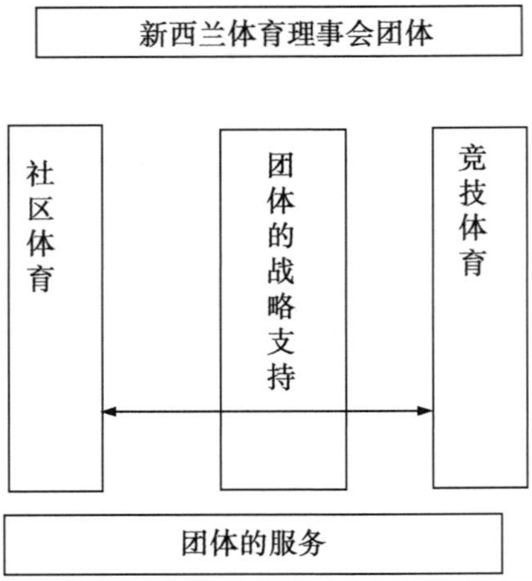

图 4-3-3　整体体育计划示意图

(3)俱乐部和学校

俱乐部与学校两者之间应加强协同,创建无缝的体育参与和发展途径;招募和志愿者保持规模,尤其是教练员。

2.协同能力提升

政府希望自己的合作伙伴具有可持续发展的潜力和完成目标的能力。因此,会通过提供治理工具和资源来培养业内领导者,即通过商业化提升组织的自我造血能力,对合作伙伴提供专业技术指导,对体育设施建设和赛事组织提供指导。

政府提供资金来支持项目发展,是一种比较普遍的也是比较简单的协同供给方式。新西兰政府在促进协同方面采用了定向投资(Targeted investment)、流线型投资(Streamlined investment)、多年承诺(Multi-year commitments)和杠杆投资等(Leveraged investment)手段,并成立了投资咨询小组,对投资的优先顺序和投资的数额进行磋商。

新西兰体育理事会和新西兰精英体育理事会直接投资的组织主要是那些能帮助他们实现目标的组织,主要包括国家体育组织、国家娱乐组织和一些地区体育组织。投资通常是与他们实现协议中关于社区体育和竞技体育的结果相联系的。他们制定了投资的框架(Investment framework),其中包括投资的原则及主要指标描述，如组织的能力(Capability)、绩效(Performance)、优先级(Priority)、回报或影响力(Return/Impact)、资金使用价值(Value for money)、避免重复投资(Avoiding duplication)、合作伙伴的资金使用能力(Partnership leverage)、认证标准(Eligibility Criteria)等。

合作伙伴组织可以支撑并有能力完成英国政府交付给他们需要实现的任务，满足体育发展目标需要。政府体育部门的一项重要职能便是提升合作伙伴的能力。为了帮助组织提升治理能力和领导力，他们开发了专门的网络治理板块进行指导，如领导力板块、治理板块、能力评估、人力资源、绩效评估等。

为了提升合作伙伴的治理能力，支持组织实现其既定目标和任务，支持或改善组织的执行效能，新西兰体育理事会制定了《利益相关者沟通计划》(Creating a Stakeholder Communications Plan)和《有效治理的九个步骤：构建高效的组织(第三版)》[Nine Steps To Effective Governance: *Building High Performing Organisations*(Third Edition)]，支持或改善那些重要且能保证成功(通常称为关键利益相关者或目标受众)的人际关系，向组织提供可衡量的结果。利益相关者沟通计划模板包括8个步骤的沟通计划框架，即设置沟通目标、为组织建立关键信息、定义优先考虑的关键利益相关者、为每个利益相关者提供关键信息、分配预算和责任、开发一个季度沟通日历、评估结果和调整计划。

《有效治理的九个步骤：构建高效的组织(第三版)》提出了组织治理的关键要素、有效治理的原则和治理步骤。

其中，组织治理的关键要素包括：确保组织符合所有的法律和宪法要求；确定组织的战略方向和重点；确定高层政策和管理业绩预期；正视和监督风险管理；监测和评估组织绩效。

有效治理的核心原则包括：董事会将业主的要求转化为存在管理的结果；应该有一个分离的治理和管理角色和岗位职责；应该有清晰的董事会期望或要求执行和管理来实现；董事会操作实践及其代表团首席执行官应该写下来，而不是假设；除了特殊情况，董事会应该履行代表团首席执行官职责；董事会与管理层合作，为组织设置一个战略方向，并为实现这一目标设计具体的操作方法或手段；董事会有让各位董事注意的义务，让他们用最高标准执行他们的职责，也就是说某些事情不能或不应该委托。一个董事会的完整性在于它能够以一个声音说话，这一点至关重要。个人的声音有助于达到更好的结果，但必须团结一致。

有效治理的九大步骤包括：把正确的人吸纳进董事会；确认董事会角色；任用首席执行官；提供战略领导；提升董事会会议价值；掌握治理作用；制订工作计划；定期审查董事会的绩效；提供有目的换届主管培训。

新西兰体育理事会专门设立了管理体育的相关知识平台，同时还提供工具和资源，个人和组织都可以进入学习，以实现从个人能力到组织能力的提高。

五、公共体育服务协同供给结果与绩效分析

新西兰体育理事会提出，进行公共体育服务协同供给绩效管理是政府的责任，政府会对与体育和娱乐投资有关的部门进行自己的监督。

每年新西兰体育理事会都会审查哪些项目需要优先发展，并通过各种制度确保它们的优先级且能满足体育部门和政府的需要。还通过系统监控新西兰体育理事会的进展指标，并进行监测。如2014～2015年，他们进行了第二次年轻人运动调查和第二次新西兰活力调查。

主要的绩效评价方法包括年度报告（annual reports）、战略计划（strategic plans）、意图声明和首席执行官费用的声明（statements of intent and chief executive expenses）。

第四节　美国公共体育服务协同供给实践

一、美国公共体育服务协同供给的背景

美国作为一个高度分权的国家，除了外交、国防等事务由联邦政府负责外，其他事务皆由州及地方公共团体自主治理。美国的民主共和政治制度、联邦体制和资本主义市场制度等国家政治和经济制度以及美国的新教伦理和资本主义精神等社会文化制度一起浸润和形塑了美国体育体制的分权及以社会非营利组织为主导的公共体育服务递送特征。美国体育基本上是在

民间成长和发展起来的，在通过对欧洲体育的移植和改造的基础上，美国的民间体育逐渐社会化、组织化，并在此基础上出现了职业化发展的态势。早期的美国体育主要由社会组织主导发展，政府很少干预。但是，在1953年12月，《美国健康、体育与休闲协会杂志》(*Journal of the American Association for Health, Physical Education, and Recreation*)上发表的一篇文章《肌肉适能和健康》(*Muscular Fitness and Health*)，对美国青少年的体质状况发出警示。两年后，《纽约州医学杂志》(*New York State Journal of Medicine*)报道了一个关于美国和欧洲6～16岁孩子的体质测试。测试结果引起美国社会的担忧和美国政府的高度重视。在1956年召开的关于美国青少年身体健康的会议上，美国总统艾森豪威尔创建了青少年健身总统委员会，这是一个内阁层面的组织，自此，美国政府开始介入公民健康和体育。1963年约翰逊执政期间，把总统健身委员会更名为“总统健身和体育委员会”，并将其放到当时的卫生教育和福祉部。2010年10月，奥巴马将其更名为“总统营养、健康和体育委员会”，为卫生部的下设机构，并宣布了其新的使命和愿景。美国体育管理系统，如图4-4-1所示。

在业余体育发展方面，1978年，美国国会通过了《业余运动法》。该法案授予美国奥林匹克委员会特权，确认由其负责管理全美业余体育的发展。美国奥委会则授权国家体育管理机构，由单项管理团体制定规则，组选美国奥林匹克代表队，推动业余运动竞赛发展，国家在联邦政府层面上通过立法的形式对体育进行干预。1998年，美国参议员特德·史蒂文斯(Ted Stevens)发起议案修改了该法案，法案遂被改称为《泰德·史蒂文斯奥林匹克与业余体育法案》。修改后的法案主要加强了对国家管理组织认证的改革，强化了彼此间的协同关系。

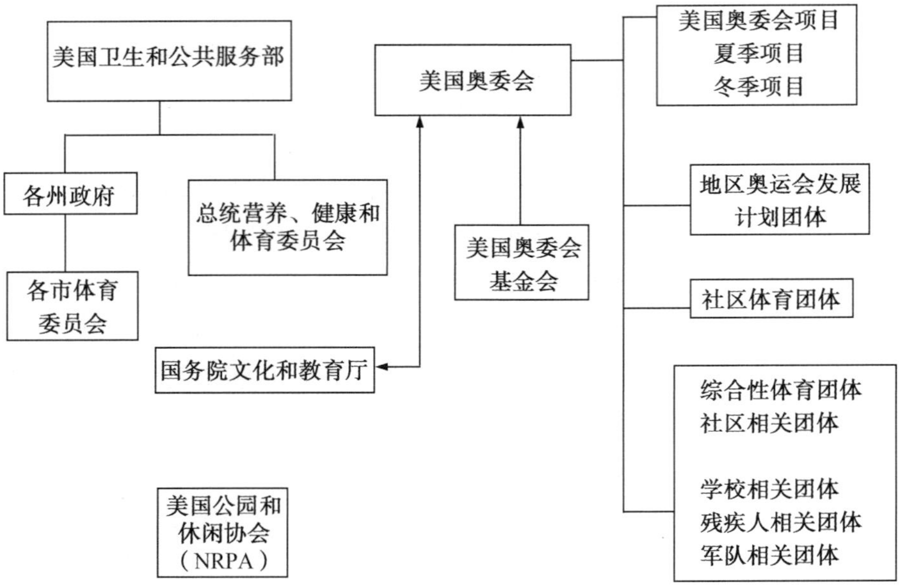

图 4-4-1　美国体育管理系统

美国的地方体育管理、主要体育设施及运营由地方体育委员会负责，整个休闲活动则由公园和休闲部门专门负责。美国公园和休闲协会(National Recreation and Parks Association，NRPA)对美国市民体育的发展起到了重要的推动作用。该协会是由国内2.3万个地方自治团体公园及相关民间团体、学术团体等组成的全国统一的民间非营利组织，对公共公园、娱乐设施进行管理与运营，影响力很大。

二、美国公共体育服务协同供给目标

美国公共体育服务协同供给目标主要包括：支持美国奥运和残奥运动员实现持续的、卓越的竞争优势，同时展示奥林匹克运动的价值，激发所有美国人体育参与的热情。

三、美国公共体育服务协同供给的制度安排

美国总统营养、健康和体育委员会(以下简称“总统委员会”)通过与公共、私人和非营利领域的伙伴关系，基于项目和倡议来激励不同背景、不同

年龄、不同能力的人采用积极健康的生活方式。2010 年 12 月，由国会法案通过成立了总统健身运动和营养基金(The National Foundation on Fitness, Sports and Nutrition)，其主要目的是通过基金会的形式来鼓励和推动私营机构的支持和帮助，形成伙伴关系以协助总统委员会实现自己的使命。基金会有一个由有名望的董事组成的董事会，能在慈善的完整服务和促进公私伙伴关系成功的业务专长方面提供指导和专业知识，其拥有在创建和管理"公—公"合作伙伴关系和"公—私"合作伙伴关系的所有方面的专业知识。基金会致力于与私营机构建立信任关系来实现这一使命，正是通过这些伙伴关系，才可以真正地提升和改善国家所意识到的健康结果。总统营养、健康和体育委员会合作伙伴关系如图 4-4-2 所示。

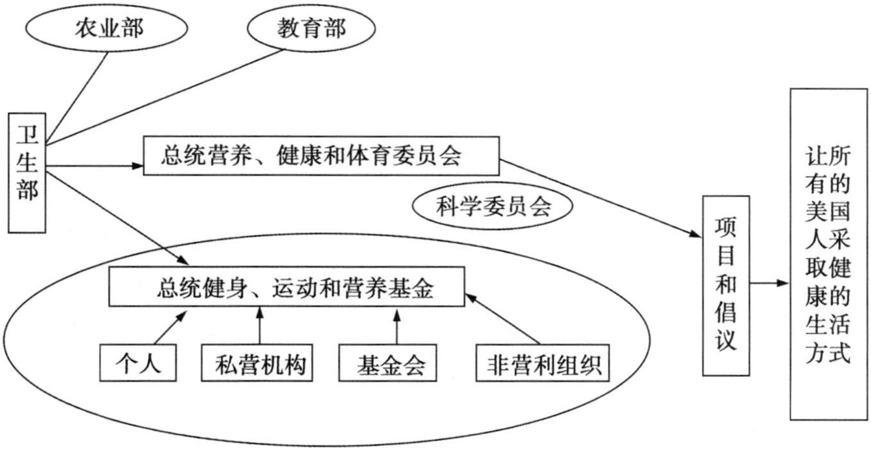

图 4-4-2　总统营养、健康和体育委员会合作伙伴关系

1.协同供给活动的主要内容

(1)"公—公"合作伙伴关系：由卫生部和农业部、教育部之间进行协商，共同完成合作使命。

科学委员会成立于 2003 年，以确保总统营养、健康和体育委员会的信息和项目是绝对科学的。董事会成员包括在身体活动、健康、体育及营养等领域有重大贡献和研究的学者。

(2)"公—私"合作伙伴关系："公—私"伙伴关系是通过一个共同的目标

来协同不同的利益相关者，分担项目成本和宣传成果。国家基金会是“公—私”伙伴关系的黏合剂，它通过召集、团结不同的利益相关者，促进重点领域的合作，帮助总统委员会完成其使命。

(3)基金会的主要功能：支持项目发展，产生影响并交付切实的成果；有效利用合作伙伴的投资来促进改变和发展；充当中介或值得信赖的促进者，创设一个合作伙伴能有效协作以实现共同目标的环境。作为促进者，基金会促进私营机构的合作伙伴和捐助者通过一些可行的方法与总统委员会合作，在营养、健康和体育方面创造价值。基金会通过多样化的途径来和个人、私营机构、非营利组织建立伙伴关系，这不仅有助于实现基金会的使命，而且也为这些合作伙伴创造更大的价值。

(4)美国奥委会的合作伙伴关系：美国奥委会的合作伙伴包括美国国家体育管理组织和其他各种体育组织。美国奥委会与46个国家体育管理组织进行合作，这些国家体育管理项目都是奥运会、冬奥会以及泛美运动会的项目。与此同时，美国奥委会还是国际上少数几个负责监管和帮助残奥项目发展的奥委会。美国奥委会作为美国国家授权协调和发展业余体育的国家组织，与它认证的国家管理组织共同推动业余体育的发展，同时还致力于和社区体育组织合作来让美国人(尤其是年轻人)在体育运动中保持活力并积极参与体育运动。美国奥委会已经与全国基于社区的各种体育组织达成合作伙伴关系。各种体育组织的使命是在国家层面和基层范围内开发和维持多样化体育理事会成员的数量，扩大网络，增加体育参与的机会和在国际上的竞争。美国奥林匹克委员会认定后的国家体育管理机构可以享受特权。目前，美国奥委会已经和37个多样化体育组织(Multi-Sport Organization，MSO)建立伙伴关系，约计7500万名成员，为青年人、老年人、军人、残疾人和精英运动员提供服务。

2.总统营养、健康和体育委员会项目实现公共体育服务递送的协同

(1)项目选择和评估。主要通过召开年度会议来设置优先发展项目，并讨论当前的项目和即将推出的创意项目。

(2)项目实施。总统委员会与私营机构合作，包括商业性组织和非政府组织，为总统委员会的项目提供资源。这是一种多种机制聚集起不同的利益相关者来实现合作以避免任何利益冲突的方式。其精通在伙伴关系语境

下的政策法规和应用程序，设置与个人、私营机构、基金会和非营利组织进行项目合作的具体程序和方案。

【案例】总统青年健身计划项目协同实施

项目简介：总统青年健身计划是一个有益于学生和老师的免费项目。总统青年健身计划提供了一个全面的、高质量的健康教育模式。该项目通过为体育教育工作者提供资源和工具以强化和完善健康教育过程，如与健康相关的健身评价、促进学生身体活动和健身的教学策略、帮助体育教育工作者获得在教学中用于理解知识和技能的沟通工具、提供评估健身和体育活动成就的方法。

合作目标：为了下一代协作。项目的目标重点是帮助孩子过有活力的、健康的生活，项目的力量源自专业知识和合作伙伴的支持。

协同方式：合作伙伴为项目提供资源（见图 4-4-3）。疾控中心工作来保护公众健康和安全，通过提供信息来提高卫生决策。疾控中心提供专业技术和健全的评估和跟踪的方法。库珀研究院（Cooper Institute，CI）为项目提供包括测试协议评估、健康程序标准和其他相关资源。美国健康和体育教育协会（SHAPE America）协同志愿协议，提供专业发展和专业培训。

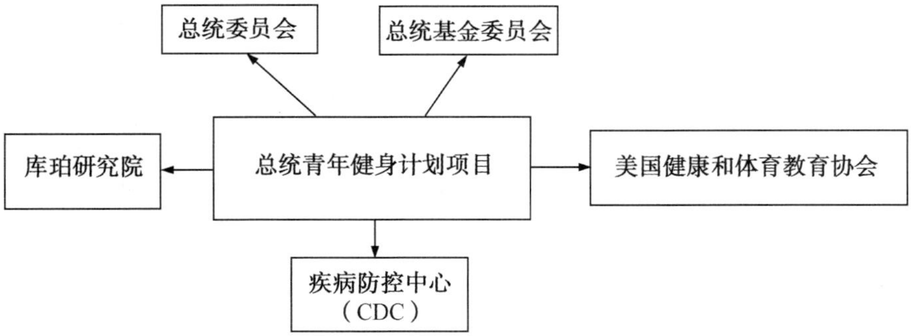

图 4-4-3 总统青年健身计划项目（PYFP）协同合作伙伴

四、美国公共体育服务协同供给过程

美国奥委会作为一个美国政府授权的协调机构，积极推动美国的业余体育发展。同时，也通过其成员组织中的鼓励和发展项目，促进公众的身体健康以及公共参与竞技体育。也就是说，它的主要职能是协调和发展美国的业余体育活动和国际业余体育比赛，培养高效率的体育组织，提高组织服务效果。

美国奥委会由16名成员构成的董事会管理，其中包括6名独立董事、3名得到国家单项体育组织委员会提名的人、3名得到运动员咨询委员会(Athletes Aduisory Council，AAC)提名的人、3名国际奥委会中的美籍人士(执行董事)、1名首席执行官。美国奥委会主要通过两个主要职责监督美国奥运和残奥运动，一个是提供资源以支持其任务，帮助美国运动员实现持续竞争力；另一个是确保组织资源明智而有效地用于这一目的。

美国奥委会的主要职责有：直接负责美国的奥运会和残奥会的有关活动；成立参加奥运会、残奥会、青奥会、泛美运动会的国家队，负责国家队的训练、组建和资助；通过国家体育管理机构的资金支持，完成运动员资助和教练员教育项目。

为了更好地与伙伴合作，美国奥委会还设立了三个委员会向董事会和奥委会工作人员提供意见和建议。其中，美国奥委会运动员咨询委员会负责美国奥委会和运动员代表之间的沟通，并以此向组织的董事会进行建议。委员会成员皆是来自奥运和泛美运动的体育项目管理组织。国家管理机构委员会(National Governing Bodies Council，NGBC)的使命是协助NGB和残疾人体育组织，来努力实现持续卓越的竞争力。NGBC代表NGB和MSO向美国奥委会的董事会、奥委会工作人员及美国奥运和残奥团队传达他们的共识。委员会还负责确保NGBC和其他奥委会实体(如运动员的顾问委员会和多样化体育组织委员会)之间的密切合作和持续的沟通。多样化体育组织委员会(The Multi-Sport Organization Council，MSOC)是美国奥林匹克委员会与以社区为基础的体育组织之间的伙伴关系组织。该委员会由从每个多样化体育组织中选出的代表所组成，代表则是从组织的董事会或治理董事中选出。MSOC的组织目的是确保多样化体育组织和美国奥委会之间的有效沟通。多样化体育组织的使命是，在国家层和基层范围内开发和维持多样化体育组织委员会成员的数量，扩大关系网，增加体育参与机会和在国际上的竞争力。

美国奥委会于2011年3月15日成立残奥会咨询委员会（Paralympic Advisory Committee，PAC）。残奥会咨询委员会向美国奥委会董事会和管理者提供关于提高残奥会项目和资源的提议。残奥会咨询委员会目前有12名成员，这些成员帮助提供愿景和领导力，帮助发展和实施美国奥委会的残奥会长期战略和发展计划。

美国奥委会会每年给每个单项协会一笔预算，预算的多少由高绩效部门（High Performance Department）评估决定。每个协会还需要自己想办法通过赞助商等各种途径来筹集资金。

2000年，美国奥委会实施了一项新的战略——基于国家体育机构绩效的资助。美国奥委会直接支出1.82亿元美元支持美国奥运和残奥运动员，其中7300万美元直接支持运动员、运动组织以及国际奥运和残奥运动。根据这一结果导向型的资源分配程序，美国奥委会向17个国家体育组织（NGB）中的每个组织提供100万美元，其中有两个组织收到了超过300万美元。2013年的资助残疾人体育组织5100万美元。资助运动员2200万美元。① 美国奥委会也提供管理和运营支持，比如下列奥林匹克发展项目（Community Olympic Development Program，CODP）。

【案例】

项目简介：美国奥林匹克委员会与全美的体育社区合作，旨在尽可能地帮助美国年轻人获取最好的体育发展服务。奥委会在1998年成立了奥林匹克社区发展项目，目的是为了满足运动员从运动初期到精英阶段的不同发展需要。奥林匹克社区发展项目的任务是国家体育管理组织和社区体育团体一起协作来完成的一个高质量的中介项目，帮助有才华的年轻人最大化地发掘其在奥运会和残奥会上的体育潜能。为了训练这些有才能的且积极的年轻运动员，奥林匹克社区发展项目与社区体育组织紧密地联系在一起，把年轻运动员从初级水平训练成为国家的精英。

---

① United States Olympic Committee，Consolidated Financial Statements and Report of Independent Certified Public Accountants，December 31，2013 and 2012.

CODP 的合作取决于在一个特定的社区和特定的某个具体项目的青年项目。有些项目周期是一年，有些是 3～4 个月。有些项目在学校或在公园的娱乐场，还有一些在体育俱乐部。

在项目的实施中美国奥委会和本地运营商(Local Operator)签订协议，以便更好地促进国家体育管理机构和本地运营商之间的协同工作，更好地激活社区资源，挖掘社区中的体育新秀，增加美国奥运会的巨大潜力的同时提升社区体育参与度。

项目指定本地运营商进入美国奥运系统集成，包括使用 CODP 标志，并为社区体育组织提供资源。如提供教练指导，召开年度会议等。每个 CODP 直接与奥委会工作人员联络，协助与当地政府沟通，为奥委会拨款和提供信息与机会，以及提供项目帮助需求。

项目的目标：(1)赋予新社区和全国 NGB 开发高质量的奥运会和残奥会运动项目的权利。(2)增加 NGB 和社区体育组织之间的协作。(3)通过鼓励无缝隙的进程，从基层体育项目直达 NGB 国家队系统，来提高体育绩效。(4)奖励那些已经拥有高质量的奥运会和残奥会运动项目的社区。(5)通过多样化体育组织(MSO)运动员保持和持续性的项目，扩大奥运会和残奥会运动推广，当地的学校和俱乐部通过把奥林匹克运动带进地方，从而提高年轻人的兴趣和参与运动。(6)提高年轻人对奥运和残奥运动的参与度和兴趣。(7)丰富全国青年体育参与的多样性。(8)拓展教练和官员的教育和培训机会。(9)创造更具有国际竞争力的美国国家队。

第五节　加拿大公共体育服务协同供给实践

一、加拿大公共体育服务协同供给的背景

加拿大政府从 20 世纪早期以来一直致力于积极干预体育发展，因为其认识到体育可以作为一个有效的手段来提高社会的健康和福祉。多年来，加拿大各方一直在合作推进体育的发展，主要通过全国培训认证项目、加拿大国家运动会、原住民体育优先项以及国家和区域的单项或综合性体育中心建设项目等的实现，以保证政府和其他组织的共同参与以及整个运动政

策的连续性。

2002 年,加拿大政府加大对体育的干预力度,决心制定符合加拿大国情的体育政策。政府成立了联邦-省府/领地体育委员会(The Federal-Provincial/Territorial Sport Committee),具体负责体育政策的制定,主席由联邦-省府/领地(F-P/T)的体育娱乐理事会成员和加拿大体育理事会成员联合担任。联邦-省府/领地部长负责体育、身体活动和娱乐产业的发展,支持 F-P/T 重点合作行动计划。政府间则通过体育委员会来协同,发展 13 项优先实施项目和 22 项具体计划。

加拿大首次提出发展体育是政府的责任,需要多元化的主体参与到体育政策制定和推进体育政策执行中来,利益相关者亦要参与政策的制定过程,这是前所未有的。同时提出了政府间共享体育发展愿景,14 个政府管辖区间的共同目标是把社区体育纳入政府的服务体系中,要求各级政府为增强体育参与和精英体育目标的设定而与各自的辖区进行合作,强调增强所有的利益相关者之间的沟通协作。

加拿大政府是加拿大体育发展的最大投资者,通过加拿大体育理事会发展体育,加拿大体育理事会的使命是增加本国国民体育参与的机会,鼓励本国国民在体育中追求卓越的精神。

二、加拿大公共体育服务协同供给的愿景和目标

加拿大政府提出政府间共享体育发展愿景,所有的利益相关者都有一个共同的目标驱动,这使得其体育体系更有效和更包容。加拿大提出的体育政策目标是增加参与、增强能力、增强卓越、增强互动和共享愿景,并确定了“通过协同和整合的机制让体育组织体系更优化”的公共体育服务递送模式。

加拿大联邦政府及各省府/领地等政府的目标具有一致性,即把社区体育纳入政府的服务体系中,实现体育的社会功能和社会目标,多元利益主体参与,实现共享愿景。

公共体育服务协同供给的使命,即塑造一个动态的前沿的体育环境,使所有加拿大人去体验和享受体育,拓展体育运动参与的程度,提升参与者的能力和兴趣,在高水平的竞争中持续获得成功。

三、加拿大公共体育服务协同供给的制度安排

加拿大公共体育服务协同主要有以下具体制度安排：

第一，政府间的协同，即联邦政府与省府/领地政府合作。

加拿大成立了联邦-省府/领地体育委员会，其主要工作职责是：(1)增加各级官员之间的沟通。(2)制定合作项目年度计划和安排活动。(3)定义各级政府在体育中的角色和职责。(4)降低成本，开发股票融资合作项目和活动。(5)在加拿大合作比赛、全国培训认证项目和土著问题等方面加强合作。

第二，通过联邦-省府/领地协议、双边讨论和协议以及信息共享实现协同。联邦政府与所有地方政府达成的双边协议，每3～4年重新谈判来解决不断变化的优先事项。

第三，部长定期举行会议。部长可以设置体育发展优先级，为制定政策和政府官员协同工作提供方向，会议通常在相同的时间和地点举行。

加拿大体育理事会与众多合作伙伴协同供给体育服务，包括省和领地政府(Provincial and Territorial Governments)体育组织、国家多样化体育服务组织(National Multisport Service Organizations, MSO)、国家体育组织、加拿大体育中心和其他组织。其他组织主要包括加拿大家庭轮胎基金(Canadian Tire Foundation for Families)、活力加拿大(Motivate Canada)、参与行动(Particip Action)、加拿大体育身体和健康教育(Physical and Health Education Canada, SIRC)、体育信息中心(Sport Information Resource Centre)、加拿大体育办公室(Sports Officials of Canada)以及体育基金会(True Sport Foundation)等。主要合作伙伴见图 4-5-1。

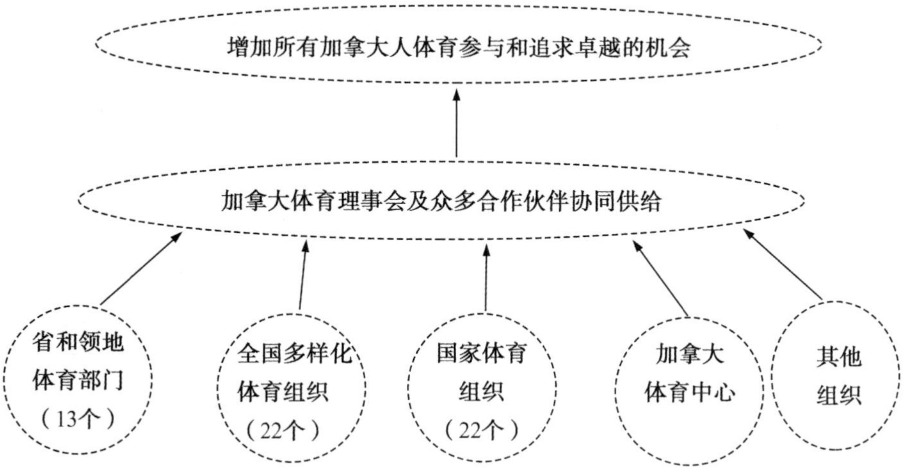

图 4-5-1　加拿大体育理事会伙伴关系

加拿大体育政策采取了一种新的方法来实现与所有利益相关者之间的合作和共享，实现增加体育参与、竞技水平和运动能力提升等目标。这种新的方法就是一个整合的以运动员/参与者为中心的体育模型(an integrated athlete/participant①-centred sport model)。这是一个整体性的体育模型，确保运动员/参与者的无缝参与，以便能充分激发他们的能力和兴趣。同时，此模型提出了体育的五个领域，在每个层级上对各利益相关者的角色进行定位(见表 4-5-1)，以确保形成合力，实现目标。

① athlete/participant：运动员(athlete)一般是指参加竞技体育(competitive sport)的人，参与者(participant)是指那些参加休闲体育(recreation)的人。

表 4-5-1 关键利益相关者的主要角色

	入门体育(Introduction to Sport)	休闲体育(Recreational Sport)	竞技体育(Competitive Sport)	精英体育(High Performance Sport)	发展性体育(Sport for Development)
运动员和参与者(Athletes / Participants)	√	√	√	√	√
父母和监护人(Parents / Guardians)	√	√	√	√	
教练和领导者(Coaches/Leaders)		√	√	√	
官员(Officials)	√	√	√	√	√
管理者(Administrators)	√	√	√	√	√
国家体育组织(National Sport Organizations)		√		√	√
省府/领地体育组织(Provincial / Territorial Sport Organizations)	√	√	√	√	√
地方体育俱乐部和协会(Local Sport Clubs/Associations)	√	√	√	√	
国家多元体育组织(National Multi Sport Organizations)		√	√	√	√

续表

	入门体育（Introduction to Sport）	休闲体育（Recreational Sport）	竞技体育（Competitive Sport）	精英体育（High Performance Sport）	发展性体育（Sport for Development）
省府/领地多元体育组织（Provincial / Territorial Multi Sport Organizations）	√	√	√	√	
省和领地体育协会（Provincial / Territorial Sport Federations）	√	√	√		√
社区体育协会（Community Sport Councils）	√	√	√		
公司和个人企业（Corporations and Private Business）	√	√	√	√	√
教育机构（Educational Institutions）	√	√	√	√	√
本地服务俱乐部（Local Service Clubs）	√	√			√

四、加拿大公共体育服务协同供给的协同过程

加拿大政府作为加拿大体育系统最大的投资者，在公共体育服务协同供给系统中起着重要的作用。加拿大政府通过加拿大体育理事会来发展项目和实施政策，完善体育系统以满足人民的体育需要。

加拿大体育理事会通过提供领导力和资金来确保一个强大有效的加拿

大体育系统，满足加拿大人从业余体育到高水平运动的需求。加拿大体育理事会通过一些项目在国家层面上支持国家体育组织系统，为精英运动员提供财政援助，推动加拿大体育政策目标的实现，并帮助加拿大体育组织举办体育赛事和活动，为加拿大人提供在国家和国际竞争中取得优异成绩的机会。

联邦-省府/领地等政府的责任是巩固和发展各级政府之间、各政府部门之间的合作，以确保这项运动能系统、协调地发展，增强其责任感和能力。实施基于能力提升的教练员教育和培训项目（CBET Program for coaches），与关键利益相关者合作开发一个全面的实施计划，为社区所有合作伙伴标识角色和职责。加拿大文化遗产部制定了体育资金和问责制框架来识别哪些国家体育组织有资格获得政府支持体育计划，为加拿大的体育发展做出贡献。[①] 框架主要包括资格、评估、资金和问责四项内容。在该标准的范围内确定向哪些组织提供资金和资金如何使用问题。其中主要制定了三个标准体系：(1)体育资金和问责制框架（SFAF 4：2009～2013）：国家体育组织资格标准——夏季运动。(2)体育资金和问责制框架（SFAF 4：2012～2016）：国家多元体育组织服务资格的标准。(3)体育资金和问责制框架（SFAF 4：2010～2014）：国家体育组织资格标准——冬季运动。并为此制定了《联邦-省府/领地重点合作行动 2002～2005》（*Federal Provincial/Territorial Priorities For Collaborative Action 2002～2005*）和《联邦-省府/领地重点合作行动 2007～2012》（*Federal Provincial/Territorial Priorities For Collaborative Action 2007～2012*）。

加拿大体育政策自 2002 年制定以来，代表了加拿大各级政府对加拿大发展体育的共同愿景和目标。得益于优先行动计划的互补，加拿大的体育政策增加了政府与其各自代表的社区之间的对话与合作，政府对体育的优先发展领域得以确立。

联邦-省府/领地部长负责由《联邦-省府/领地重点合作行动 2002～2005》提出的体育、身体活动和娱乐的优先发展领域，作为一个集体行动计

① Sport Canada(2009)，"Sport Funding and Accountability Framework (SFAF IV：2009 (Framework(SFAF IV：2009-2013)"，http://www.pch.gc.ca/pgm/sc/cfrs/criteriasfaf4-eng.pdfeng.pdf。

划，增加联邦-省/领地政府和体育社区的互动。这一行动方案包括 13 项优先级的 22 个具体活动，以此来实现体育政策提出的四个目标（见表 4-5-2）。

表 4-5-2　2002～2005 联邦-省府/领地协同行动优先项

目标	优先级	行动
提高参与	提高民众体育参与度	建立原住民体育参与的基线数据和设定目标
增加能力	实现“加拿大体育道德行为战略”	继续推进真正的运动策略目标，在运动中减少和防止不道德的行为，提高体育道德素养，为加拿大体育道德行为创造一个支持性的环境
增进互动	与体育社区的沟通	加强现有机制，进一步推动社区体育参与联邦-省府/领地的政策和程序
	增进体育组织间的协同	开发通用定义数据

资料来源：Sport Canada（2005），“The Canadian Sport Policy, Federal-Provincial Provincial / Territorial Priorities for Collaborative Action 2002-2005”.

联合行动协同实施的责任由联邦-省府/领地体育委员会、体育和娱乐委员会的联合主席、加拿大体育理事会共同承担。在体育委员会的引导下成立了由政府工作人员和社区体育专家组成的工作小组，负责提出具体的操作性建议。

加拿大体育政策和联邦-省府/领地间重点合作行动（F-P/T Priorities for Collaborative Action）的主要进步之处在于：政府间政策和项目的整合，增加了体育和身体活动的融资水平，丰富了社区体育的政策与管理手段。如 2007～2012 年联邦-省府/领地政府确定了以下新的重点和相关行动的合作重点，见表 4-5-3。

表 4-5-3　2007～2012 联邦-省府/领地政府重点合作项目和行动①

项目	行动
体育社区能力 (Sport Community Capacity)	1.发展和实施一项长期的体育和娱乐设施战略。 2.增加一些女性、残疾人、土著居民和少数民族作为教练、志愿者的领导力
加拿大的体育生活 终身运动员发展模式 (Canadian Sport for Life, Long-Term Athlete Development Model)	1.审查多样化运动会(Multi-Sport Games)和加拿大终身运动模型(Long-Tern Athlete Development, LTAD)原则的一致性 2.提升公众的体育素养 3.协调 F-P/T 政府实施 LTAD 模型 4.促进省府/领地和国家其他部门的联系
加拿大国家运动会 (Canada Games)	1.审查加拿大全国运动会委员会和 LTAD 的协同 2.考察加拿大全国运动会推进 LTAD 原则与残疾运动员一致性的比赛 3.审查加拿大全国运动会的治理和全国运动会委员会资源分配
绩效管理(Performance Management) 加拿大体育政策(Plam to Measure Progress of the Canadian Sport Policy)进展衡量的计划	1.准备年度报告概述加拿大的体育政策评估框架,关注这些需要 F-P/T 政府协作参与的行动 2.2002～2006 年进行形成性评价,关注那些 F-P/T 政府参与协作的行为 3.为实现 F-P/T 2002～2005 重点协作行动的各种策略和行动制定监测计划

五、加拿大公共体育服务协同供给结果和绩效分析

体育资金与责任框架(SFAF)的最后阶段是问责制,即通过体育支持计划资助的所有组织都必须通过问责政策领域(包括预期结果)纳入其战略和运营计划之中,努力实现《加拿大国家体育组织/多样化体育服务组织问责框架》中所概述的国家标准。每个组织都将根据预先确定的国家绩效标准

① Sport Canada(2012),"The Canadian Sport Policy, Federal-Provincial Provincial / Territorial Priorities for Collaborative Action 2007～2012".

进行监测。机制将提供对话、规划和协调，使得政府及其体育社区在这一政策的基础上得到进一步的发展。

第六节　国外公共体育服务协同供给实践中的创新

一、把体育纳入社会发展的目标

西方国家公共体育服务改革是嵌入在社会发展和政府改革中的。伴随着整体政府的变革，政府从公共财政和公共政策方面加大对体育的干预。政府干预体育背后是基于政府对体育公共价值的认知。研究发现，近些年，随着社会的转型，很多国家赋予体育更高层面的价值，认识到体育所具有的公共价值——通过体育创造美好的社会。

目前，很多国家政府把体育的发展作为政府的一项责任，并为了实现体育的公共价值，制定了体育发展的政策战略框架。如澳大利亚政府制定了《国家体育与积极休闲政策框架》(*National Sport and Active Recreation Policy Framework*)。该政策框架包括：体育和休闲活动系统的治理图谱；联邦政府、省府/领地政府在体育和休闲活动系统中的角色和职责；联邦政府、省府/领地政府对其他利益相关者的期望；监测、评估和审查；合作的优先领域等。2002 年加拿大体育政策(2012 年在 2002 年政策的基础上进行了升级)，构建了加拿大体育发展的整体框架和战略，明确了体育发展的优先政策。加拿大政府对体育价值的一次新认知，确立了体育的公共价值，在大力发展体育的同时，建立优质的递送体系。英国制定了《英国体育理事会文件框架》《国家体育管理机构 2013～2017 整体体育计划投资指导》《英格兰体育理事会治理战略：更好的治理》。新西兰政府制定了《社区体育发展战略》《竞技体育发展战略》和《户外休闲运动战略》。这些国家都通过战略框架的形式提出了发展体育的目标和具体的推进计划。

在一些国家的公共体育政策中，他们对体育的价值、贡献和作用进行了描述，见表 4-6-1。

表 4-6-1　不同国家公共体育政策中的体育价值描述

国家	体育政策	体育的价值、贡献和作用描述
英国	《创造体育生活习惯:一项青年人的体育战略》(2012)	通过体育让生活更美好;通过体育改变年轻人的生活;通过体育提高老年人的生活质量
澳大利亚	《澳大利亚体育:通向成功之道》(2010)	通过体育可以实现健康、幸福、和谐和包容的社会,实现国际关系融洽、国际上的成功,实现经济发展、民族认同和民族自豪感;通过体育建设一个美好的澳大利亚
加拿大	《2002年加拿大体育政策》《2012年加拿大体育政策》	体育可以作为一项工具,用于推动社会和经济发展以及正面价值观的普及;体育可以作为一个强大的手段来提高社会的健康和福祉;体育能产生诸如健康、社会和谐、第二种语言、经济活动、文化的多样化和提高生活质量等效益
日本	1.《体育立国战略》(2010) 2.《日本体育宣言——21世纪体育的使命》(2011) 3.《体育基本法》(2011) 4《体育基本计划》(2012)	1.日本政府发展体育新理念:新公共的实现。享受丰富的体育文化,实现以体育为目标的社会镜像 2.体育是人类创造的一种世界共通的“文化”,通过体育可以使得人们过上幸福丰富的生活 3.体育除了回应身体本能的欲望、精神愉悦等价值外,在青少年全面发展、社区认同、社会和经济活力的创造、国际地位的提高、国民生活质量的提高等方面也具有重要作用 4.通过体育创造有活力的日本
新加坡	《2030愿景:通过体育让生活更美好》(2012)	体育不仅能帮助人们更健康、更快乐地生活,它还可以传授获得成功所必需的技能和上进心。体育可加强社区凝聚力,让不同种族、宗教和性别的民众团结一致,从而达到团结国民和保障国家凝聚力的目标

二、通过整体体育方法实现目标的协同

通常政府提供体育产品和服务的目标主要有两个：一个是让更多的人参与体育，另一个是提升竞技体育实力。政府为了有效地实现目标、解决目标实现和投资的两难困境，提出了竞技体育和大众体育相融合的整体体育方法，并构建了实现体育整体化的模型。整体化模型通过共享领导和所有利益相关者之间协作来实现大众体育参与和竞技体育实力提高以及组织能力的提升等目标。

英国提出了整体体育计划（Whole Sport Plans）。该计划是英格兰体育理事会和46个受资助的国家体育管理机构（NGB）之间的供给合同。加拿大体育政策中提出了一个整合的以运动员和参与者为中心的体育模型，并提出了体育参与的五个层级，即身体素养、入门体育、休闲体育、竞技体育、高水平体育，如图4-6-1所示。

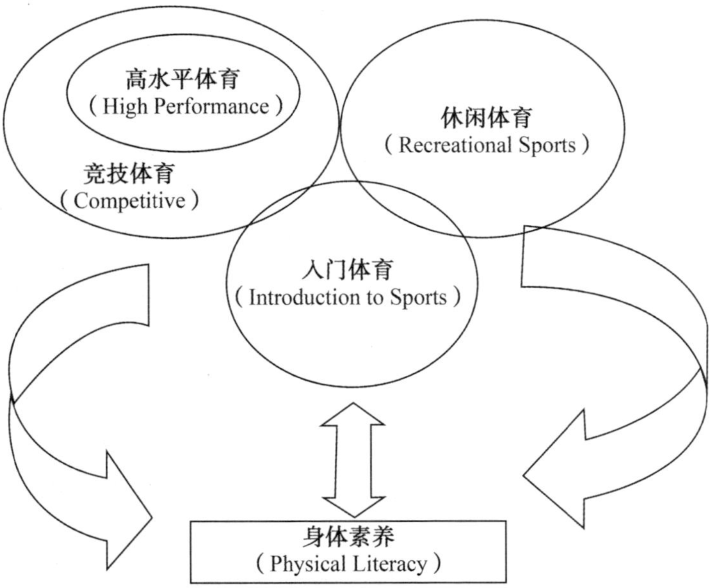

图4-6-1　加拿大体育参与层级模型

新西兰体育整体化发展是参与者积极运动和娱乐的阶段的模型，如图4-6-2所示。它整合了终身体育参与和高水平体育成功，实现了竞技体育和

大众体育参与的整体化发展。为了各伙伴间更好地协同，提出了整体体育计划方法、以参与者和运动员为中心的方法以及整体体育计划方法，提供无缝服务以确保高质量的体育实践经历，而高质量的体育实践经历可以增加长期体育参与的可能性。

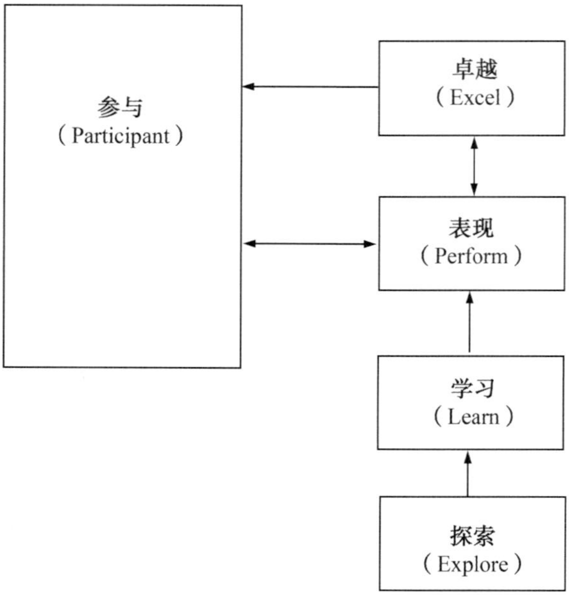

图 4-6-2　参与者积极运动和娱乐的阶段模型

澳大利亚政府提出了整体体育(whole-of-sport)的方法，通过战略重点合作，让大众体育和精英体育一体化发展。这种新方法解决了过去的大众体育和精英体育分裂的局面，构建起一个协作、高效、综合的国家体育整体系统。战略目标集中在越来越多的人参与体育以及竞技体育实力的提升。这个方法不仅可以有效地促进体育参与，还可以维持体育在国际上的竞技成功，推动体育健康发展。

美国提出了通过奥林匹克社区发展项目(Community Olympic Development Program，CODP)，建立社区体育和精英体育的通道，实现社区体育和业余体育的一体化发展。CODP 的目标是与国家管理机构和社区团体合作，通过提供高质量、中间媒介性的项目，让有才华的青年最大限度地发挥其潜力而能进入奥运会或残奥会。协助国家管理机构(NGB)构建运动员发展通道,通过这一通道可以让更多的青年人参与到奥运会和残奥会之中,通过奥运品牌扩大知名度和信誉,增加会员和指导基层教育的机会。NGB新秀和地方实施者之间协同,可更好地激活社区资源,挖掘社区中的体育新秀,在增加美国奥运会的巨大潜力的同时提升社区体育参与。

三、政府与国家体育管理组织合作伙伴关系是一种主要的制度安排

政府与国家体育管理组织(非营利组织)结成合作伙伴关系,提供公共体育服务,是一种普遍的制度安排,比较成功的做法。首先是政府对国家体育管理组织提供多种形式的资助,其次是注重与地方政府间的合作。在这些合作中特别注重通过开发一系列的项目和倡议来促进合作,即政府开发出实现目标的一些特定项目,以项目为中心形成合作伙伴关系,共同开发这些项目产品。

四、领导者由服务的供应者变为服务的催化者

各国政府通过设立一个组织(政府体育部门或政府授权的非政府公共机构),作为领导机构。该组织通过构建强能力、高品质和高效行为的董事会,选拔优秀的委员会主席和CEO,来为该国体育提供领导、协调和支持,激发合作伙伴的领导力,促进组织间的协同。其主要职能是公共财政的分配、生产合作伙伴的识别、监督管理、项目开发。

通过强化横向与纵向之间的协调和合作,建立一种跨越组织界限、将整个社会治理组织联合起来的新型网络组织,通过将中央与地方政府、公共部门、私人组织以及各种社会团体等机构联合起来实施整体治理战略。

五、从战略层面和工具层面来提升组织治理能力

作为公共资金的投资者,有责任确保投资的组织具有良好的治理。因为他们将会在一个更高的层面上,实现让更多人参与体育的目标。各国体育理事会领导着合作组织形成一种公司治理结构,帮助核心利益相关者发展和执行最高标准的领导以及治理这项工作带来重大收益,确保他们和他们所有的合作伙伴都能更好地有效地履行各种角色和职责。对这些体育理

事会来说，他们投入大量公共资金的组织具有良好的治理和管理能力是至关重要的。他们一方面制定治理的战略，提出治理的原则、治理的标准及体系；另一方面开发了一系列治理工具来帮助国家体育管理机构改善治理。他们通过做一些建设性的工作来继续改善和发展自己的组织。那些投资体育机构也可以在发展的所有阶段来使用这一工具，来帮助他们建立自己的治理、金融和更广泛的控制框架（例如人力资源和战略规划等）。

政府体育组织为合作伙伴设立了管理体育的相关知识平台，合作伙伴可以通过学习，实现从个人能力到组织能力的提高。同时还提供工具和资源来帮助合作伙伴管理他们的业务，吸引和留住志愿者，并管理他们的法律和金融业务。

六、政府公共资金分配理念为“是投资不是支出”

国家是公共体育服务供给最大的投资者。政府公共资金分配的一个重要理念为“是投资不是支出”。政府进行战略投资，以达到他们的目标，实现投资的价值。直接投资的组织主要是那些能帮助他们实现目标的组织，投资国家体育管理机构，来实现使命和目标，并为他们投资的国家体育管理组织提供建议、专业知识。国家体育组织投资时还会根据组织绩效制定投资的优先级别。

七、以结果和责任导向进行公共体育服务绩效评价

公共体育服务协同供给是一个基于结果而非过程的机制，因此，结果的测量成为一个重要的指标，各个国家都开发了用于测量结果的绩效标准。他们还建立起一套绩效管理制度，制定严格的绩效体系。其目的是让所有体育项目组织了解其主要原则、角色和职责以及资金分配的最终决定，这样可以有效地强化公共资源和公共资金的使用和管理，对花费的公共资金和财务运作进行监督，对公共资源和公共资金实行监控。

第五章　我国公共体育服务供给历史分析

第一节　我国公共体育服务供给模式演进

依据中国政府转型和我国公共服务供给的演进，结合新中国成立后我国体育事业发展的历程，本研究对我国公共体育服务的供给变迁进行了如下阶段划分：

一、第一阶段（1949～1978年）：行政机构吸纳体育社会组织，在总体性社会框架中建构了行政一体化下的政府垄断供给

新中国成立后在国家观念和意识主导下，超越分散式的社会结构，国家和社会融为一个整体，形成总体性社会体制。[①]“在这种情况下，权力高度集中、以控制型秩序为导向的组织形态获得了社会认可，并以此建立起整个社会的结构框架。”[②]国家把体育社会组织都纳入国家行政化的网络之中，在国家层面，中央政府把当时国家的群众体育组织——中华全国体育总会吸纳进了行政体制内，建立了庞大的行政管理体系，集中社会几乎一切的资源，统一组织社会生产，统一提供公共体育服务。国家以行政法律制度为依托，依靠行政计划和国家财政，以实现对公共体育服务集中供给，政府提供公共体育服务的方式是直接生产。具体过程见表5-1-1。

---

① 参见林尚立：《中国政治发展的动力资源》，《探索与争鸣》2000年第2期。

② 王名：《中国民间组织30年——走向公民社会》，社会科学文献出版社2008年版，第189页。

表 5-1-1 国家体育行政体系建立的历程表

时间	会议	行为	领导组织
1949 年 10 月 26、27 日	全国体育工作者代表大会	改组中华全国体育协进会，成立中华全国体育总会筹备委员会	团中央
1952 年 6 月 20～24 日	中华全国体育总会成立大会	成立中华全国体育总会和中央国防体育俱乐部	团中央和教育部
1952 年 11 月 15 日	中央人民政府委员会第 19 次会议	在中华全国体育总会基础上成立中央人民政府体育运动委员会。成立中央体育训练班、中央国防体育俱乐部和新体育杂志社等 13 个事业单位	政务院
1954 年 9 月 21 日	第一届全国人民代表大会	设立国家体委	国务院
1956 年		设立地方体委	条块分割
1958		国防体协合并到国家体委	成为国家体委行政管理的一部分

资料来源：根据国家体育总局资料《新中国体育领导机构沿革》整理。

1952 年 11 月，中央人民政府成立体育运动委员会，领导全国体育事业发展。一个由体委统一领导、各部门具体实施，分工合作、高度集中的体育管理体制逐步被建立起来，形成了国家办（体委）、部门办（各行业系统）、单位办（机关、企业、厂矿、学校）相结合的组织实施系统。国家采取一系列措施，建立健全各级政府管理体育的职能部门，担负起国家发展体育运动的责任。

经过几轮的改革，完成了对社会性体育组织的改组和整合，通过把体育社会组织吸纳进政府行政机构，建立了完善的国家体育行政体系。此阶段的特征有：

(1)公共服务的供给主体是政府，政府集提供者与生产者于一体，供给模式是政府垄断供给。

(2)公共体育服务递送机制是通过机关企事业单位来递送公共体育服务，推进体育的发展。

(3)全国、省(地、市)都成立了由工、青、妇、军队、教育、卫生、文化、民委等领导人参加的“体育运动委员会”，各系统都有从基层单位到中央的系统体育组织，很容易把全国调动起来，形成名副其实的群众性的体育活动。[①]

(4)群众体育以单位管理为主，坚持“业余、自愿、小型、多样、因时因人因地制宜”的原则，学校实行“两课、两操、两活动”，机关、厂矿和企事业单位推行广播操、工间操或生产操以及开展群众喜闻乐见的体育活动，军队结合练兵运动开展体育活动，农村结合民俗节日和民兵训练开展体育活动。[②]

二、第二阶段(1978～1992年)：过渡到政府行政解构分离出事业单位后的行政事业一体化下的行政和事业单位垄断供给

1978年以后，随着改革开放和政府转型，我国体育领域开始推动行政管理社会化，把运动项目协会作为事业单位从政府体育行政机构中分离出来。一方面，合并和精简行政机构；另一方面，以项目管理为中心，推进项目管理的社会化和实体化。主要是把原来的行政单位划分为事业单位，从行政中分离出来。政府通过事业单位进行公共服务，形成庞大的事业单位供给体系。由原来的政府行政机构垄断公共服务供给到由政府和事业单位垄断公共服务供给，具体的演进历程见表5-1-2和表5-1-3。

表5-1-2　体育事业单位演化进程

时间	举措	涉及项目
1980年	全国体育工作会议，建立健全组织机构	实施以竞技体育为工作中心的战略
1982年	将原来的行政机构划为事业单位。部分单位实行企业化管理，转化为企业单位	援外办公室、中国体育服务公司、文史工作委员会、体育装备管理处等

① 参见韩丹：《中国群众体育路向何方》，《体育与科学》2004年第2期。

② 参见苗治文：《当代中国体育公共政策分析》，北京体育大学博士学位论文，2006年。

续表

时间	举措	涉及项目
1984～1987年	进行行政管理社会化、科学化和民主化探索	提出社会化办体育的改革思路，有条件的协会可建立半权力半咨询性机构
1988年	协会实体化改革，将原行政序列中6个单项协会纳入事业机构序列	足球、棋牌、武术、登山、摩托、拳击等
1990年	将12个群众基础比较好，又具备一定条件的项目协会办成独立经营的实体，其中网球实行半实体	足球、网球、围棋、中国象棋、国际象棋、桥牌、武术、登山、摩托车、拳击、铁人三项和体育舞蹈等
1992年	完成12个运动项目的实体化改革	初步实现了政府行政机构与职能的转变

资源来源：根据国家体育总局资料《新中国体育领导机构沿革》整理。

表5-1-3　1952～1992年体育事业单位数量及编制列表

单位：个

时间	数量	编制
1952年	3	357
1954年	13	
1966年	20	4322
1980年	31(包括6所体育院校和3个企业化管理的事业单位)	4918
1987年	74	11963
1989年	54(14个单位实行差额补贴，7个单位经费自理)	12063

资料来源：根据国家体育总局资料《新中国体育领导机构沿革》整理。

事业单位隶属国家机关并受其约束，由国家财政给予补助，从事社会公益服务，不以营利为目的。

在垄断的情况下，政府与其所属的企事业单位之间的关系是一种上下级之间的关系，包括了从人事任命、组织机构设置、员工福利等非经营性活动，到市场定价、投资、服务内容和服务对象确定等经营性活动，因而有学者指出在垄断非竞争的情况下相关的企事业单位虽然在性质上并非政府部门，但其行为事实上就是政府在公共服务领域的触角。

三、第三阶段（1992～2008年）：过渡性转型的固化，形成了事业单位和社会组织同构供给的“混合型”供给模式

自改革开放以来，中国政府推动了公共服务体系改革，试图以二元化、市场化、社会化和地方化等改革方式以适应经济社会发展的需求。[①] 在体育系统内部形成了行政、事业单位、社团、企业“四位一体”的结构，权力高度集中，干部兼职普遍，利益关系复杂，公共体育服务供给与生产难以分离，导致公共体育服务效率极低。

1992年11月，全国体委主任在广东省中山市召开了以探讨体育改革为主题的座谈会（后来被称为“中山会议”），开始市场化探索。1993年，《国家体委关于深化体育改革的意见》提出了关于体育改革的若干意见。1994年，国家体委将部分职能从机关分离，成立首批14个运动项目管理中心。41个单项协会分别划归到14个运动项目管理中心。运动项目管理中心作为事业单位，是连接体委和协会的桥梁和纽带。1997年，国家体委又组建了6个运动项目管理中心，并对3个管理中心进行了调整。制定了《国家体委运动项目管理中心工作规范暂行规定》，运动项目管理职能彻底从政府行政机构中剥离出来。这项变革的本意是体育总局下属业务司局以项目管理中心为过渡，最终变革为运动项目的社会化团体和协会。通过这种形式，可以把计划机制与市场机制、国家力量与社会力量、综合管理与专项管理有机结合，推动各项目依托社会、面向市场，增强自我发展能力。但因为当时的改革阻力极大，最后只能采用把这些机构从行政中剥离出来，变成事业单位，设立过渡性的管理中心，具有一定行政职权，但是将来要向社团方向转型。

由于政企不分、管办不分的体制束缚，国家体育总局下属的各运动项目管理中心和项目协会本质上就是两块牌子一套人马。这种既当裁判员又当运动员甚至还兼“董事长”的体制，举“职业”之名，难行“职业”之实，因此屡

① 参见翟志远：《公共服务供给中的主体间关系——基于中国的多案例分析与比较》，浙江大学博士学位论文，2012年。

遭诟病。这一结构性弊病，令中国体育的发展处于一种畸形状态，难求纵深发展。

公益机构作为政府公共服务的主要载体，是执行主体，但在现行体制下它还是行政体制的附属。这样，必然是对行政机构负责，而不是对公共职责负责。因此，实现"管办分离"，只有在公共服务执行职能从行政分离出来，行政决策部门成为决策和监管主体的背景下，事业单位才有条件成为独立的公共服务的主要载体。①

在我国首任体育总局局长伍绍祖的体育改革设计中，项目管理中心是一种过渡组织，其用意是推进项目社会化。但随着伍绍祖的离职，原先作为过渡的项目管理中心已经固化下来。"除了体育总局现在的 10 个司，还有 30 多个管理中心，每个管理中心都是司局级。国务院的机构里没有一个单位的司局级干部比体育总局多。"②

四、第四阶段(2009 年至今)：推进公共体育服务改革，加大公共体育服务投资，促动多元主体参与，探索协同供给之道

北京奥运会结束以后，我国体育发展变革再次提上议程，无论是学界、媒介还是政界基本达成了共识。尤其是党的十八大以后，这一变革的呼声更加高涨。改革进入深水区，其中关于体育改革的目标，定位于由国家体育向公共体育转型，改革的关键点是公共体育服务，而公共体育服务的关键点在于改革上一阶段固化下来的过渡体制和混合体制。改革进入实质性阶段，其关键是政事分开、政企分开和政社分离。随着我国政府对事业单位改革推进的力度加大，我国公共体育服务改革亦加快了进程。2009 年 3 月 4 日，国务院办公厅下发《关于印发国家体育总局主要职责内设机构和人员编制规定的通知》，确立了国家体育总局为国务院直属机构，对国家体育总局职责进行了以下几方面的调整：取消已由国务院公布取消的行政审批事项，加强公共体育服务，促进多元化体育服务体系建设，推动全民健身的职责，加强指导和推进青少年体育工作职责。2010 年 3 月 4 日《国务院办公厅关

① 参见迟福林：《政府转型与事业单位改革应同步推进》，《人民论坛》2010 年第 10 期。

② 《伍绍祖未竟的体育改革：体委不会害怕失去控制力》，2019 年 9 月 30 日，http://sports.sina.com.cn/o/2012-09-30/15316244521.shtml。

于加快发展体育产业的指导意见》中提出：坚持政企分开、政事分开、政社分开、营利性与非营利性分开原则，充分发挥市场在体育资源配置中的基础性作用，消除和防止对体育市场资源的限制和垄断。同时，完善社团法人治理机制，充实体育社会团体业务职能，发挥体育社团服务功能。

国家开始把政府体育行政机构的职能转化为公共服务的职能，加快推进体育行业协会与行政机关脱钩，将适合由体育社会组织提供的公共服务和解决的事项，交由体育社会组织承担。我国公共体育服务供给体制和机制改革进入实质性的推进阶段。

党的十八大以来，体育系统坚持以习近平新时代中国特色社会主义思想为指导，把体育事业放在“五位一体”总体布局和“四个全面”战略布局中去谋划，体育改革发展进入新的发展阶段。坚持问题导向，着力解决行政、事业、社团、企业四位一体的弊端，深入推进体育管理体制改革，努力构建政府—社会—市场多元主体的发展格局。进一步简政放权，放宽准入，优化服务，鼓励和引导社会力量参与体育事业发展，最大限度地凝聚各方力量和资源。2015 年 2 月 27 日，中央全面深化改革领导小组审议通过《中国足球改革发展总体方案》，不断推动足球改革向纵深发展，以足球改革为突破口，奥运项目协会实体化改革稳步推进。

党的十九大提出，要广泛开展全民健身活动，加快推进体育强国建设。构建齐抓共管的全民健身工作格局和人民满意的公共体育服务体系，建立全民健身与全民健康深度融合发展机制，构建覆盖全体、突出重点的青少年体育发展新机制，创新社会力量办体育的机制。2014 年国务院《关于加快发展体育产业促进体育消费的若干意见》明确提出将全民健身上升为国家战略；体育管理由经验型向科学型转变，拓宽发展思路，创新发展模式，释放发展动力，促进体育又好又快地发展；必须加快推进体育改革创新步伐，以更大的决心冲破思想观念的障碍，突破利益固化的藩篱，突破体制机制的束缚，推进体育治理体系和治理能力现代化等。

“政府主导、部门协同、全社会共同参与”的大群体工作格局，是我国公共体育服务领域中协同供给的典型案例。政府主导的主体是国务院及各级人民政府，部门协同包括部门间协同和部门内协同。“部门间协同”是指体育部门与其他发展全民健身事业相关的政府职能部门的协同，“部门内协同”是指体育系统内部各部门之间的协同。全社会共同参与涉及的面很广，可基本概括为七大方面的力量：各级体育总会和单项体育协会，各级工会、共青团、妇联、残联等社会组织，各级行业体协、人群体协等“条形”体育组织，各类健身俱乐部和健身团队等“块型”草根体育组织，群众体育科研院所等学术机构，新闻媒体，热心全民健身的各界社会人士等。[①]

第二节　我国公共体育服务供给发展中存在的困境

一、公共体育服务多元供给主体间存在“依附关系”，公共体育服务供给中提供与生产还没有完全分开，导致协同效率不高

在我国，事业单位是中国政府建立的主要用来提供公共服务的公共机构。1998 年国务院颁布的《事业单位登记管理暂行条例》将事业单位定义为“国家为了社会公益目的，由国家机关举办或者其他组织利用国有资产举办的，从事教育、科技、文化、卫生等活动的社会服务组织”。我国公共体育服务中的供给主体主要有体育行政机构、体育事业单位、体育单项协会和一些其他组织。这些主体间的关系由于受各种因素的影响，在供给中存在高度依附性。具体体现在以下几个方面。

第一种是“政事不分”，主要指政府行政机构和事业单位间存在依附关系。随着我国政府改革和政府职能转型，体育行政机构分离出来一批事业单位，作为行政机构的附属单位，进行公共服务的供给。但是，脱胎于行政机构的事业单位仍然带有行政机构的印迹，表现出很强的路径依赖，即学者们所说的“事业单位行政化”或“政事不分”。体育事业单位作为公共体育服务主要生产单位，由于不能独立，导致事业单位性质的国家逻辑和市场逻辑双重混合。在国家逻辑和市场逻辑的混合之下，体育事业单位既非政府机构又非企业单位，却能够同时获得政府和企业的双重好处。体育事业单位既没有实现纯粹政府的“公共性”，也没有实现企业的“效率”，使得公共体育服务集提供与生产于一体。分离出来的事业单位应该是作为公共服务的生

① 参见《权威解读：如何夯实“大群体”格局?》，2013 年 3 月 20 日，http://sports.people.com.cn/n/2013/0320/c22176-20857556.html。

产部门而存在，但事业单位对自己的职能定位不清晰，有行政化倾向，而不是服务化倾向。

我国的项目管理中心是特定历史阶段的一种过渡形态，而这一过渡形态却成为制约体育改革的最大障碍，使得我国体育陷入了“转型陷阱”。“转型陷阱”指的是在改革和转型过程中形成的既得利益格局阻止进一步变革，要求维持现状，希望将某些具有过渡性特征的体制因素定型化，形成最有利于其利益最大化的“混合型体制”，并由此导致经济社会发展的畸形化和经济社会问题的不断积累。①

第二种是“政社不分”，指政府机构和社会组织合为一体，或者社会组织挂靠政府机关或事业单位。我国的国家体育总局、中华全国体育总会和中国奥委会三个不同性质的组织是“一个机构三块牌子”，全国性单项运动协会与项目管理中心也是“一个机构两块牌子”。协会是一个集政、事、企、社团于一身的特殊组织机构，它拥有制定章程、监管行业协会、处罚等权力，又可以像企业一样进行市场运作，还可以借社团组织的名义开展各类全民健身活动，这种“混合模式”是我国独有的。② 在原来的体育体制下，形成了大量官办的体育社会组织，这些体育社会组织经过这些年的发展，基本已经成熟，但还是依赖于政府体制，成为政府的附属组织或延伸组织。我国的很多体育协会挂靠在国家体育总局和地方体育局，而许多自下而上生长起来的民间体育组织也在积极寻求被政府体系所吸纳，以获取资源供应，维系组织生存。体育组织寻求挂靠单位，或者请政府人员担任组织内部职务，就是这一现象的具体反映。体育组织的政府性掩盖了其社会性，单纯成了依附于政府的工具主义组织。随着政府转型和社会管理改革，这些社会组织理应和政府脱钩，成为真正的社会组织，恢复其本应具有的独立性和自主性。

第三种是“政(社)企不分”，指事业单位办企业，或体育社会组织的市场化和营利性。我国体育体制社会化和市场化改革，现在被批评实际上不是真正的市场化改革，充其量是一种“行政商业化”的过程，因为我们只是允许现有行政体制下的体育事业单位在经费不足的情况下通过一定商业化的方式去收费经营。这些体育事业单位根本就不是市场意义下的主体，其行为

---

① 参见孙立平：《中等收入陷阱”还是“转型陷阱”?》，《开放时代》2012年第3期。

② 参见杨丽芳：《我国单项运动协会体制改革研究》，北京体育大学博士论文，2013年。

依然在政府的控制之下,我国大量的挂靠在事业单位下的"公司",就是所谓的体育事业单位的市场化改革。这种行政体制下的市场化实际上扭曲了资源的配置,为腐败提供了空间。有些体育社会组织在发起时,不是出于公共利益,而是看到了政府职能转变过程中释放出来的"经济利益",以"非营利组织"为名,追逐经济利益。笔者在调研中甚至听到一位在体育社会组织兼职的高校教师说,一些组织就像"搞传销",因为很多体育社会组织背后都有一个营利的公司在进行具体的运作,营利公司借体育社会组织的名义大肆组织比赛、搞培训、搞考级,公司运作,组织分红,已经成为变相的市场组织,社会组织的市场性掩盖了其社会性。目前,由于资金运作不规范而出现的营利性问题,仍然是体育社会组织运作过程中比较普遍的问题,但这作为利益存量改革,存在很大的制度障碍和既得利益集团障碍,因此更需要时间。

二、我国公共体育服务供给中的公共服务或产品概念不清晰

公共体育服务供给概念不清晰的问题主要体现在,我国的公共体育政策中使用的体育概念不统一也不清晰。体育作为政府的一项公共服务,是为了实现公共利益提供和生产的体育产品。关于体育的概念比较多,尤其是体育的外延概念越来越丰富。在学界,体育没有统一的概念,但政府作为公共体育服务的供给主体,在公共体育政策中应该有一个明确的概念界定,这样在供给中才不至于导致混乱产生。这一定义,是为了对产品有一个明确的概念,才能确定生产的标准。这是我国公共体育服务供给中亟须解决的一个问题。

三、我国公共体育服务供给中竞技体育和群众体育"渐行渐远"

在发展中把体育分离为竞技体育和群众体育,竞技体育即以奥运项目为主的体育,大众体育就是为了娱乐和健身等进行的项目,这在各级政府和部门中似乎"约定俗成"。在现实发展中存在着公共体育服务等同于全民健身公共服务,群众体育等同于全民健身等认识。笔者到地方调研时发现,地方体育局的群体司"引以为傲"地带领大家参观的比较多的是广场舞,还有就是近些年比较流行的"佳木斯快乐舞步",也就是俗称的"僵尸舞",令人费解;还有笔者多次参加国家级社会体育指导员的培训,其项目主要是民间民

俗体育和一些养生项目——目前我们很多体育部门将群众体育几乎等同于全民健身。

体育发展中竞技体育和群众体育渐行渐远，形成了二元的柱状发展格局，这与世界各国发展的趋势不同。笔者在参加一些国家体育总局课题项目时，发现总局领导也开始意识到这一问题，并提出了要以项目发展为中心，促进大众体育和竞技体育的融合，让大众体育成为竞技体育的基础。正如上海市体育局群体司一位同志所说，“我们不仅仅要发展大群体格局，我们应该发展大体育格局，现实中竞技体育和群众体育之间越来越隔离，这是存在问题的”。在投入时应“各自为政”，发展各自的项目。群众体育项目的增量扩展，发展一些边缘或者民间项目才是群众体育的事，“一刀切”地将奥运项目等同于竞技体育让竞技体育失去了群众基础，最终将群众体育简单化为健身和娱乐活动。

四、公共体育服务供给中各级政府间存在职责同构

在公共体育服务供给中，中央政府有中央政府的责任，地方政府有地方政府的责任，但是在现实中，我国各级政府之间在公共服务供给中仍存在“职责同构”现象。所谓“职责同构”，是指不同层级的政府在纵向间职能、职责和机构设置上的高度统一和一致。[①] 我国多级体育政府部门之间也存在“职责同构”现象：中央与地方政府之间的事权划分不明确，尤其是各级政府的公共体育服务职责划分不明确，地方政府特别是乡镇政府承担了大量公共体育服务的供给责任。各级政府之间的事权关系和责任边界不清晰。各地要以本地群众需求为导向，不能搞全国、全省（区市）的健身场地一个模式、一个模样，更不能拍脑门决策，处理好体育与政府间的关系。虽然责任主体是政府，但体育并非政府一家的事，很多事情体育部门很难执行，应将体育的发展纳入政府发展计划中。

① 参见朱光磊、张志红：《“职责同构”批判》，《北京大学学报》（哲学社会科学版）2005 年第 1 期。

五、我国公共体育服务供给中绩效评估重视程度不够，绩效评估报告过于粗放

世界上许多体育发达的国家则大多遵循优先原则，认为钱要花在“刀刃”上，要物有所值。资金使用问责制必须直接绑定到政策目标和可衡量的成果。我国的体育预算在很大程度上仍然遵循增量原则，在这种方法之下，一些活动即使不是政策的重点，其经费也难以被削减。

政府公共管理中的绩效评价在体育服务发达的国家已是一项比较成熟的制度。但在目前我国公共体育服务研究中，公共体育服务绩效评价还没有被得到足够的重视，这是我国公共服务理论研究中比较薄弱的方面。公共服务绩效评价并不是一种简单的工具，而是一项系统工程，公共部门应用时，既需要受到公共价值的外在约束，又需要有机整合价值理性和工具理性，把公共价值理念作为前置条件，基于一定的公共价值构建政府绩效评价体系，开展绩效评价实践。这也是我国公共体育服务发展中面临的一个重要挑战。

国家体育总局信息公开中，仅仅公开了预算和决算，尚未涵盖年度绩效评估报告。2020 年度，国家体育总局对中央集中彩票公益金支持体育事业专项资金转移支付预算绩效进行自评，绩效自评报告仅仅是把完成国家财政统一规定的要求为标准，没有进行详细的绩效评估。

新时代随着我国社会主要矛盾的变化，人民对体育方面的需求已经发生了改变。为了满足人民群众对于体育的美好需求，政府需要改变思维，拓宽投入渠道，加大资金和人才的投入力度，使实现公共体育服务高质量发展。政府应该通过宏观调控手段，制定政策鼓励并引导市场、体育社会组织间建立合作关系，明确各主体之间独立、平等的地位，使市场和社会组织良性发展，构建长效稳定、相互支撑的多元主体协同参与的公共体育服务供给模式。

第六章　我国公共体育服务协同供给实践

第一节　我国公共体育服务协同供给环境分析

党的十九大以后,我国进入新的社会转型时期,政府转型、经济转型、社会转型都进入了实质性的发展阶段。

一、我国社会主要矛盾转化

社会主要矛盾是在社会领域中处于支配地位,对社会发展起决定性作用的矛盾。在社会的不同发展阶段,社会主要矛盾会发生改变。

党的十一届三中全会以后,中国共产党深入分析中国的国情和发展状况,做出了中国处于并将长期处于社会主义初级阶段的科学判断,在对中共八大的提法做进一步提炼的基础上明确提出,在社会主义改造基本完成以后,中国社会的主要矛盾,是人民日益增长的物质文化需要同落后的社会生产之间的矛盾。此后,中国长期坚持这一判断,通过改革开放解放和发展生产力,实现经济快速增长,人民生活水平大幅提升。

党的十九大指出,中国社会主要矛盾已经转化为人民日益增长的美好生活需要和不平衡不充分的发展之间的矛盾。中国社会主要矛盾的变化是关系全局的历史性变化,对党和国家工作提出了许多新要求,是中国特色社会主义新时代制定战略、方针、政策的新坐标、新基准。

二、我国经济转型

党的十八大提出了“更大程度更广范围发挥市场在资源配置中的基础性作用”,但“基础性作用”的定位并不彻底,容易让人理解为“基础性作用”之上还有一个更高层面的“决定性作用”,而且容易把“决定性作用”理解为“政府的作用”。十八届三中全会《关于全面深化改革若干重大问题的决定》指出,建设统一开放、竞争有序的市场体系,是使市场在资源配置中起决定性作用的基础。党的十八届三中全会全面总结改革开放35年来的历程,明确提出“使市场在资源配置中起决定性作用”,揭示了社会主义市场经济的本质要求,是我们党在理论上的一个新的重大突破,标志着社会主义市场经济发展进入了一个新阶段。“决定性作用”的提法,是我们党在理论上的又一重大飞跃,有利于在全党全社会树立关于政府和市场关系的正确观念,有利于转变经济发展方式,有利于转变政府职能,有利于抑制消极腐败现象,对加快市场化改革、建立完善的社会主义市场经济体制起到了重大的指导和推动作用。

三、我国政府转型

2003年开始就有学者提出了由经济建设型政府向服务型政府转型的观点。2005年国务院决定把以政府转型为重点的行政体制改革作为改革重点。2008年,党的十七大首次提出建设服务型政府,为新一轮政府机构改革指明了方向,并明确指出要加快行政管理体制改革,抓紧制订行政管理体制改革总体方案,形成了《关于深化行政管理体制改革的意见》《国务院机构改革方案》等指导意见。

党的十八大以来,以习近平同志为核心的党中央紧紧围绕完善和发展中国特色社会主义制度、推进国家治理体系和治理能力现代化这个总目标全面深化改革,深化党和国家机构改革,为党和国家事业取得历史性成就、发生历史性变革提供了有力保障。2013年,十八届二中全会审议通过《国务院机构改革和职能转变方案》,以职能转变为核心,继续简政放权,推进机构改革,完善制度机制,提高行政效能,稳步推进大部门制改革。

党的十九届三中全会通过《中共中央关于深化党和国家机构改革的决

定》和《深化党和国家机构改革方案》，旨在通过政府机构优化、职能转变、流程再造、管理方式改进等措施优化政府职能配置，提高政府运行效率，增强政府治理能力，构建系统完备、科学规范、运行高效的党和国家机构职能体系，构建职责明确、依法行政的政府治理体系，为进一步优化政府机构设置和职能配置、加快转变政府职能、深化行政体制改革指明了方向，明确了任务。

党的十九届四中全会审议通过了《中共中央关于坚持和完善中国特色社会主义制度、推进国家治理体系和治理能力现代化若干重大问题的决定》，指出“要健全总揽全局、协调各方的党的领导制度体系”。同时也强调了“要健全部门协调配合机制，防止政出多门、政策效应相互抵消”。由此可见，进一步探索在党的全面领导基础上的具有部门高效协同运作、破除部门壁垒、有效应对复杂问题的现代化治理体系已成为时代之势。

党的十八大报告把基本公共服务体系建设摆在重要位置，提出必须在创新基本公共服务供给制度创新上下功夫。党的十九大报告将“基本公共服务均等化基本实现”作为从2020年到2035年的发展目标，进一步明确了从“总体实现”到“基本实现”的行动计划和行动路线，提出了更具前瞻性的发展思路和更加务实的发展目标。党的十九大报告指出，要完善公共服务体系，保障群众基本生活，不断满足人民日益增长的美好生活需要。伴随着全面深化改革工作的不断发展，促进政府管理职能变革、创新政府社会管理理念与方法是目前政府改革的关键突破口。政府以“委托代理”的方式与社会承购方在社会公共服务购买方面所缔结的契约关系，能够有效地盘活社会富余资源，不断地促进政府公共服务管理能力的提升。由此可见，创新政府购买公共服务的机制与方法，对于转变政府管理职能及释放政府管理改革红利，具有极强的战略意义与实践价值。党的十九届三中全会以国家治理体系和治理能力现代化为导向，提出“形成职责明确、依法行政的政府治理体系”的重大任务，为转变政府职能、提高效率效能、建设人民满意的服务型政府指明了方向。其中，建立健全公共服务体系，促进基本公共服务均等化，是全面建设服务型政府的内在要求。在新的社会转型时期，公共体育服务作为社会大系统的一个子系统，必然也会面临着变革。

四、体育强国战略进入新时代

党的十八大以来，以习近平同志为核心的党中央从实现中华民族伟大复兴中国梦的高度出发，从国家层面布局了体育发展战略。

2014 年，党中央《关于加快发展体育产业促进体育消费的若干意见》，"将全民健身上升为国家战略"。2016 年 10 月 25 日，中共中央、国务院印发了《"健康中国 2030"规划纲要》，这是我国首次在国家层面上提出的在健康领域的战略。"健康中国"战略，将体育纳入国家健康体系，体育成为健康关口前移的关键所在，构建"健康主动养护型的体育健康＋健康被动防治型的医学健康"双轨并行的战略模式，打通体育健康与医疗卫生"体医融合"的实施路径。

2019 年 6 月，国家卫生健康委负责制定《健康中国行动(2019～2030 年)》。2019 年 7 月 9 日，国务院成立健康中国行动推进委员会，负责统筹推进《健康中国行动(2019～2030 年)》的组织实施、监测和考核相关工作。同日，印发《健康中国行动(2019～2030 年)》。

2008 年，北京奥运会总结表彰大会上胡锦涛总书记提出体育强国目标。2019 年，国务院办公厅印发《体育强国建设纲要》(国办发〔2019〕40 号)，体育强国战略进入新时代。

2021 年《中华人民共和国国民经济和社会发展第十四个五年规划和 2035 年远景目标纲要》提出："展望 2035 年，我国将基本实现社会主义现代化，建成文化强国、教育强国、人才强国、体育强国、健康中国，国民素质和社会文明程度达到新高度，国家文化软实力显著增强。"体育与文化、教育、人才并列，成为四大强国目标之一。

党的十九届五中全会确定 2035 年建成体育强国的远景目标鼓舞人心，体育在迈向全面建成社会主义现代化强国新征程中的地位更加凸显。构建以国内大循环为主体、国内国际双循环相互促进的新发展格局以及对高质量发展和高品质生活的追求，将为体育事业提供更有利的发展环境；全面建设文化强国、教育强国、人才强国、体育强国和健康中国，将为体育发展提供更有力的政策支持；创新驱动战略引领的科技革命，将为体育发展提供更强大的科技支撑；新的生活理念、教育观念、消费模式、技术应用、传播方式以及乡村振兴、新型城镇化战略的实施，将为体育事业拓展更广阔的发展空间。

第二节　我国公共体育服务协同供给实践

一、我国公共体育服务协同供给的愿景和目标

党的十八大以来，以习近平同志为核心的党中央站在国家强盛、民族复兴的战略全局，高度重视体育事业发展，对体育领域若干重大问题进行系统部署。通过提升公共体育服务水平改善人民生活品质，让人民身心更健康、生活更美好，这既是我国体育事业发展的愿景和蓝图，也为我国公共体育服务供给提供了方向和原则。我们循着十八大以来国家的公共体育政策和国家领导人的话语体系可以更加深入地理解这一愿景和目标。

公共政策是对全社会价值做权威性分配。“在公共政策活动中，问题、事实、技术都是不可或缺的，但是在政治思维和政策实际操作中，价值一直处于核心的和主导的地位，一切政策活动都是围绕着政策价值进行的。”作为公共政策的核心，更重要的是关注“政府做什么，为什么要这样做，这样做有何作用和影响”。[①] 体育是个体的，也是公共的，在一定意义上它更是公共的。政府介入公共体育服务蕴含着两个假设，即公众体育行为的塑造和控制，以及塑造公众体育追求的方向。同时还蕴含着两个维度：其一，政府制定体育政策和试图塑造公民体育行为的程度；其二，在多大程度上，体育被视为国家或社会的益处，而不仅仅是个人的愿望。政府试图将体育作为社会发展的一种手段。政府发展体育是为了实现政府在公共发展中的角色，干预公共服务是政府的一项职责，通过公共服务来帮助人们实现他们的更高的目标。政府在帮助民众实现他们的更高目标的过程中应当扮演什么角色，这决定了政府的本质。无论是体育的基础功能如增强体质、磨炼意志、健全人格，还是其丰富的衍生功能如丰富文化生活、振奋民族精神、展示国家形象、促进经济繁荣、增进对外交往，都具有服务于民之福祉、国之昌盛的

---

① 严强：《论公共政策的价值》，《南京政治学院学报》2007 年第 2 期。

重要作用。

党的十八大以来，我国发布了一系列公共体育政策，对体育的价值、贡献、作用都予以了细致阐述（见表 6-2-1）。

表 6-2-1　我国公共体育政策中体育价值描述

政策名称	发文机构	发文时间	体育的价值、贡献、作用描述
《关于加快发展体育产业促进体育消费的若干意见》（国发〔2014〕46 号）	国务院	2014 年 10 月 20 日	发展体育事业和产业是提高中华民族身体素质和健康水平的必然要求，有利于满足人民群众多样化的体育需求、保障和改善民生，有利于扩大内需、增加就业、培育新的经济增长点，有利于弘扬民族精神、增强国家凝聚力和文化竞争力
《体育强国建设纲要》（国办发〔2019〕40 号）	国务院办公厅	2019 年 8 月 10 日	不断满足人民对美好生活的需要，努力将体育建设成为中华民族伟大复兴的标志性事业
《全民健身计划（2021～2025 年）》（国发〔2021〕11 号）	国务院	2021 年 7 月 18 日	发挥全民健身在提高人民健康水平、促进人的全面发展、推动经济社会发展、展示国家文化软实力等方面的综合价值与多元功能
《关于促进全民健身和体育消费推动体育产业高质量发展的意见》（国办发〔2019〕43 号）	国务院办公厅	2019 年 9 月 7 日	体育产业在满足人民日益增长的美好生活需要方面发挥着不可替代的作用
《“十四五”体育发展规划》	国家体育总局	2021 年 10 月 25 日	把优先满足人民群众健康需求、促进人的全面发展作为体育工作的出发点和落脚点，强化体育公共服务职能，落实全民健身国家战略，构建更高水平的全民健身公共服务体系，满足人民日益增长的美好生活需要

续表

政策名称	发文机构	发文时间	体育的价值、贡献、作用描述
《关于构建更高水平的全民健身公共服务体系的意见》	中共中央办公厅、国务院办公厅	2022 年 3 月 22 日	坚持以人民为中心，贯彻新发展理念，以增强人民体质、提高全民健康水平为根本目的，深入实施全民健身国家战略

话语体系是一定时代经济社会发展方式、时代精神和文化传统的表达范式，每个时代都有反映这一时代的话语体系。

2012 年 11 月 15 日，习近平总书记在中共十八届中央政治局常委同中外记者见面时指出："人民对美好生活的向往，就是我们的奋斗目标。"[①]习近平总书记以这一极为生动、凝练的表述，对我们党全心全意为人民服务的根本宗旨做出新的时代诠释。党的十九大报告中"人民美好生活"是一个高频词，先后在全文中出现过 14 次，足以见其重要性、现实性与紧迫性。"美好生活需要"这一表达新时代人民利益的提法，既符合中国国情，又契合马克思主义实现一切人自由而全面的发展的最高命题。随着中国特色社会主义进入新时代，在赴美好生活之约的中国特色社会主义建设道路上，体育扮演着不可或缺的角色，承担着特殊的使命和任务。

党的十八大以来，习近平总书记站在国家强盛、民族复兴的战略高度对体育的价值定位、基本功能、目标任务等发表了重要论述。习近平总书记指出："体育是提高人民健康水平的重要途径，是满足人民群众对美好生活向往、促进人的全面发展的重要手段，是促进经济社会发展的重要动力，是展示国家文化软实力的重要平台。"[②]"体育承载着国家强盛、民族振兴的梦想。体育强则中国强，国运兴则体育兴。体育是社会发展和人类进步的重要标

① 《习近平等十八届中共中央政治局常委同中外记者见面》，新华网，2012 年 11 月 15 日，http://www.xinhuanet.com//18cpcnc/2012-11/15/c_113697411.htm。

② 习近平：《在教育文化卫生体育领域专家代表座谈会上的讲话》，人民出版社 2020 年版，第 11 页。

志，是综合国力和社会文明程度的重要体现。”[①]“现在，我们比以往任何时候都接近实现中华民族伟大复兴的目标。我们每个人的梦想、体育强国梦都与中国梦紧密相连。”[②]“中国政府从全面建成小康社会、实现中华民族伟大复兴的战略高度重视发展体育事业，重视奥林匹克运动在社会发展中的重要作用。”[③]“我们应该践行奥林匹克运动宗旨，持续推动人类进步事业，坚守和平、发展、公平、正义、民主、自由的全人类共同价值，促进不同文明交流互鉴，共同构建人类命运共同体。”[④]

二、我国公共体育服务协同供给制度

我国体育强国战略中明确提出，要进一步转变政府职能，充分调动社会力量，构建管办分离、内外联动、各司其职、灵活高效的体育发展新模式，实现体育治理体系和治理能力现代化。要进一步厘清体育行政机关、项目中心、项目协会在体育事业发展中的职责。推行政社分开、政企分开、管办分离，加快推进体育行业协会与行政机关脱钩，将适合由体育社会组织提供的公共服务和解决的事项，交由体育社会组织承担。加快政府职能转变，强化统筹管理和行业监管，重点做好运动项目发展规划和宏观指导。加快全国性单项体育协会实体化改革进程，强化党的领导，加强协会党建工作，推动会员组织建设和规范化管理，促进行业自律。积极发挥市场机制作用，鼓励社会力量参与，形成政府办与社会办有机结合的体育发展新模式。

我国公共体育服务协同供给制度主要包括部际联席会议、基于专项任务或项目的共同小组或联盟、政府不同部门通过联合发文实现跨部门协同等方式。部际联席会议制度在实践领域已经存在很多年，经国务院批复同意建立的部际联席会议制度就接近 50 个，而且这些数量众多的部际联席会

---

① 《习近平在会见全国体育先进单位和先进个人代表等时强调开创我国体育事业发展新局面加快把我国建设成为体育强国》，《人民日报》2017 年 8 月 28 日。

② 《习近平亲切看望索契冬奥会中国体育代表团代表祖国人民慰问中国奥运健儿，勉励他们顽强拼搏，为国争光，把个人梦和体育强国梦汇入到实现中国梦的伟大奋斗奋斗中》，《人民日报》2014 年 2 月 8 日。

③ 《习近平会见国际奥委会主席巴赫》，《人民日报》2012 年 11 月 19 日。

④ 《习近平和彭丽媛设宴欢迎出席北京 2022 年冬奥会开幕式的国际贵宾》，《人民日报》2022 年 2 月 6 日。

议制度依然处在运行状态。[①] 其中主要包括：

1.全民健身工作部际联席会议制度

党中央、国务院相关部委为了落实《全民健身计划》于2016年底批复成立全民健身工作部际联席会议制度。联席会议由体育总局、国务院办公厅、中宣部等29个部门组成，办公室设在体育总局，主要职能是贯彻落实党中央、国务院关于实施全民健身国家战略的决策部署，系统研究提出落实《全民健身条例》、实施《全民健身计划》的政策措施，强化各级政府主导全民健身事业发展的主体责任，协调有关部门和单位抓好全民健身计划相关任务措施的落实，推动完善政府主导、部门协同、全社会共同参与的全民健身事业发展格局，加强对全民健身计划实施情况的督导检查，及时按程序向党中央、国务院报告工作情况，并推动地方各级政府相关部门健全和完善相关协同机制，丰富和深化体育系统各单位、各部门协同推进工作机制。北京、上海、安徽等地还建立起全民健身统筹协调联席会议制度，将开展全民健身工作推及地方党委、人大、政府及工青妇等团体。

2.青少年体育工作部际联席会议制度

2020年8月31日，体育总局、教育部联合印发《深化体教融合促进青少年健康发展意见的通知》(体发〔2020〕1号)，提出：成立由国务院办公厅、教育部、体育总局牵头，中央宣传部、发展改革委、民政部、财政部、人力资源社会保障部、自然资源部、住房城乡建设部、卫生健康委、税务总局、市场监管总局、银保监会、共青团中央等部门参与的青少年体育工作部际联席会议制度，原则上每半年召开一次，研究解决存在的问题，重大事项按程序报国务院决定。

联席会议根据工作需要定期或不定期召开会议，由召集人或召集人委托副召集人主持。成员单位根据工作需要可以提出召开会议的建议。研究具体工作事项时，可召集部分成员单位参会。在联席会议召开之前，可由联席会议办公室主任或其委托的同志召开联络员会议。联席会议以纪要形式明确会议议定事项，印发各成员单位及有关方面。重大事项按程序报批。

3.足球改革发展部际联席会议制度

《中国足球改革发展总体方案》指出："为持续推动足球改革发展，确保

---

① 参见陈喆：《中国部际联席会议制度的实施效果研究》，华东政法大学硕士论文，2016年。

本方案落实,建立足球改革发展部际联席会议制度。”这进一步明确了国家体育总局和教育部两大部门在推动足球发展中的主体责任,同时要求“各方面应当各司其职、各负其责、各尽其力、协同配合,共同推动足球改革发展”。作为中国足球改革与发展的纲领性文件,《中国足球改革发展总体方案》为中国足球未来发展指明了方向和道路,最显眼的制度保障应该是确立足球改革发展部际联席会议制度。

联席会议由中央宣传部、中央改革办、国务院办公厅、外交部、发展改革委、教育部、公安部、民政部、财政部、人力资源社会保障部、国土资源部、住房城乡建设部、税务总局、工商总局、新闻出版广电总局、体育总局、共青团中央等 17 个部门和单位组成,各成员单位有关负责同志为联席会议成员。联席会议主要职能有:对足球改革发展工作进行宏观指导;统筹推进《总体方案》实施,督促检查足球改革发展重点任务完成情况;协调解决足球改革发展工作中的重大事项和重大问题;完成党中央、国务院交办的其他事项。

2015 年 4 月 20 日,经国务院办公厅批准,联席会议办公室正式组建。办公室由蔡振华担任主任,中国足协常务副主席兼秘书长张剑、上海市体育局原局长李毓毅担任副主任,办公室主要负责按照联席会议的部署统筹、协调、督促《总体方案》的落实,积极协调和配合有关部门全面做好承上启下工作,提出需要召开联席会议和解决相关问题的建议等。各成员单位有关司局负责同志担任联席会议联络员。

4.基于专项任务或项目的共同小组或联盟

在推进部门协同方面,国家体育总局自 2010 年开始,每年召开中央、国务院 28 个部委参加的贯彻实施《全民健身计划》工作座谈会,会后向国务院提交专题报告。体育总局同国家发改委、教育部、财政部、国务院法制办等部门组成联合检查调研组,赴全国四省、自治区实地检查调研《全民健身条例》和《全民健身计划》贯彻落实情况,并在其他各省、自治区、直辖市开展自查,重点检查各级政府主导履行全民健身公共服务职责的情况。

国家体育总局联合教育部、卫计委、国家统计局等九部委启动了第四次全国国民体质监测;与全国政协教科文卫体委员会就在构建多元化全民健身公共服务体系中如何发挥体育社会组织的作用进行了专题调研,形成了调研报告;与教育部体卫艺司和学生体育协会秘书处、总局足球运动管理中心启动了高中、大学城市联赛，同时大力推动省级校园足球活动开展。科教司牵头与科技部联合实施“十二五”国家科技支撑计划相关项目，支持全民健身技术指导和公共体育服务的科技研发；人力中心联合全国总工会举办的全国体育行业职业技能大赛，推动了体育行业技能人才队伍建设。

以上做法推动了国家层面部门协同工作机制的健全。国家横向部门协同开始引起关注和实践，联合发文情况见表 6-2-2。

表 6-2-2　我国关于体育发展的部门间联合发文

时间	部门	文件
2006 年 12 月 20 日	财政部、教育部、公安部、民政部、工商总局、体育总局	《关于制止彩票入侵校园有关问题的意见》
2006 年 12 月	教育部、国家体育总局、共青团中央	《关于开展全国亿万学生阳光体育运动的决定》
2006 年 12 月 20 日	教育部、国家体育总局	《关于进一步加强学校体育工作，切实提高学生健康素质的意见》
2008 年 2 月	江苏省建设厅、江苏省国土资源厅、江苏省民政厅、江苏省体育局	《关于进一步加强城乡社区体育设施建设的意见》
2010 年 6 月	国家体育总局、文化部、农业部	《关于发挥乡镇综合文化站的功能，进一步加强农村体育工作的意见》
2011 年 4 月	国家发展和改革委、监察部、国土资源部、环境保护部、住房和城乡建设部、水利部、农业部、国家工商行政管理总局、国家体育总局、国家林业局、国家旅游局	《关于开展全国高尔夫球场综合清理整治的通知》
2012 年 10 月	教育部、国家发展改革委、财政部和国家体育总局	《关于进一步加强学校体育工作的若干意见》
2013 年 2 月	国家体育总局、教育部	《国家体育总局、教育部关于加强全国青少年校园足球工作的意见》。

续表

时间	部门	文件
2013 年 10 月	国家体育总局、国家发展改革委、公安部、财政部、国土部、住建部、税务总局、工商总局	《关于加强大型体育场馆运营管理改革创新提高公共服务水平的意见》
2013 年 12 月	财政部、国家体育总局	《中央集中彩票公益金支持体育事业专项资金管理办法》
2014 年 9 月	国家发展改革委、民政部、财政部、国土资源部、住房城乡建设部、国家卫生计生委、人民银行、税务总局、体育总局、银监会	《关于加快推进健康与养老服务工程建设的通知》
2017 年 12 月 6 日	国家体育总局、民政部、文化旅游部、全国妇联、中国残联	《关于加快推进全民健身进家庭的指导意见》
2020 年 8 月 31 日	国家体育总局、教育部	《深化体教融合促进青少年健康发展意见》(体发〔2020〕1 号)
2020 年 9 月	国家体育总局、农业农村部	《全国马产业发展规划(2020～2025)》

为落实国家体育总局领导的指示要求，尽快形成总局相关单位共同参与的大群体工作机制，推进《全民健身计划(2011～2015 年)》(以下简称《计划》)的贯彻落实，把《计划》提出的各项要求和措施落到实处，2012 年 8 月，国家体育总局下发了《关于印发落实全民健身计划(2011～2015 年)国家体育总局相关单位职责分工的通知》，每项任务都确定了牵头单位和责任单位，各单位间加强了协同。具体分工见表 6-2-3。

表 6-2-3　落实《全民健身计划(2011～2015年)》国家体育总局相关单位职责分工

	职责细化	牵头单位和责任单位
目标任务	经常参加体育锻炼人数进一步增加	牵头单位:群体司 责任单位:青少司、中国老年体协
	城乡居民身体素质进一步提高	牵头单位:群体司 责任单位:科教司、体科所
	体育健身设施有较大发展	牵头单位:群体司 责任单位:经济司、青少司、装备中心
	全民健身活动内容更加丰富	牵头单位:群体司 责任单位:各运动项目管理中心
	全民健身组织网络更加健全	牵头单位:群体司 责任单位:人事司、青少司
	全民健身指导和志愿服务队伍进一步发展	牵头单位:群体司 责任单位:竞体司、青少司、人事司、社体中心、人力中心
	科学健身指导服务不断完善	牵头单位:科教司 责任单位:体科所
	全民健身服务业发展壮大	牵头单位:经济司 责任单位:群体司、青少司、人力中心、装备中心

续表

	职责细化	牵头单位和责任单位
工作措施	深入开展全民健身宣传教育	牵头单位:宣传司 责任单位:群体司、信息中心、报业总社
	大力发展城市社区体育	牵头单位:群体司 责任单位:青少司、经济司
	加快发展农村体育	责任单位:群体司
	积极发展少数民族体育	责任单位:群体司、青少司
	切实加强青少年体育	责任单位:青少司
	重视发展老年人体育	牵头单位:群体司 责任单位:中国老年人体协
	大力推进残疾人体育	责任单位:群体司、青少司
	着力推动职工体育	责任单位:群体司
	继续推行体育锻炼标准和体质测定标准	责任单位:群体司
	传承发展民族民间传统体育	责任单位:群体司、文化发展中心
	广泛开展全民健身活动	牵头单位:群体司 责任单位:各运动项目管理中心
	组织举办全民健身运动会	责任单位:群体司

续表

	职责细化	牵头单位和责任单位
保障措施	加大各级财政全民健身事业投入	责任单位:经济司
	鼓励社会兴办全民健身事业	牵头单位:经济司 责任单位:体育基金会
	有计划地建设公共体育设施	责任单位:群体司、经济司、装备中心
	提高体育设施利用率	责任单位:经济司、青少司
	加强社会体育指导员队伍建设	牵头单位:群体司、人事司 责任单位:社体中心、人力中心
	广泛开展全民健身志愿服务活动	牵头单位:群体司 责任单位:竞体司、青少司、人事司、各运动项目管理中心、社体中心、人力中心、体科所、北体大
	不断加大科学健身指导的力度	牵头单位:科教司 责任单位:体科所
	做好信息、科研和法制建设工作	牵头单位:群体司 责任单位:政法司、经济司、科教司
组织实施	加强成效评估	牵头单位:群体司 责任单位:政法司、青少司、经济司、人事司、科教司、宣传司

5.与地方政府签订公共体育服务合作协议——以江苏省为例

为深入贯彻党的十八大和十八届二中、三中全会精神，切实转变体育发展方式，努力改善体育惠民工作，不断提高公共体育服务能力和水平，进一步增强人民健康素质、增进人民福祉，国家体育总局与江苏省政府签订了《国家体育总局、江苏省人民政府建设公共体育服务体系示范区合作协议》，合作框架如图 6-2-1 所示。在这一协议框架下，江苏省形成了政府主导、跨部门协同的联动建设机制。

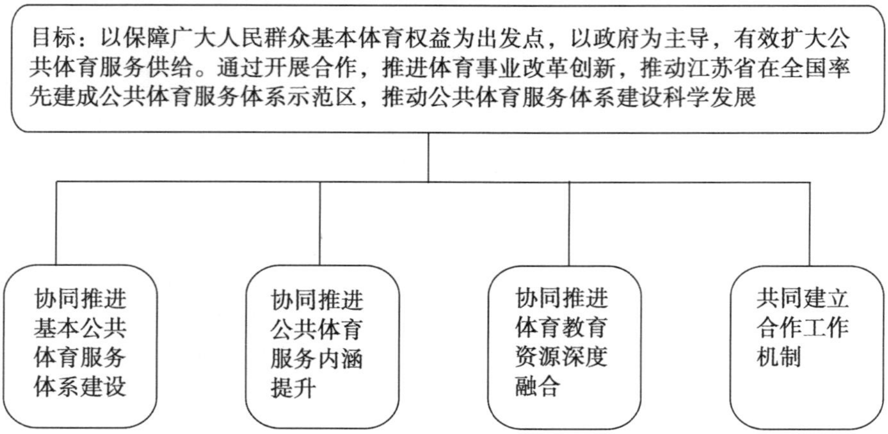

图 6-2-1　合作框架图

在公共体育设施建设方面，江苏省各地市坚持“以人为本”“体育即民生”的理念，把体育场地设施建设纳入当地的城乡规划建设中，市委市政府积极推动场地设施的建设，并形成了以政府为主导的跨部门的联动机制。经过近几年的努力，江苏省各地市形成了基本完善的公共体育场地设施网络。如：常州市形成了市—辖市（区）—乡镇（街道）、行政村（社区）、自然村（居民小区）五级公共体育设施体系；无锡市形成了市级—区县级—街道（乡镇）级—社区（村）级四级全民健身场地设施体系。

具体的运营管理模式主要有：(1)直管模式，政府部门自己进行管理；(2)托管模式，政府建设的体育场馆委托给专门的公司进行管理；(3)BOT(Build-Operate-Transfer)模式，即建设—运营—移交模式。政府提供相关政策和场地支持，公司进行场馆设施的建设并具有特许的、一定年限的管理经营权。笔者调研的场地设施的运营模式如表 6-2-4 所示。

表 6-2-4　调研场地设施运营模式情况一览表

场地设施名称	运营模式	运营主体
常州武进区罗阳镇全民健身中心	托管模式	常州市武进体育场馆运营管理有限公司

续表

场地设施名称	运营模式	运营主体
岑村综合服务中心健身俱乐部	直管模式	岑村村委会
湖塘镇府南社区居民健身活动室	直管模式	湖塘镇府南社区居委会
常州市新北区飞龙运动休闲公园	BOT 模式	龙城旅游控股集团有限公司
青龙街道青竹苑体育健身俱乐部	托管	常州英派斯健身俱乐部
常州奥林匹克体育中心体育馆	托管	常州体育产业发展有限公司 常州奥体场馆管理公司
江阴绿园社区全民健身中心	直管	江阴绿园社区居委会
阳光 100 健身俱乐部	BOT 模式	阳光 100 连锁经营
旺庄街道文化体育中心	直管	旺庄街道办事处

在调研过程中，笔者了解到，目前体育场地设施的运营管理开始向合作模式转型，60%以上采用政府和民间组织协同的方式（见表 6-2-5）。未来，我国场地设施运营中的公私合作模式将是一个值得探索的课题和必然的趋势。

表 6-2-5　调研场地设施运营模式数量和比例表

运营管理模式	数量（个）	比例
自管模式	3	33.3%
托管模式	4	44.5%
BOT 模式	2	22.2%

6.政府与社会组织间的合作制度形式主要是政府购买公共体育服务

2013 年 7 月 31 日召开的国务院常务会议首次提出要推进政府向社会力量购买公共服务。中共十八届三中全会强调，要“推广政府购买服务，凡属事务性管理服务，原则上都要引入竞争机制，通过合同、委托等方式向社会购买”。新一届中央政府对加快转变政府职能、改善公共服务做出重大部署，明确要求在公共服务领域更多利用社会力量，加大购买服务力度。

在国家的政策法规中明确提出加大政府购买公共体育服务的力度（见表 6-2-6）。《国务院办公厅关于向社会力量购买服务的指导意见》（国办发〔2013〕96 号）、《政府购买服务管理办法》（财政部令 102 号）等，为开展政府购买服务工作提供了基本制度规范。2015 年，文化部、财政部、新闻出版广电总局、国家体育总局出台《关于做好政府向社会力量购买公共文化服务工作的意见》，提出了政府向社会力量购买公共文化服务指导性目录，其中包括：全民健身和公益性运动训练竞赛的宣传与推广，公益性体育竞赛活动的组织与承办，全民健身活动的组织与承办，公益性体育培训、健身指导、国民体质监测与体育锻炼标准测验达标活动的组织与承办，公共体育设施、户外营地的运营和管理，公共体育健身器材的维修维护和监管。按照中央有关政策和文件要求，一些地方政府积极探索支持社会力量办体育的方法，通过政府购买服务、设立公益性岗位等方式，建立公共体育设施日常管理、维修、保养机制，在社会力量办体育方面取得了积极进展，积累了有益经验。

表 6-2-6　国家公共体育政策对购买公共体育服务的表述和要求

法规名称	关于购买公共体育服务的表述和要求
《中华人民共和国体育法（修订草案）》	国家支持通过政府购买服务的方式提供体育公共服务，提高体育公共服务水平
《“十四五”体育发展规划》	完善政府购买服务机制，加大政府向社会力量购买体育公共服务的力度
《全民健身计划（2021～2025 年）的通知》（国发〔2021〕11 号）	加大政府购买体育社会组织服务力度，引导体育社会组织参与承接政府购买全民健身公共服务
《体育强国建设纲要》（国办发〔2019〕40 号）	加大政府向社会力量购买公共体育服务的力度
《深化体教融合促进青少年健康发展意见》（体发〔2020〕1 号）	支持社会体育组织为学校体育活动提供指导，普及体育运动技能；有条件的地方，可以通过政府向社会体育组织购买服务的方式，为缺少体育师资的中小学校提供体育教学和教练服务

公共体育服务是我国公共服务体系中的重要部分，一些地方政府在购买公共体育服务方面进行了积极的、渐进式的探索，比如，北京、成都、广州、杭州等地都下发了政府购买公共服务的指导意见。2012 年 8 月 29 日，广东省政府制定了《广东省财政厅关于政府向社会组织购买服务供应方竞争性评审的管理办法》，购买项目主要有公共体育规划和政策研究、宣传服务，公共体育资讯收集与统计分析，公共体育运动竞赛组织与实施，政府举办的群众性体育活动的组织与实施，政府组织的体育职业技能再培训，政府组织的国民体质测试及指导服务等。江苏省财政厅全面贯彻省政府办公厅《关于推进我省政府购买公共服务工作的指导意见》（苏政办发〔2013〕175 号），先后出台了《关于推进省级政府购买公共服务改革的暂行办法》《关于积极推进政府购买公共服务工作的通知》《关于推进政府向社会组织购买公共服务的实施意见》等政策制度以及《江苏省 2014 年度政府购买公共服务集中采购指导目录（暂行）》《关于做好 2014 年省级政府购买服务重点项目实施工作的通知》等操作指导文件，明确了工作要求、实施范围、操作办法和重点任务。省有关制度、办法出台后，各市、县均相继制定了具体的实施意见。2013 年，为了调动社会组织和社会力量参与公共体育服务的积极性，常州市财政局会同体育局联合制定出台《常州市关于购买公共体育服务的实施办法（暂行）》，确定了重点购买的各类公共体育服务，主要包括：承办市级以上的各类体育赛事（活动）、组队参加省级以上各类体育赛事（活动），业余训练等项目的培训，社会体育指导员等的教育培训，体育运动员、教练员、科研人员和管理人员的教育培训，学校等企事业单位的体育设施向社会开放服务，体育场馆的经营管理，全民健身活动站（点）的管理，国民体质测试，体育中介服务，公共体育服务的其他项目。2014 年常州共设立了 22 项公共体育服务购买项目（见表 6-2-7）。

表 6-2-7　2014 年常州市购买公共体育服务项目一览表

项目类别	项目名称
业务培训类 （2 项）	基层体育管理服务人员培训
	二级社会体育指导员晋级、技能培训

续表

项目类别	项目名称
群体赛事类（12 项）	常州市业余篮球比赛
	常州市业余排球比赛
	常州市业余足球比赛
	常州市业余乒乓球比赛
	常州市业余网球比赛
	常州市业余自行车比赛
	常州市门球比赛
	常州市健身秧歌比赛
	常州市舞龙舞狮比赛
	常州市体育舞蹈比赛
	常州市跆拳道大众比赛
	常州市航空模型比赛
健身活动类（6 项）	常州市全民健身徒步大会
	常州市环太湖自行车千人骑行活动
	常州市太极拳、剑展示活动
	常州市健身气功交流展示活动
	常州市老年人柔力球（健身球操）展示活动
	常州市健身腰鼓展示活动
管理服务类（1 项）	全民健身活动站点器材管理维护服务
设施建设类（1 项）	全民健身活动站点更新、新建健身器材

上海市体育局在 2014 年的市民体育大联赛中，也采用了购买公共服务的方式，由社会体育组织来承担一些项目的比赛（见表 6-2-8），用以培育和激发体育社会组织的活力，努力实现“政府主导、企业主体、市场运作、社会参与”的工作模式，吸引更多协会和社会组织参与，不断扩大政府购买社会组

织体育公共服务的范围和规模，充分发挥市场和社会组织的作用。

表 6-2-8　2014 年上海市体育局与社会体育组织签约购买服务项目一览表

类别	项目	社会体育组织
正式项目	足球	上海市足球协会
	篮球	上海市篮球协会
	排球	上海市排球协会
	乒乓球	上海市乒乓球协会
	羽毛球	上海市羽毛球协会
	网球	上海市网球协会
	游泳	上海市游泳协会
	龙舟	上海市龙舟协会、上海市船艇协会
	路跑（城市定向）	上海市登山协会
	健身操（舞）	上海市体育舞蹈协会、上海市健美操协会、上海市排舞协会
申请项目	跆拳道	上海市跆拳道协会
	台球	上海市台球协会
	棋牌	上海市桥牌协会、上海市围棋协会、上海市象棋协会
	木兰拳	上海市木兰拳协会
	轮滑	上海市轮滑协会
	射箭	上海市射箭协会
	钓鱼	上海市钓鱼协会
	练功十八法	上海市练功十八法协会
	门球	上海市门球协会
	风筝	上海市风筝协会

从以上研究可以看出，我国公共体育服务供给中的协同实践已经开始，但是更多关注的依然是策略上的协同，还没有在整体战略和整体的政策框架下进行。

三、我国公共体育服务协同供给过程

我国国家政策明确提出，进一步转变政府职能，充分调动社会力量，构建管办分离、内外联动、各司其职、灵活高效的体育发展新模式，实现体育治理体系和治理能力现代化。完善体育部门与相关部门的工作联动机制，加强部门间规划与政策协同。

我国的公共政策中明确提出要完善公共财政体育投入机制，完善金融支持政策，拓宽资金渠道，积极引导社会力量支持体育发展。

2019 年 8 月，国务院办公厅发布了《国务院办公厅关于印发〈体育强国建设纲要〉的通知》，其中提出完善公共财政体育投入机制，多渠道筹措资金支持体育强国建设。合理划分地方各级政府在体育领域的财政事权和支出责任，明确地方主体责任。加大政府性基金与一般公共预算的统筹力度，加大政府向社会力量购买公共体育服务的力度。

2021 年 7 月，国务院办公厅发布了《国务院关于印发〈全民健身计划（2021～2025 年）〉的通知》，其中提出县级以上地方人民政府应将全民健身事业纳入本级经济社会发展规划，制定出台本地区全民健身实施计划，完善多元投入机制，鼓励社会力量参与全民健身公共服务体系建设。

2021 年 10 月，国家体育总局发布了《“十四五”体育发展规划》，提出加强规划实施的资金保障，完善公共财政体育投入机制，形成财政综合支持体系，加大对关键领域、薄弱环节、重点区域的支持力度，加强对财政资金使用效益的评估。完善金融支持政策，拓宽资金渠道，积极引导社会力量支持体育发展。完善政府购买服务机制，加大政府向社会力量购买体育公共服务的力度。落实已有体育税费政策，加强对政策执行情况的评估督查。在国家土地政策允许范围内，依法依规保障体育用地。

2022 年 3 月，中共中央办公厅、国务院办公厅印发了《关于构建更高水平的全民健身公共服务体系的意见》，其中提出中央财政统筹利用一般公共预算和政府性基金预算等渠道，发挥中央预算内投资的引导和撬动作用。地方财政综合运用中央对地方有关转移支付资金和自有财力，完善支持政策。制定政府购买全民健身公共服务的办法及实施细则。积极吸引社会力量参与，支持有意愿的房地产企业以及健康养老、文化旅游等社会资本投资全民健身。

同时，县级以上各级人民政府应当将体育事业经费列入本级预算，建立与国民经济和社会发展相适应的投入机制。

2020 年度，按照财政部批复的预算，国家体育总局本级使用彩票公益金 9.5 亿元，用于开展群众体育和竞技体育工作：群众体育方面，用于援建公共体育场地设施和捐赠体育健身器材 2438 万元，用于资助或组织开展全民健身活动 5805 万元，用于组织开展全民健身科学研究与宣传 2361 万元；竞技体育工作方面，用于奥运争光计划纲要保障项目约 2.8 亿元，用于运动队文化教育与科研 386 万元，用于重大奥运场地设施建设 51250 万元，用于备战杭州亚运会和巴黎奥运会梯队建设 129 万元，用于改善训练条件 3991 万元。

2020 年，财政部、国家体育总局印发了《中央集中彩票公益金支持体育事业专项资金管理办法》(财教〔2020〕69 号)，明确了专项资金用于落实全民健身国家战略，提升竞技体育综合实力，丰富体育供给，推动群众体育和竞技体育协调发展，加快推进体育强国建设的战略。为此，2020 年度专项资金转移支付总体绩效目标便是致力于贯彻落实《体育强国建设纲要》，落实全民健身国家战略，提升竞技体育综合实力，丰富体育供给，以推动群众体育和竞技体育协调发展，加快推进体育强国建设。2020 年度专项资金转移支付绩效指标如表 6-2-9 所示。

表 6-2-9　2020 年度专项资金转移支付绩效指标表

一级指标	二级指标	三级指标	指标值
产出指标	数量指标	资助重大国家队奥运备战场地设施项目	3 个
		全民健身赛事活动场次	≥1000 场
		参加全民健身赛事活动人次	≥10 万人次
		国家后备人才培养基地数量	8 个
		高水平体育人才培养数量	50 人
	质量指标	场地设施竣工验收合格率	100%
		赛事和活动任务完成率	≥90%
效益指标	社会效益指标	促进群众体育健身活动开展	≥8 分
	可持续影响指标	对体育事业可持续发展的影响程度	≥80%
满意度指标	服务对象满意度指标	受益人群满意度	≥90%

表 6-2-10 为 2020 年度中央集中彩票公益金支持体育事业专项资金转移支付预算整体绩效目标自评情况。

表 6-2-10　中央集中彩票公益金支持体育事业专项资金转移支付预算整体绩效目标自评表

转移支付名称	中央集中彩票公益金支持体育事业专项资金						
中央主管部门	国家体育总局						
资金情况（万元）		年初预算数	全年预算数(A)	全年执行数(B)	分值	执行率(B/A)	得分
	年度资金总额	179047.00	59595.00	58484.95	10	98.14%	9.81
	其中：中央补助	179047.00	59595.00	58485.95	—	98.14%	—
	地方资金	—		—	—	—	
	其他资金	—		—	—	—	
总体目标完成情况	总体目标				全年实际完成情况		
	贯彻落实好《体育强国建设纲要》，落实全民健身国家战略，提升竞技体育综合实力，丰富体育供给，推动群众体育和竞技体育协调发展，加快推进体育强国建设				2020 年度，围绕体育强国建设目标任务，认真落实全民健身国家战略，建设完成 3 个重大国家队奥运备战场地设施，建设国家后备人才培养基地 8 个，举办全民健身赛事活动 1814 余场，带动参赛人数 400 多万人次，培养高水平体育人才约 120 人次。项目的实施，促进了群众体育健身活动的积极开展，丰富了体育供给，我国竞技体育综合实力得到进一步提升		
	一级指标	二级指标	三级指标	指标值	全年实际完成值	分值	得分

续表

转移支付名称	中央集中彩票公益金支持体育事业专项资金						
绩效指标	产出指标	数量指标	资助重大国家队奥运备战场地设施项目	3 个	3 个	10	10
			全民健身赛事活动场次	≥1000 场	≥1814 场	10	8
			参加全面健身赛事活动人次	≥1 万人次	≥400 万人次	5	3
			国家后备人才培养基地数量	8 个	8 个	10	10
			高水平体育人才培养数量	50 人	≥121 人	5	4
		质量指标	场地设施竣工验收合格率	100%	100%	5	5
			赛事和活动任务完成率	≥90%	86.11%	5	4.31
	效益指标	社会效益指标	促进群众体育健身活动开展	≥8 分	8.33 分	15	13.5
		可持续发展影响指标	对竞技体育可持续发展的影响程度	≥80%	80%	15	13.5
	满意度指标	服务对象满意度指标	受益人群满意度	≥90%	90.71	10	9
总分						100	90.12
说明		无					

资料来源：国家体育总局各年度部门决算资料整理，https://www.sport.gov.cn/n315/n332/index.html。

以体育立法引领体育改革，用法治方式推动体育发展，提高体育部门依法行政能力，引导体育社会组织依法自治，重点推动基层体育治理，形成政府、市场、社会协同治理体育新格局，不断推进体育治理体系和治理能力现代化。

加快全国性单项体育协会实体化改革进程，强化党的领导，加强协会党建工作，推动会员组织建设和规范化管理，促进行业自律，引导行业健康发展、企业规范经营。为此，相关组织做了以下尝试：

(1)实施“奔跑吧·少年”儿童青少年主题健身活动项目

2021年，体育总局贯彻习近平总书记“让孩子们跑起来”的指示精神，在全国发起“奔跑吧·少年”儿童青少年主题健身活动，与教育部、国家卫生健康委等部门共同印发《“奔跑吧·少年”儿童青少年主题健身活动方案》，广泛推动各地开展普惠、可及、常态化的系列儿童青少年体育活动。除少数省份因疫情原因未能开展，全国28个省(区、市)在“六一”前后开展主会场、分会场活动，仅5个主会场就有7万余名儿童青少年参加各项示范活动。“奔跑吧·少年”主题活动将持续开展贯穿全年。

(2)“农民体育健身工程”项目

2006年以来，体育总局会同财政部等有关部门投入中央资金，支持包括西部地区在内的行政村配置篮球场、乒乓球台、室外健身器材等，重点支持包括西部地区在内的国家扶贫开发工作重点县。2015年以来，会同有关部门陆续印发《贫困地区百县万村综合文化服务中心示范工程方案》《贫困地区民族自治县、边境县村综合文化服务中心覆盖工程方案》《贫困地区民族自治州所辖县村综合文化服务中心工程方案》等，大力支持包括西部地区在内的贫困地区、民族地区等建设健身设施。截至目前，农民体育健身工程在全国行政村的覆盖率近100%。在西部很多地方，农民体育健身工程的实施与社会主义新农村建设、城镇化建设、农村绿化美化等相结合，带动了村镇的整体规划建设，改善了村容村貌和农村生产生活环境，提升了农村基本公共体育服务水平，缩小了城乡在基本公共体育服务方面的差距。

(3)公共体育场馆向社会开放项目

安排中央资金支持符合条件的大型体育场馆免费或低收费开放。自2014年以来，体育总局会同财政部利用中央资金对大型公共体育场馆免费或低收费开放给予补助，累计安排补助资金70余亿元，每年支持1000余个大型公共体育场馆向社会免费或低收费开放。资金安排向中西部地区倾斜，对西部、中部、东部地区分别按照补贴标准的80%、50%、20%安排补贴资金。

组织开展大型体育场馆免费或低收费开放第三方评估，在全民健身信息服务平台公开中央财政资金补助的大型体育场馆名单，接受社会监督。推动提升场馆智慧化管理水平，组织开发了具备场馆开放管理服务功能的"全民健身信息服务平台"，并制定印发了《体育场馆信息化管理服务系统技术规范》《全民健身信息服务平台数据接口规范》。落实《国务院办公厅关于加强全民健身场地设施建设发展群众体育的意见》(国办发〔2020〕36号)要求，会同财政部推进《大型体育场馆免费低收费开放补助资金管理办法》修订工作。会同发展改革委印发《关于加强社会足球场地对外开放和运营管理的指导意见》。启动《公共体育设施开放服务与评估通用要求》行业标准研制工作，对公共体育场馆等场地设施的开放、管理和评估进行规范指导。

(4)青少年"健康包"工程

针对青少年近视、肥胖等突出问题，持续推出一系列易学易会、操作性强的体育干预方法和内容，组织并建立"健康包"实施工作机制和专家团队，推出创编的"青少年近视防控操"，包括"课间视力操"和"睡前视力操"两部分，陆续在全国青少年体育冬夏令营推广，获得了广大青少年儿童、家长和老师的好评。

2018年8月，教育部等八部门共同印发了《综合防控儿童青少年近视实施方案》，引导家庭营造好的家庭体育运动氛围，积极引导孩子进行户外体育锻炼，要求学校确保中小学生在校时每天1小时以上体育活动时间，确保从小学阶段到高中阶段每周合理的体育与健康课程安排。

四、我国公共体育服务协同供给绩效考核

进行公共体育服务协同供给绩效监管是政府的责任，政府需要对与体育发展有关的组织和部门，尤其是政府投资的拨款和投资的部门和项目进行追踪监测，适时开展规划中期评估和总结评估，遇到重大事项和问题需要向党中央、国务院请示报告。《国务院关于加快发展体育产业促进体育消费的若干意见》(国发〔2014〕46号)中提出："发展改革委、体育总局要会同有关

部门对落实本意见的情况进行监督检查和跟踪分析，重大事项及时向国务院报告。”《体育总局教育部关于印发深化体教融合促进青少年健康发展意见的通知》(体发〔2020〕1号)中提出：“建立联合督导机制，对体教融合中涉及全民健身、竞技体育的相关政策执行情况要定期评估，对执行不力的要严肃追责。”中共中央办公厅、国务院办公厅印发的《关于构建更高水平的全民健身公共服务体系的意见》中提出：“国家发展改革委、体育总局牵头对本意见实施情况进行跟踪监测，重大问题及时向党中央、国务院请示报告。”《国务院关于印发全民健身计划(2021～2025年)的通知》(国发〔2021〕11号)中提出：“体育总局要会同有关部门对各省(自治区、直辖市)人民政府贯彻落实情况进行跟踪评估和督促指导。”《“十四五”体育发展规划》也提出：“加强规划实施监测评估，将规划实施情况作为督促检查各级体育部门、事业单位和项目协会的重要内容。建立规划实施动态调整机制，加强规划实施监测，及时发现和解决规划实施中出现的问题，优化实施策略，适时开展规划中期评估和总结评估。强化规划落实的社会监督，确保规划总体目标任务如期完成。”

第三节　我国公共体育服务协同供给发展思路

制度创新首先应确立统一的价值基准，在这个价值基准下，才能进行进一步的制度设计和创新。因此，公共体育服务回应社会转型必然要进行功能、结构和制度的变革，在进行制度变革时应充分考虑到价值回应性，使外在的显性的制度变革与内在隐性的价值变革相契合。

本研究把协同供给作为我国公共体育服务供给的新的治理模式是建立在以下两个命题之上的：(1)创造公共价值是现代社会对体育的价值诉求，是政府公共体育服务供给机制创新的逻辑基点。体育是创造公共价值，实现“共同的善”的一种重要的工具。(2)现代社会中政府把体育作为一项公共事务发展，是一个跨边界的问题，不可能靠一己之力完成，需要不同的参与主体联合行动，需要多部门间的协同来实现。第一个命题是回答为什么的问题——政府发展体育所为何；第二个命题是回答如何发展的问题——政府如何通过机制创新实现目标，创造出体育的公共价值。

创造公共价值是体育最终的价值追求，可以说体育是为了实现美好的社会而生，也是为了实现美好的社会而一直在发展着，也正是体育的这一价值才使其成为社会发展中的“永恒”。体育为了社会而发展，也需要社会共同的发展。这就是公共体育服务协同供给命题的提出，也是政府的一项重要责任。

一、创造公共价值：公共体育服务协同供给的价值选择

关于公共价值美国哈佛大学教授马克·穆尔（Mark H. Moore）在其著作《创造公共价值：政府战略管理》中对公共价值进行了解释和概括，并上升为政府战略，提出了著名的“战略三角框架”。① 他的公共价值指的是客体的公共效应，是客体能够满足一定的共同体中所有主体的效用性。② 凯利（G·Kelly）则提出：“公共价值是指政府通过服务、法律监管和其他操作创造的价值。”③我国学者胡敏中认为：“所谓公共价值是指同一客体或同类客体同时能满足不同主体甚至是公共民众（公众、民众）需要所产生的效用和意义。”④我们依据上述学者对公共价值的界定，认为公共体育服务的公共价值是指体育作为公共领域的一项公共活动和公共事务对整个人类社会产生的效用。其在本质上不同于体育的私人价值，而是政府为了实现自己善治的使命寻求界定并描述的体育产品或服务所具有的价值。

社会进入新的历史发展时期，社会的发展对体育提出了新的历史使命，政府追求实现善治，社会追求和谐公平正义，在这一追求下，很多国家把体育作为实现美好社会发展的一种工具。政府认识到体育的重要社会功能和体育在公共领域发挥着不可替代的作用。对体育的价值认知由个体价值转向公共价值，可以说是体育公共性的一次重大复兴。

我们需要从历史的天空和人类古老的文明中找寻到那盏指引人类进步的“神灯”，回到古希腊寻找体育的公共性。

---

① 参见[美]马克·穆尔：《创造公共价值：政府战略管理》，伍满桂译，清华大学出版社2003年版，第13页。

② 参见汪辉勇：《公共价值论》，湘潭大学博士学位论文，2008年。

③ Kelly, G., Mulgan, G., Muers, S., *Creating Public Value: An Analytical Framework for Public Service Reform*, London: Strategy Unit, Cabinet Office, 2002.

④ 胡敏中：《论公共价值》，《北京师范大学学报（社会科学版）》2008年第1期。

古希腊理想国中对政府的目标的界定是：让城邦的公民过上幸福美好的生活。柏拉图和亚里士多德一致认为，判断好的政府（城邦）的标准是政府（城邦）的目标——为人们创造幸福美好的生活。幸福不同于身体的快乐，而是包含着对知识和对生命质量的追求。在他们的价值等级表上，灵魂的幸福极大地优于财富，把成员的幸福作为共同体的终极目标。教育担负着这一使命，是实现这一价值理性的手段或者途径。理想国中培养至善的公民需要教育，而最有效的教育手段是体育和音乐。体育在古希腊城邦是作为一项重要公共事务和公共活动来发展的，通过体育来实现公共的善。

希腊人的观念中，在竞技中获胜本身即是一种优秀品质。希腊城邦的体育场所是公民之间主要的社交场所，同时也是城邦重要的公共生活空间。[①] 公民们不仅在这里参与体育训练，而且在这里参与城邦的社会生活。城邦把体育吸纳进公共领域，作为城邦的一种公共活动和公共事务。希腊城邦力求通过竞技运动和竞赛活动来培养每个公民的公共责任感，追求一种公共精神。这是他们对体育"公共性"特征的肯定和对公共精神价值追求的体现。

古希腊城邦的思想资源被现当代一些思想家如汉娜·阿伦特、哈贝马斯、罗尔斯等重新发掘，并提出了"公共领域""公共性""公共精神"等的理论建构和实践吁求。文艺复兴、宗教改革和启蒙运动中把人从神的枷锁中解救出来，奏响了个人主义的序曲，与人文主义遥相呼应。文艺复兴把古希腊体育的基因重新激活，体育的公共价值也日渐凸显。宗教改革把人从思想桎梏中释放出来，体育成为教化人的新的手段。

体育嵌入到人类社会的结构发展的整个历程，守护着人类的文明，丰富和发展着人性。到 19 世纪，城市化发展到一定阶段时体育被认为是积极促进社会协调发展的重要途径，承载起矫正工业文明的非理性内容的任务。因此，政府大力提倡在中产阶级中培养专业运动员，同时鼓励年轻的工人们参加集体项目的体育运动。在这种情况下，体育参与不仅是社会成员的个人生活，也成为一种公共集体行为。政府希望通过市民体育参与来达到社会和谐的政治目的，同时这一目的也是和个人与社会的需求相一致的。因

① 参见黄洋：《希腊城邦的公共空间与政治文化》，《历史研究》2005 年第 5 期。

此,"体育是提高城市生活质量,创建社会文明的手段"的价值观形成,并支撑着体育在社会的推广。[①]

我国也认知到了体育在社会中不可替代的价值,体育需与社会共同发展。党的十八大提出了"五位一体"的社会总体发展目标,各领域为了实现这一总体目标而努力,体育的发展也应顺应社会使命的要求。这一发展是政府的一项责任,需要上升为国家战略,需要国家来协同供给。在我国学界,也确立公共体育服务改革的价值取向是公共价值的共识。

二、从国家战略的高度把体育纳入社会发展的目标中

我国体育面临着新发展机遇的同时,也面临着一系列新的挑战,甚至可以说,目前到了一个把我国体育推进到新一个层次的时机,所以我们更加需要系统思考体育和体育发展的前路。为此,我国需要在政府层面上进行全面、协调的公共体育服务供给制度的变革。从世界发达国家的经验来看,中央政府经过深思熟虑制定的总体战略和指导框架对于改革的成功有决定性作用,而总结这些改革总体战略中的关键要素对于我们未来的改革可以说至关重要。

为了发展我们的群众体育以及保持我们竞技体育的竞争优势,我们需要转变旧有思维和发展观,无论是在价值层面还是在操作层面,我们都需要推进体育整体化发展,并且改革和确定投资战略重点,把钱花在"刀刃"上。我国缺乏一个整体的体育愿景,缺乏国家政策框架,导致政府资助的目标难以设定和评估,因此,我国公共体育服务供给需要一个整体的战略思维和发展框架,以此保障体育能更好地服务社会,能更好地纳入社会发展的目标。2015 年,中央深化改革领导小组通过了《中国足球改革总体方案》,这是一个好的开端,说明政府开始意识到体育发展需要的是一个更高层面的变革,尤其需要一些更具创新性的变革。

目前,许多国家的政府把体育的发展作为自己的一项重要责任,并为了实现体育的公共价值,制定了体育发展的政策战略框架。综合其他体育发达国家的经验,我们发现,世界越来越多国家的政府开始重视体育的发展,

---

① 参见熊欢:《城市化与市民体育的兴起——美中城市体育发展之比较》,《体育科学》2008 年第5 期。

并且在协同调研的基础上制定本国的公共体育政策，明确国家的战略框架和政策框架。

依据国外的先进经验，结合我国的现实，我们的整体战略框架中的理念应是：

1.明确发展体育是政府的责任

发展体育是政府的责任，不是体育系统一家的事。要将体育上升为一项国家战略，实现体育的公共价值，需由政府牵头，协同各利益相关者（相关部委、各级政府、体育部门、社会组织、个人等）参与到政策的制定过程之中，强化各利益主体间的沟通和协调。

我们要广泛开展全民健身运动，促进群众体育和竞技体育全面发展。各级党委和政府要高度重视体育工作，把体育工作放在重要位置，切实抓紧抓好相关工作的落实。

2.明确提出体育的公共价值，把体育纳入社会发展目标，提出体育共享的愿景

体育的价值不仅仅是健身价值，还有更高的社会价值。要努力把体育的个体价值上升为类价值，形成由个人到社会、由私人领域到公共领域的意识转型，以期最终实现体育价值的转型，即由关注私人领域价值和国家价值向公共领域的转型。

3.明确体育产品或服务概念，确定由哪些组织来进行生产和推广，识别出更具优势和投资价值的项目

公共体育财政投资是政府用纳税人的钱来生产和供给公共体育产品和服务，所以必须有明确的产品概念和定义，明确和限制资金用途，由此也可以为政府确定发展的优先级。为此，首先需要定义标准来确定优先级的项目，政府需要思考要发展什么样的体育，也就是明确和形成产品概念；其次是确定生产者是谁，规范生产者的进入门槛。作为一项公共产品，需要一个组织进行生产、设计及推广，只有明确了这些才能提供相应的财政预算，同时为财政支付提供依据。对于体育的定义很多，而作为投资生产产品，首先需要明确体育的可操作性和作为产品的定义是什么。许多国家在公共政策中明确了体育的定义和体育的标准，关于什么是体育、体育有哪些构成，不同的国家有不同的定义标准或执行标准，见表 6-3-1。

表 6-3-1　不同国家政府政策中的体育定义

国家	体育定义
加拿大	体育是一种常规性的身体活动，是由一种 2 人或 2 人以上参与的竞赛比赛，目的旨在通过公平和道德的方式决出胜利者①
澳大利亚	体育是以身体活动和技能作为活动最初焦点，竞争要素中的规则和行为方式作为其存在支持的一种人类活动②
英国	体育活动必须与 1993 年欧洲理事会颁布的《欧洲运动宪章》中体育的定义相一致，是指所有形式的身体活动，如临时的或有组织的，目的都是为了展示或改善社会关系中人们的身体健康和心理健康，或者是在任何水平下的比赛中获得名次

4.确立体育发展的一体化战略

体育发展一体化战略是为了解决体育发展中竞技体育和群众体育发展的二元分离而被提出的。其以项目为中心，致力于实现该项目中的竞技体育和群众体育的一体化发展。

近年来，大多数发达国家都毫无例外地增加了公共支出给精英体育领域，但如此却损害了其他体育目标（如推进大众体育的参与）。英国从 20 世纪 90 年代开始，把公共体育支出和博彩收益向精英体育投入倾斜，使得体育的政治色彩越来越明显，精英体育和其他领域（青少年和学校体育、大众体育参与）的公共资源形成了竞争。体育政策发展有两个简单明确的目标：一是促进大众体育的参与，二是实现精英体育的成功。但两个目标背后却隐含着一个难题和困境，就是如何权衡两者的发展，而这一困境的解决需要一系列复杂的工具和合理的制度安排。

在体育发展的过程中，各国体育整体化（或体育一体化）战略是近些年世界各国提出的一项体育发展战略，用以促进竞技体育和社区体育的融合和一体化发展。这是世界各国（包括我国）在实践发展中面对两难困境时做

① Sport Funding and Accountability Framework，http://www.pch.gc.ca/pgm/sc/pgm/cfrs/index-eng.cfm；Sport Funding and Accountability Framework (SFAF IV：2009～2013)http://www.pch.gc.ca/pgm/sc/pgm/cfrs/criteriasfaf4-eng.pdf.

② ASC "What is defined as a Sport?"，http://www.ausport.gov.au/supporting/nso/asc_recognition.

出的战略选择。

我国在体育发展中也存在着这样的问题，虽然提出竞技体育和群众体育协调发展，竞技体育和群众体育全民发展等目标，但在实践中却出现两者割裂的状态。因此，我们需要确定大众体育和竞技体育的一体化战略，并制定具体策略，同时应大力倡导以项目为基础的竞技体育和群众体育的一体化发展模式。我国体育发展一体化思路见图 6-3-1。

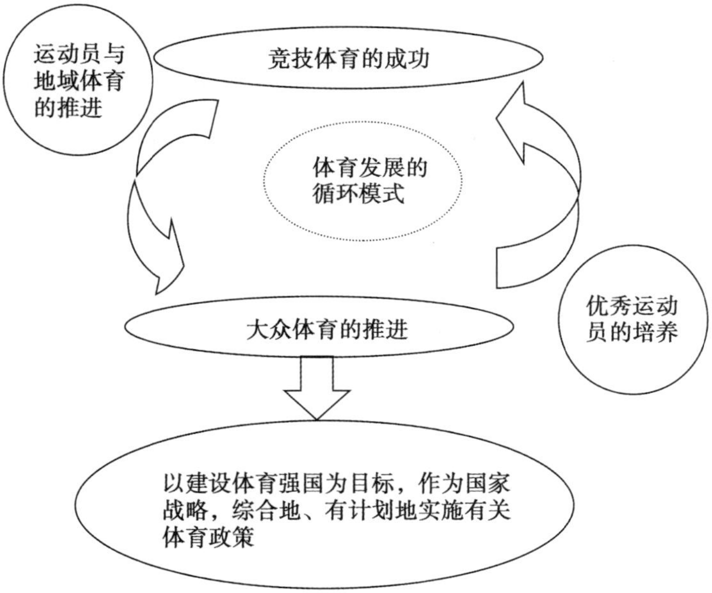

图 6-3-1　我国体育发展一体化思路

5.完成公共体育部门的再造

目前为止，在公共体育服务供给中的主导者依然是官方机构，这种高度组织化、官僚化的机构无论在横向部门间还是纵向层级间，无形设置了很多的壁垒，使得各部门间信息不流畅。各部门成员只关注本部门的直接目标实现，导致部门主义现象严重，也因此产生了服务提供碎片化的问题。实现公共价值、完成新的战略、提供满足社会和客户满意的无缝隙的公共体育服务，这些都对公共体育部门提出了新的要求，因此需要进行公共体育部门的再造，开发新的治理模式。

公共体育部门再造的目标是，用跨界性的协同，构成一个以合作为核心理念的网络化的组织结构。该组织结构不同于新公共管理基于功能性划分组织边界,是一种开放性和协作性组织结构模式。这需要创造一个新的结构,整合性公共服务提供结构就是能够使个人跨越不同部门边界协同工作,并允许更多的合作和更多横向联系政策的制定,来识别和回应复杂的社会公共需求,并注重公共服务主体间形成跨部门(或组织)的伙伴关系。

我国公共体育部门再造遵循"整分合"原则,即在整体规划下明确分工,在分工的基础上有效地合作与协同。其具体内涵如下:

(1)"整"是指的整体规划。在我们国家提出的政府转型、建设服务型政府和国家的整体变革框架下,制定体育部门的变革计划,改造公共体育管理机构,由原来的旧的、自上而下的目标系统和中央微观管理型组织向现代治理体系转变。这次变革应该是一次具有重大意义的且变革力度比较大的变革,需要系统的顶层设计。

(2)"分"是指不同部门间的分离,进行明确分工。"分"的任务在我国目前是比较关键的一步。

目前我国的政府体育组织是国家体育总局。国家体育总局、中华全国体育总会和中国奥委会之间是"三位一体"的关系。笔者认为,"分"的目标之一便是将三者"解构",进行关系的重构。三者应进行战略整合,由原来的"三位一体"转变为"三足鼎立",形成战略合作伙伴的关系如图 6-3-2 所示。

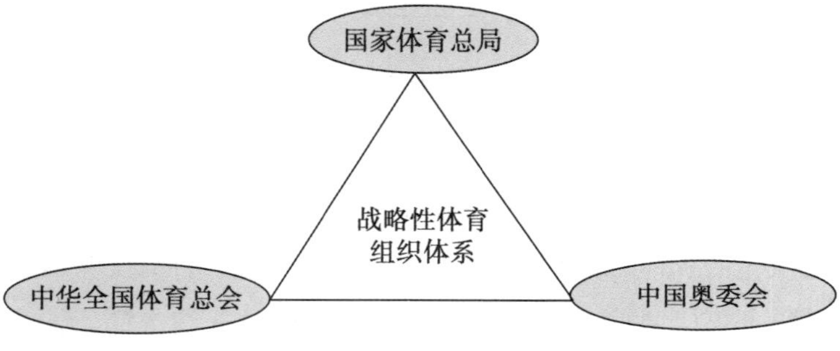

图 6-3-2　国家战略性组织体系图

国家政府管理机构中决策机构要和执行机构分开,公共体育服务的提供方和生产方也要分开。

其他国家的政府一般都设有管理体育的部门,虽然不是独立的部门,但主要都负责制定体育政策和财政拨款。在政府部门下成立专门的执行机构来推动体育的发展，有些是行政机构，有些是非政府公共机构。我国没有这样的执行机构，通常是设置直属事业单位作为政府的公共机构，但是由于我国的国情又导致决策职能和执行职能不分，造成了一定的混乱。我国的现实是体育局局长戴着“两顶帽子”，既是决策者，又是执行者，而国家体育总局目前则集决策职能和执行职能于一体。目前关于国家体育工具改革的呼声很多，但无论是大部制改革，还是继续独立存在，决策职能和执行职能都需要分开，这样才能提高管理效率和效果，尤其是国家体育总局内部的职能部门设置需要进行调整，简政放权势在必行。公共体育服务供给主体间职能关系图如图 6-3-3 所示。

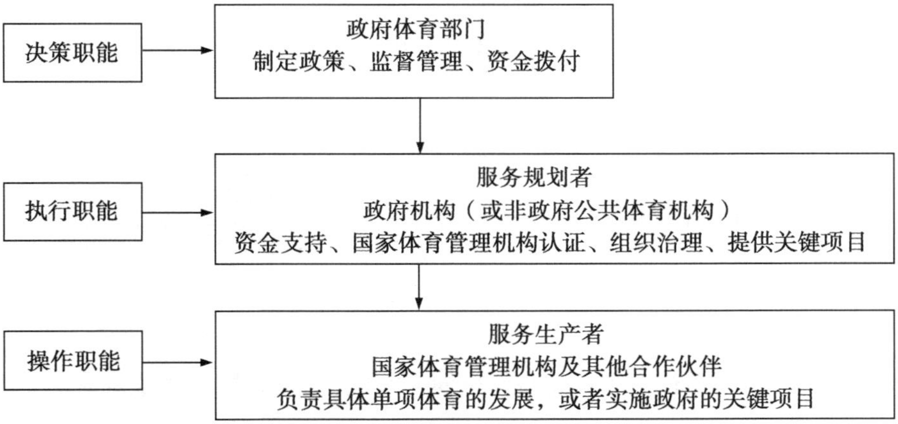

图 6-3-3　公共体育服务供给主体间职能关系图

我国进行改革有两个路径可以考虑：一个是成立大部制，国家把体育划归到某个部委作为决策机构，并新成立一个执行机构作为执行机构来进行，执行机构的治理模式采用理事会制度。另一个是改革和完善国家体育总局机构和职能。

综观世界各国的公共体育服务供给体系，几乎都是由国家体育管理组织来组织生产。国家体育管理组织作为一个国家某一个单项组织运动项目管理组织，是进行公共体育服务供给的核心机构。我国的体育管理组织的单项体育协会实现自治是变革的根本。

(3)“合”指的有效的合作和整合，形成公共体育服务供给的协同机制。

第一，重新调整组织边界，把更多的机构或者其一部分协同起来建立一个新的组织结构。合并组织职能，把具有相同目标的职能归并到一个组织，建立一个新的组织结构。

第二，建立正式的合作伙伴关系，各种组织基于共同的合同、协议或框架等规则进行协同运作。

第三，建立非正式的合作伙伴关系，各种组织通过联络、咨询和不成文的相互协议而协同工作。

成立体育协同网络，加强合作，促进与其他组织的协作。

国家体育组织进行战略调整，形成新的合作计划，如图 6-3-4 所示。

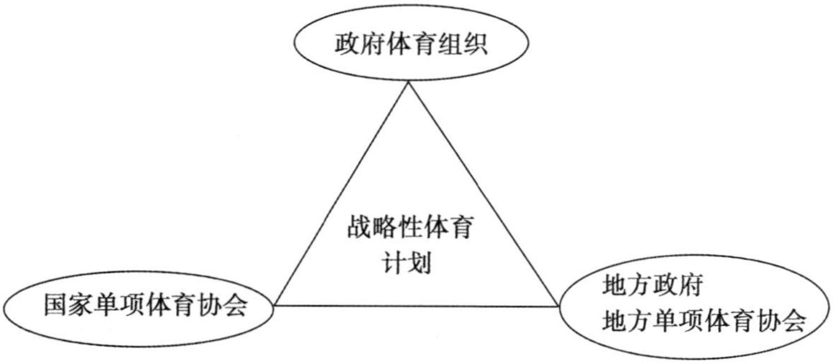

图 6-3-4　国家体育组织战略合作

强化体育组织横向和纵向间的协同，增强公共体育服务供给凝聚力，如图 6-3-5 所示。

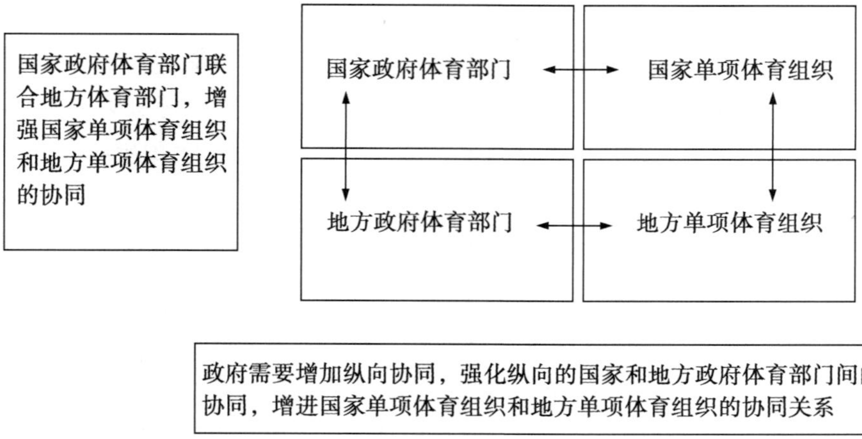

图 6-3-5　跨部门协同

三、公共体育服务协同供给制度安排

公共体育服务公共价值的实现，需要相关的制度建设。关于公共体育服务协同的供给安排，在国际上主要有横向部门间的协同、纵向不同层级间的协同以及政府和社会组织间的合作伙伴关系。

1.以部际委员会为主要形式的横向协同

横向协同是公共体育服务协同供给的重要形式。横向协同的主要组织形式是部际委员会。通过体育推进政府体育部门与其他专业管理部门沟通，建立综合协调机制，形成推进公共体育服务发展的合力。我国国家体育总局内部的分工导致了部门间联络不畅，为此，可以借鉴该形式，成立部门间委员会，实现部门间的合作，进行互相的联络调整，共同促进体育的发展。

目前，我国在全民健身领域的联席会议制度，在部门间协同起到了很大的收效，但是这只是一种工作机制，既不是一个管理岗位，也不是一个实体组织，而且是临时设立的，更有改革的现实需求。

2.以政府间协议为主要形式的纵向协同

不同层级政府体育部门可以通过建立政府间协议、地方政府协会、市自治团体协会、城区议会协会之类的合作协议和合作机构，联合制定区域规划，共同解决现实问题。通过中央政府和地方政府签订公共体育服务协议，实现协同，在协议中明确中央政府和地方政府的责任和权限。地方公共服务协议是中央政府与地方政府间的合作协议，旨在加速达成中央政府所设定的绩效目标，并通过地方公共服务协议提供地方政府激励机制，例如我们国家政府与江苏省的公共服务示范区协议就收到了很好的成效。中央对地方给予更大的行政自主权和更多的资金支持。

3.以伙伴关系为主的政府与非政府组织间的协同

确立国家政府体育部门的领导地位，明确其核心职能是构建体育部门间的协作，将形成以政府体育部门领导机构为核心的多部门协同的合作伙伴关系。政府体育机构作为核心领导机构，协同多元主体实现，其中最核心的合作伙伴是国家单项体育管理机构(我国的单项体育协会)。

确立政府机构和国家单项体育协会的伙伴关系，是我国公共体育服务协同供给的重点任务。在政府转型的大背景下，我国提出了单项体育协会与行政机构脱钩(2015 年 6 月前)的目标,并提出了一系列的措施。2014 年,国家体育总局制定了《以运动项目管理中心和单项体育协会改革为突破口,深化体育管理体制改革的方案》。其改革的实质是在政府转型下,由原来的行政依附关系,转变为合作伙伴关系,实现提供公共体育服务的目标。其实质应该是公共体育部门组织变革,由原来的统治走向治理,由依附关系走向合作关系。

通过西方各国公共体育服务供给体系我们可以看出,国家体育管理组织在公共体育服务生产中处于核心地位。我国在整个体育发展的历程中,很多变革也是以国家单项体育协会为主体进行的,这是由体育的特点决定的。体育由各个项目组成,每个项目有各自的特点,也有专门的组织来负责发展。

我国的一个关键点和重点就是确立国家单项体育协会在整个公共体育服务生产中的核心地位。通过单项体育协会来递送公共体育服务,政府的公共资金主要投资到各单项协会中,由协会负责公共体育服务的供给。如此,负责管理国家体育项目发展的单项体育协会的资格认证就成为我国面临的一个亟须解决的问题。

西方国家都有相关的认证标准,有些国家已经在实践中修订过多次,我们可以来学习和借鉴,结合我国的实际情况制定我们国家的单项体育协会认证标准。

四、完善我国公共体育服务的资金分配制度和预算制度

要让公共体育服务提供的制度安排取得预期结果,充分的资金供应是一个必要条件。政府是公共服务的提供者和付费者。政府既要改变“体育就是花钱”的认识,视体育为一种投资而不仅仅是支出,更应尽可能有效地利用资金。因此,我们需要改进公共支出管理,尤其是改进投资制度和预算过程,加强支出监督,建立公共资金的预算、使用和责任框架。这个框架的一个关键元素是预算,我们需要把资金用到核心地方,确保其提供的服务物有所值。需要建立合理的预算制度,对预算管理和会计制度进行改革来反映政策成本。我国公共体育服务要制定出明确的、处于效率及公平考虑下的公共支出优先顺序。因此,公共体育服务协同,政府主要是通过提供资金

和政策进行协同，这就要求公共体育服务中要加强资源管理和资金分配方式，并且在预算框架内支出的优先顺序要明确。

五、制定治理的框架，加强组织治理

治理是组织指挥和管理的系统。治理的体系包括：如何设置和实现该组织的目标、阐述组织决策的规则和程序、确定优化的方法和绩效监控、监控和评估风险。

党的十八大提出了建设治理能力和治理体系的目标。我们的体育的发展实现有效的协同，提供公共体育服务，不仅需要政府的执行机构有良好的治理能力，还需要参与主体尤其是核心合作伙伴需要良好的治理能力，设计体育治理标准和提升组织治理能力的工具，制定治理能力框架。为此，首先政府要认识到治理的重要性。作为公共资金的投资者，政府有责任确保投资的组织治理良好，因为这些组织可以让更多的人参与体育运动。有效的组织是由强大的治理、财务、内部控制框架和实践来驱动的，因此，具有良好的治理和管理能力是至关重要的。有效的体育治理需要核心领导机构具备完整性和良好的判断力，确保更有效地决策。

其次，要确立我国体育治理路线图。作为体育治理改革的总指导，路线图中要明确治理的阶段，每阶段的任务和完成的时间。我国可借鉴其他国家的治理体系标准、原则和治理的一些工具来确定治理框架体系。

六、制定公共体育服务绩效框架

目前，“绩效”和“结果”已成为衡量公共服务投资成功的关键要素。绩效评价就是对服务或项目的结果和效率进行的定期评价。

我国在公共体育服务供给中要制定评估框架和评估方法。绩效管理框架首先需要明确定义一种方法，用于确定绩效标准，用于设计对这些标准进行监督和评估的具体方案。年度报告的内容应包括综述、年度绩效、组织及其能力、问责、财务信息等，同时，为涉及的每一个协同主体建立资源协议，并规定预算资源。财政报表的主要测量内容见图 6-3-6。

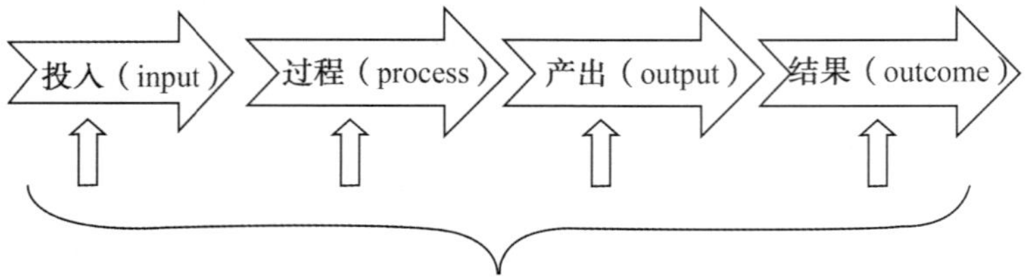

图 6-3-6　基于财政报表的绩效测量示意图

绩效管理变革，需要建立一个严格的绩效管理制度，严明奖惩。评审和奖励的原则应被引入系统，如果一个体育组织未能履行合同目标，资金将保留或者调整到其他组织之中。与此同时，还应建立起整体预算制度，即围绕具体结果和地理区域，以功能和组织为目标，促使公共服务以效能的方式提供给各区域的核心群体，建立信息公开和有说服力的预算制度。

我国公共体育服务供给主要经过了“吸纳建构行政一体化下的政府垄断供给——解构分离出事业单位后的事业单位垄断供给——解构分离后的整体重构”的历程。公共体育服务协同供给制度是当前我国公共体育服务供给改革中的一个重要制度选择和安排。我国在公共体育服务供给中也进行了一些协同实践，但更多的是策略层面的，还没有形成系统的制度。因此，我们应从战略的高度来推进这次创新和变革。协同供给制度安排是基于政府对体育的公共价值认知的基础上进行的，在价值层面和制度层面实现公共体育服务协同供给。

第四节　我国公共体育服务协同供给的应用

一、以协同供给破解我国城镇化进程中公共体育服务困境

城市化进程中的公共体育资源配置存在公共体育资源过度使用和利用不足的矛盾。公共体育空间作为公共精神的载体，在我国的城镇化进程中存在着“价值失范”现象。针对这些现象，以问题和社会需求为导向，笔者认为在我国新型城镇化进程中应从“价值层面”和“制度层面”上推进公共体育服务供给。

党的十八大把新型城镇化作为新一轮社会变革的重要部分，我国城镇化将进入一个快速发展时期。体育作为一种城市公共文化形式和城市生活方式，公共体育空间作为这一文化的重要载体，在城市规划中应给予更多的关注。但是，在发展中一些空间价值失范和资源配置问题逐渐显现。一方面，大型体育场馆废弃事件、广场舞扰民事件背后凸显出了城市公共体育资源作为稀缺资源，在资源配置中存在着“过度使用”和“利用不足”的矛盾；另一方面也折射出公共体育空间作为公共精神的载体，在我国的城市化进程中存在着“价值失范”现象。

公共体育服务供给中的困境和难题依赖于价值优先和价值正当指导下的一系列复杂的工具和制度安排来解决。一切有效的公共服务的制度和良好的制度绩效都是建立在清晰的公共管理哲学基础之上的。公共服务供给的多元化趋势，要求多元主体间进行协同以产生整体效应，避免因部门间的“碎片化”现象而影响公共体育服务的绩效。有关公共体育服务的政策和制度，不仅取决于以往的模式（即路径依赖）和现有的需求与问题，还取决于不同利益主体的基本的价值取向。因此，产生协同效应的一个前提就是为了创造“公共价值”。

1.对体育“公共性价值”的确立是破解公共体育服务困境的前提

体育能发展成为人类的一种文化，其价值就是为了整个人类文明的进步。体育具有“为人”的本质和为人类发展的责任精神，恰恰就是这一伟大的精神，体育的生命力才得以延伸。这是在社会发展中体育存在和发展的真正价值所在。

竞技是古希腊城邦的公共事务和公共活动，能够帮助人们获得公民美德或者说好公民的特性，可以培养人勇敢的心和正义的理念，帮助国家实现正义。古希腊的竞技精神，在经过了中世纪骑士精神的发扬和文艺复兴的洗礼后，以被马克思·韦伯所称的“资本主义精神”的形式被遗传下来。现代职业体育中渗透着古希腊的竞技体育的公共精神和中世纪骑士体育制度的贵族精神，以“天职观”的职业精神为核心元素而发展着。许多国家越来越深刻地认识到体育的这种公共价值，政府也会通过发展体育来实现建设更好的国家的目标，这其中就包括中国。我国体育发展已进入转型的关键时刻，在社会变革中我们应从公共哲学的角度认知到体育的公共价值：体育可以促进我们和谐社会的建设，体育可以把我国的核心价值观渗透进人们的心智模式中。实现体育向公共性转向，由原来的“国家体育”向“公共体育”转型。

2.多中心协同治理制度安排——公共体育服务制度创新选择方向

埃莉诺·奥斯特罗姆在对“公地悲剧”和“集体行动逻辑”这些模型分析的基础上，提出了多中心治理理论，为面临“公地选择悲剧”的人们开辟了新的途径，为增进人类的集体福利提供了自主治理的制度基础。多中心治理在制度安排上体现为政府不再是公共服务单一的供给主体，政府可以把公共服务的生产交由社会组织来进行，一些公共事务可以通过社会组织的自主治理来完成。在公共事务的治理中，公共部门与私营机构、非营利组织可以通过协同来解决公共问题，递送公共服务，实现善治的目标。我国新型城镇化进程中，为了解决公共体育服务发展进程中的这些困境应该构建公共体育服务的多中心治理制度。

3.从国家战略的高度把体育纳入社会发展的目标中，制定整体的战略框架

我国体育面临着新的发展机遇，无论是体育领域内还是领域外，我们国家都面临着新的挑战，迫切需要改革。可以说到了一个把我国体育推进到新一个层次的时机，我们需要系统地来思考体育和体育发展。我国需要政府层面上进行全面、协调的公共体育服务供给制度的变革。从世界发达国家的经验来看，中央政府经过深思熟虑制定的总体战略和指导框架对于改革的成功至关重要。总结这些改革总体战略的中的关键要素来指导我们未来的改革也至关重要。

4.明晰不同供给主体间的职能

我们要明析公共体育服务协调供给主体的不同职能。

政府组织：主要是战略职能和协调职能。协调不同部门间的关系，协调各种资源，协同其他生产主体提供高质量的公共体育服务产品。政府不再作为服务的直接供给者，生产交由社会组织或者私营机构来完成，而政府通过组织各种资源，创造公共价值。政府通过平衡各种主体间的关系，利用各种伙伴关系、协议和同盟组成的网络来完成公共体育服务的递送。

私营机构：主要职能是承包生产政府的公共体育服务外包项目和提供公益性公共体育服务（体育企业和职业体育俱乐部的公益性社区活动、免费

的培训活动、志愿者活动等)。

公共组织:主要职能是协助政府提供和生产公共体育服务,对社区内的公共体育事务进行治理。如成立社区业主体育委员会负责社区的公共体育活动和公共体育设施的维护,成立“邻里中心”为社区居民提供公共体育服务设施,成立社区网站进行公共体育事务的治理。这些都是公共体育事务自主治理的制度性选择。

在公共体育事务的治理中,政府要意识到在自己的治理中加入社群的收益。社群和政府共同努力协作生产既是避免公地悲剧的有效制度,也是我们公共体育服务制度创新的目标选择。

不同层级政府、不同政府部门间要加强沟通和协调,形成一个治理网络。通过建立公共体育服务绩效和责任回应来明确各层级政府间的职责和责任。如中央政府提供土地管理、财政支出、指导规划等;省级政府提供立法、资金、技术支持、熟练专业人员的培训;地方政府主要提供体育基础设施的建设和维护(区域和设施规划)、向特殊群体和个人提供体育服务、提供具体的体育技能教育、举办社区体育活动、举办体育比赛等服务。

在我国城市化进程中,公共体育资源属于稀缺资源,在资源配置中难免会出现资源浪费和资源过度利用的矛盾。在公共体育空间中也会出现价值失范现象,因为公共领域在我们国家是逐渐由闭合到释放的过程,公众的公共精神需要培育。因此,在新型城镇化进程中,我国的公共体育服务要在城市公共体育基础设施建设、公共体育空间布局和价值构建、完善创新公共体育服务的多中心治理模式等方面积极探索公共体育服务的治理之道。在这一过程中还要重新审视体育的价值,构建体育的共同愿景,并在此基础上构建出多元主体协同供给公共体育服务的格局。

二、政府与慈善组织合作推进体育慈善事业发展

慈善事业是一项公共事业,它的有效运作和健康发展需要各方主体的通力合作,形成相互影响、共同投入资源、共同承担责任的“共治”网络。公益慈善作为一项社会治理内容,政府的参与方式也直接影响到效果。政府不能大包大揽,以行政管理方式来硬性干预公益慈善领域工作,用政治动员的方式组织民众被动参与。政府要转变治理方式,即从有形的手向无形的

手转变，营造环境，搭建平台，不断突破传统认知框架，营造一个政府、企业和社会三方互动参与式、强调能促性的公共治理氛围。体育慈善作为一种具有创新性的慈善活动，涉及捐赠者、慈善组织自身、受助者、政府等多元利益主体，而多元主体的参与可以在更大程度上开发和利用社会的体育慈善资源。中国体育慈善事业发展需要多元主体间的合作，需要明确各主体的功能定位，厘清相互间的责任与关系，从而真正发挥体育慈善应有的社会价值。

（一）我国体育慈善事业发展的背景

2016 年 9 月 1 日，我国首部《慈善法》颁布实施。2017 年 7 月，银监会、民政部联合印发《慈善信托管理办法》。一系列配套政策的制定和落地促使慈善事业的建设成为一个重要议题。党的十九大报告提出，“把人民对美好生活的向往作为奋斗目标”，“推动构建人类命运共同体”，给中国慈善事业发展提供了巨大的发展空间。慈善事业作为一项“社会的第三次分配”，成为体现公民社会责任感和社会进步程度的标尺。慈善既体现了人们对构建美好社会创造美好生活的愿望，也蕴涵了人们对社会对他人所应承担的社会责任的一种自觉意识。① 慈善是人类把握世界的特殊方式和完善发展自身的活动，是一项最能彰显人性之美的光辉事业，集中反映一个民族整体的道德境界与水平。② 体育慈善作为一种社会责任、一种生活方式、一种爱心表达，在实现人的全面自由发展和实现人民对美好生活向往中越来越引起广泛的社会关注。体育实际上已经进入了一个全新的时代，一个更加注重社会责任的时代。党的十八大以来，“体育慈善”愈来愈成为时代的新话题。在 2017 年“姚基金慈善赛公益论坛”上，鲍明晓认为，“体育与慈善，都指向人类关照生命共同体、追求未来福祉的终极目标，都在为改变而努力。体育和慈善有相同的气场，都是具有社会温度，结合后可以构建更加美好的社会”。新的历史使命和时代责任，挖掘体育慈善在美好生活中的价值并进行拓展，具有重要的理论价值和社会意义。在实现人民对美好生活的需要这一当代语境下，体育慈善研究需要广泛的公共哲学研究视角。

---

① 参见龙静云、戴圣鹏：《论企业的慈善责任》，《伦理学研究》2010 年第 4 期。

② 参见曾盛聪：《伦理失灵、道德焦虑与慈善公信力重建》，《哲学动态》2013 年第 10 期。

（二）从概念到模式：解析有关体育慈善的几个基本问题

改革开放以来体育慈善事业有了很大的发展，尤其是近些年“体育＋公益”活动成为一项重要的道德实践活动。慈善基金会越来越多的活动通过融入体育元素，提高人民的参与度和媒体关注度，扩大社会影响力。尤其是在“健康中国”战略下，慈善事业与全民健身活动的融合，为“健康中国”助力，实现多元价值。

研究体育慈善，首先要厘清体育慈善的概念和模式。目前国内外关于体育慈善概念内涵的研究，还仅仅停留在描述性概念层面，有的是从外在表征，有的在文化视角等层面进行，国外研究则更多体现在参与感和体验感以及机制方面。如，朱强认为，体育慈善是指“一切发生在体育界的慈善行为、动机、观念。慈善事业是包含在慈善当中的，所以体育慈善事业也应包含在体育慈善之中”[①]。黄寿军认为，“从媒体运用的角度，大多数是指体育团体、组织、运动员直接参与的慈善行为。常表现为捐献善款、善物、志愿者等”[②]。曹瑾等认为，体育慈善是指“一切和体育有关的慈善活动，是社会公众在自愿的基础上对于社会弱势群体进行无偿救助的行为的总和”[③]。潘四凤把体育慈善的概念和特征概括为，“体育社会团体或个人基于人道主义原则对社会弱者进行救助的一项社会公益事业，它有助于社会资源良性再分配”[④]。刘昉从文化的视角分析认为，“体育慈善通过与体育相关的自愿性捐赠行为，发扬人道主义精神，实现对人类精神世界满足感的追求，是对体育精神的递延和传播，其赋予了体育文化新的价值内涵”[⑤]。

国外关于体育慈善的研究认为，慈善机构以体育慈善活动为机制，将慈善机构的使命传达给广大的参与者群体，同时为活动参与者提供有意义的

---

① 朱强：《体育慈善之初步研究》，《体育学刊》2007 年第 2 期。

② 黄寿军：《我国体育慈善事业发展中的问题与对策》，《体育文化导刊》2007 年第 8 期。

③ 曹瑾、郭琼珠、何元春：《从失范到规范：体育慈善事业的相关问题研究》，《湖北体育科技》2014 年第 4 期。

④ 潘四凤：《中国体育慈善事业发展存在的问题及对策研究》，《北京体育大学学报》2010 年第 6 期。

⑤ 刘昉：《体育慈善刍议》，《体育科技文献通报》2014 年第 8 期。

活动体验。[①] 体育慈善活动已成为参与者的有意义的体验。这些慈善体育活动可以让活动赞助商在活动参与者中形成对企业形象的认知。[②] 慈善组织越来越多地利用体育活动来筹集资金和提高对慈善价值的认识。体育慈善活动对志愿者、募捐者特别有吸引力,因为它们提供了同时参与两项有意义的活动的机会。[③] 体育慈善活动为慈善机构提供了促进组织使命的机会,同时也为参与者提供了通过参与来支持慈善事业的机会。[④] 体育慈善是指慈善组织把体育活动作为广泛而完整的筹资机制。[⑤] 慈善机构利用体育活动作为一种工具,以获得对特定事业的贡献,并在慈善市场上脱颖而出。

综合国内外关于体育慈善概念的描述我们认为:体育慈善是指慈善组织基于体育活动的价值和体育表达出来的精神和慈善精神的契合度,把体育活动作为更有感召力和体验感的慈善活动形式。根据相关文献分析和体育慈善实践现实表达,笔者认为体育慈善的实践模式有"通过体育的慈善"和"体育的慈善"两种表征形式。"通过体育的慈善"是指"慈善组织以体育为载体和平台实现慈善的目的"。"体育的慈善"是指以发展体育为目的慈善活动,也就是通过慈善的形式来发展体育,进而实现人和社会的发展目的。从目的来说,有通过体育活动实现慈善的目的和通过慈善活动发展体育的目的。体育慈善的价值内涵体现在,体育慈善是体育活动与慈善事业相结合的产物,是体育参与社会公德建设、参加公共活动、承担公共责任的实践形式。体育慈善通过慈善的形式来表达体育的公共精神和公共价值。体育慈善在传播体育精神和慈善理论的同时,也是公民道德建设的一种重

---

① Doyeon, W., Meungguk, P., "Motivating Factors Influencing College Students' Participation in Charity Sport Events", *International Journal of Sport Management & Marketing*, 2010, 8(3/4), pp.296-321.

② Filo, K., Funk, D., O'Brien, D., "The Antecedents and Outcomes of Attachment and Sponsor Image within Charity Sport Events", *Journal of Sport Management*, 2010, 24(6), pp.623-648.

③ Wood, L., Snelgrove. R., Danylchuk, K., "Segmenting Volunteer Fundraisers at a Charity Sport Event", *Journal of Nonprofit & Public Sector Marketing*, 2010, 22(1), pp.38-54.

④ Filo, K., "The Meaning Behind Attachment: Exploring Camaraderie, Cause, and Competency at a Charity Sport Event", *Journal of Sport Management*, 2009, 23(3), pp.361-387.

⑤ Bunds, K. S., " Brandon-Lai, S., Armstrong, C., An Inductive Investigation of Participants' attachment to Charity Sports Events: the Case of Team Water Charity", *European Sport Management Quarterly*, 2016, 16(3), pp.364-383.

要的组织形式。

（三）体育慈善是现代体育对“公共精神”的价值诉求

体育慈善通过慈善的形式来表达体育的公共精神和公共价值。体育以慈善为形式传播公共精神，慈善以体育为载体弘扬公共精神。体育慈善是慈善社会功能发挥的重要途径之一，体育精神和慈善理念的契合，是很多慈善选择体育为载体的重要原因。体育这一文化形式由于其以人为本的内在价值和公共精神的文化基因，成为很多慈善活动的载体。体育慈善的慈善基金和慈善赛事等形式，在精神和形式上都传达着体育对公共精神的价值诉求。

慈善理念和体育精神理性内涵具有高度的一致性。慈善理念和体育精神都是属于观念意识层面，二者在属性上相同。慈善和体育就其对社会发展的价值而言是以“公共性”为价值取向，着眼于民众“公共精神”和“公共责任”的养成。在现代慈善理念中，个人之所以行善，不是简单地出于做好事的动机，而是风险共担与社会责任的觉悟，这种责任不是分外的德行，而是现代公民在公共生活中主体地位的体现。慈善理念包括公平、自由、责任、善行等内容，而这些价值追求同样是体育活动与体育规则的理想目标，慈善理念与体育精神具有高度的一致性。习近平同志强调，“体育是社会发展和人类进步的重要标志，是综合国力和社会文明程度的重要体现。体育在提高人民身体素质和健康水平、促进人的全面发展，丰富人民精神文化生活、推动经济社会发展，激励全国各族人民弘扬追求卓越、突破自我的精神方面，都有着不可替代的重要作用”[①]。通过以上论述我们可以看出，体育精神凝聚着人类公平与公正、奋斗与参与、平等与正义、责任与权力等人类文明的高尚精神。体育精神不仅蕴含着“更快、更高、更强”的自我超越，更蕴含着对社会责任的担当和对国家荣誉的珍视。

所以，慈善理念和公共精神蕴含着丰富的公共性哲学意蕴。“公共性”既是美好社会建设的重要目标，又是其支撑性条件之一。袁祖社认为，公共精神是现代公民社会的公共生活形态中，公民个体与社群应有的“自主、公

① 《习近平：人民身体健康是全面建成小康社会的重要内涵》，中国共产党新闻网，2013 年 8 月 31 日，http://cpc.people.com.cn/n/2013/0831/c64094-22760249.html。

道、宽容、理解、同情、正义、责任、参与、奉献”等理性风范和美好风尚。[①] 马俊峰等认为，在现代广义公共哲学的理论视域里，所谓公共精神是指孕育于现代市场经济和公民社会之中，位于最深的基本道德和政治价值层面，它包含着对民主、平等、自由、秩序、公共利益和负责任等一系列最基本的价值目标的认可与追求。[②] 还有一种观点认为公共精神是指以利他方式关心公共利益的态度和行为方式。从这些观点中我们可以看出公共精神的重要内涵是对公共事务和公共利益的责任和关怀。公共精神是人类共同体的纽带，它以公共性作为其价值指向，在对公共事务的关怀和对公共活动参与中体现其意蕴。正如曾盛聪所讲，“建基于利他原则之上的慈善活动，是人类把握世界的特殊方式和完善发展自身的活动，是一项最能彰显人性之美的光辉事业，集中反映一个民族整体的道德境界与水平”[③]。

体育的魅力不仅仅是胜负和金牌，还有责任、关怀、温情和爱。体育运动倡导健康、促进健康，与公益事业有着天然的关联。体育赛事活动与公益结合，在促进社会公平、倡导健康生活方式、弘扬正确价值观等方面的作用日益显现。

禀赋了古希腊公共精神和社会责任的宗教哲学传统的体育，尽管随着西方经济的发展和消费主义的冲击，这一原始的宗教冲动力开始消减，但是在体育领域的慈善行为和精神却一直在延续着。因此，我们应充分挖掘体育的“公共性”价值，通过体育慈善这一公共活动来彰显体育的公共精神，有效地驱动并调节人们在体育领域的各项活动。体育慈善蕴含着体育的人文关怀和人道主义精神，并且通过慈善的形式展现、传播体育的公共精神和公共价值，这不仅是对爱与尊重的体育文化的传承，更是对体育文化内涵和外延的发展和创新，赋予了体育文化全新的社会功能和社会价值。[④]

---

① 参见袁祖社：《公共精神：培育当代民族精神的核心理论维度》，《北京师范大学学报》（社会科学版）2006 年第 1 期。

② 参见马俊锋、袁祖社：《中国“公民社会”的生成与民众“公共精神”品质的培养与化育》，《人文杂志》2006 年第 1 期。

③ 曾盛聪：《伦理失灵，道德焦虑与慈善公信力重建》，《哲学动态》2013 年第 10 期。

④ 参见柯火炎：《中华全国体育协进会研究（1924～1949）》，华中师范大学硕士学位论文，2009 年。

(四)体育慈善的公共性价值拓展需要多元主体协同治理

体育慈善作为一种具有创新性的慈善活动,涉及捐赠者、慈善组织自身、受助者、政府等多元利益主体。多元主体的参与可以在更大程度上开发和利用社会的体育慈善资源。应该在现代化的语境下,明确各主体的功能定位,厘清相互间的责任与关系,从而真正发挥体育慈善应有的社会价值。

慈善事业是一项公共事业,它的运作和健康发展需要各方主体的通力合作,形成相互影响、共同投入资源、共同承担责任的"共治"网络。中国慈善事业发展需要多元主体间的合作,在现代治理理论基础上,运用"多元主体共同参与、协商共治"的治理措施,促进体育慈善事业的健康发展。基于此,我国也进行的一些探索实践(见表 6-4-1)。

表 6-4-1　我国体育与慈善结合的一些活动及其宗旨

活动	举办机构	活动宗旨
希望之路慈善行	共青团广东省委、广东省青年联合会、广东省青少年发展基金会联合主办	通过步行筹款的方式,宣传推广青少年慈善项目,弘扬扶贫济困的传统美德,打造全省青少年的"希望之路""幸福之路"
慈善万人行	以政府主导、红十字会牵头、社会各界参与为运行模式	救死扶伤、扶危济困、敬老助残、助人为乐,提高中山公民道德建设和文明城市建设,发挥人性至善面,培养个人责任感
为爱奔跑	深圳市登山户外运动协会主办,深圳市盐田区人民政府、深圳市体育总会、深圳东部华侨城旅游度假区等单位协办	用奔跑的力量,传递温暖,传递爱。赛事赋予的公益精神,让各届关注的人群也不断增加
TREK100 公益骑行	TREK 自行车、美国 MACC 基金会以及中西部运动员对抗儿童癌症基金联合创办	旨在传递健康、运动、阳光的生活方式,并且通过骑行者的力量,为公益事业做出贡献

续表

活动	举办机构	活动宗旨
“益起”公益平台	中华全国体育基金会主体打造、国家体育总局负责监管的公益平台	通过用户“捐跑”与企业“捐款(物)”相融合的模式,鼓励全民参与体育公益,将日常跑步训练升格为慈善公益,使跑者在锻炼身体的同时,通过运动“助跑”慈善公益,让运动成为传递爱心公益的纽带
足球 Family	中国儿童少年基金会与启九体育联合发起的儿童少年体育公益项目	通过丰富多彩的公益行动,汇聚社会爱心力量,让更多孩子参与足球运动,感受足球精神,从而辅助国家发展儿童少年福利事业,推动中国足球产业发展

政府与慈善组织关系形态与制度建构在实质上表现为政府主导的利益分配(财富分配)与慈善组织主导的利益分配(财富分配)之间的关系形态与制度构建。①

政府与慈善组织应该建立一种制度化框架下的合作伙伴关系。只要政府与慈善等社会组织之间相互关怀,相互合作,共商社会发展目标,共同创造更长远的社会公共利益,二者间的良性互动的伙伴关系会越来越清晰,越来越真实。政府通过加强自身公信力建设,在全社会倡导慈善核心理念、企业公民责任、志愿服务和平民公益慈善理念,有利于公民道德品质的提升、社会道德规范的维系和慈善事业大环境的构建。培育慈善组织承接公共事务的能力,同时,减少社会分化和社会排斥,促进社会接纳和社会整合,为慈善事业有序、健康发展创造更大更多的生存自由和发展空间。慈善事业法制的不健全以及监督约束制度的缺失,造成了慈善组织诸多制约困境,影响了中国社会建设和慈善事业的进程。慈善事业的可持续发展亟须法律制度的调节和保障,作为制度性实体的政府,应加快社会立法,制定和完善各种满足社会发展需要的有针对性的社会政策和法律法规。②

---

① 参见谢志平:《关系、限度、制度:转型中国的政府与慈善组织》,复旦大学博士学位论文,2007年。

② 参见李炜冰:《中国慈善事业发展中的政府责任研究》,南京大学博士学位论文,2013年。

有学者提出一种实现有序赋权的渐进之道——“渐进式赋权”。“渐进式赋权”经历了“政府全能—社会组织依附式参与”“政府主导—社会组织半依附式参与”和“政府监督—社会组织自主运作”三个阶段的演变，遵照了当代慈善事业中多主体间的互动机理，通过落实渐进策略中的十一项准则，实现政府向社会组织有序让渡自主决策权和行动权，更好地发挥社会组织在城市治理中的主体性功能，推动慈善事业可持续发展。①

有学者认为，政府与慈善组织间的支配性协作关系已不能适应现实需要，遏制了慈善组织的创造性和活力，应建立新的培育服务性管理制度。公共财政对慈善组织的“培育服务性”支持，是出于自身的法定责任，目标是强化慈善组织的优势。大量的政府资助是慈善组织健康发展的基础，政府应优化对慈善组织进行培育服务性支持的财政工具，找准财政支持慈善组织的主要领域。②

还有学者认为，我国慈善治理主体相对单一，社会机制不健全，多元治理主体间边界模糊，合作治理机制缺失。建立社会多元主体间的合作伙伴关系，构建全社会的信任机制，坚持自治与共治相结合的合作治理网络，实现多中心协同发展，是我国慈善事业发展的突破口。③ 全国政协委员、清华大学公共管理学院教授王名指出，“首先是要立法，希望慈善立法尽快出台，还有其他相关法规的出台，包括志愿服务方面、购买服务方面，社会组织基本法和社会组织专项法规，等等”④。

建设和谐美好社会所追求的价值目标是民众公共精神的达成和社会公共价值的实现。体育作为人类的实践活动，理应承担起“实现人的生命更美好状态，促进人的全面自由发展”的社会责任。在新的时代，拓展体育培养人们的“公共精神”和“公共意识”，实现人们“公共德性人格”的化育和养成

---

① 参见张圣、徐家良：《政府慈善赋权何以走向有序？——探寻渐进之道》，《学习与实践》2021年第3期。

② 参见朱俊立：《构建公共财政与慈善组织间培育服务性合作新关系模式》，《财政研究》2011年第9期。

③ 参见汪大海、何立军：《中国慈善事业的合作治理模式及其路径选择》，《江西社会科学》2010年第5期。

④ 冯佳：《发展慈善事业任重道远——专访全国政协委员、清华大学公共管理学院教授王名》，《中国社会组织》2015年第6期。

这一重要的使命。我国体育慈善兴起和发展就是对这一历史使命的回应，也是实现人民对美好生活的向往这一历史承诺的回应。体育慈善的公共性价值在美好生活建设中承载着理性精神的培育、卓越德性的养成和审美意识的培养功能。关注人们美好生活是体育慈善的社会责任和使命，也是体育慈善公共性价值在当代的拓展。

第七章　校园足球公共体育服务协同供给

第一节　校园足球公共体育服务协同供给背景

参与和观赏足球运动的共同的情感体验、情感互动与集体记忆，构建了社会群体对足球文化的集体认同感与归属感，最终变成了参与和观赏足球运动的生活方式。多年来，国家与社会在人力、物力、财力上的投入很多，支持中国足球的发展，中国足球也在不断探索振兴之路，中国足球文化影响力深沉而广泛，已经远远超出单一体育运动项目的范畴，成为整个社会情感文化的象征。但是，随着中国足球水平持续低迷，老一代球迷足球情感沉积的效用价值在不断降低，而年轻一代有更多的文化产品可以替代足球赛事，他们对足球的文化情感投入呈现出边际递减趋势。小小的足球，连接着大大的梦想——一百多年前，学校体育在“强我少年”的民族救亡运动的背景下兴起；一百多年后，校园足球又以体育教育价值的典型代表，插上了立德树人，实现中华民族伟大复兴梦想的翅膀，去履行新时代“少年强”的使命。

2009年6月，国家体育总局与教育部联合颁布了《关于开展全国青少年校园足球活动实施方案》，将青少年校园足球运动定位为长期坚持的工作。2014年11月，刘延东副总理出席全国青少年校园足球工作电视电话会议，强调发展校园足球是成就中国足球梦想、建设体育强国的基础工程，对于深化教育改革、振奋民族精神具有重要意义。2015年初，由教育部牵头组建全国青少年足球工作领导小组，标志着我国青少年足球事业上升为一项国家教育的发展政策。2015 年 2 月 27,习近平主持召开了中央全面深化改革领导小组第十次会议,会议审议通过了《中国足球改革总体方案》(国办发〔2015〕11 号)。2015 年 3 月,国家出台《中国足球改革总体方案》,为中国足球改革注入了“最强执行力”。其中,方案中有 17 处涉及校园足球,标志着校园足球上升为国家战略,也成为我国的一项公共事务。伴随着 2016 年 7 月 27 日《教育部等 6 部门关于加快发展青少年校园足球的实施意见》(教体艺〔2015〕6 号)的出台,校园足球作为促进青少年身心健康、成就中国足球梦想的国家战略全面展开,也标志着校园足球改革发展步入快车道。

为了推进校园足球战略的实施,各级政府部门连续发布校园足球政策,具有持续性的政策主要有《全国青少年校园足球特色学校与试点县(区)的遴选与建设》(2014～2025)、《全国青少年校园足球骨干师资国家级专项培训》(2015～2020)、《关于组织申报聘请校园足球外籍教师支持项目》(2017 至今),经过一段时间的政策与实践积累,2020 年,教育部等七部门印发《全国青少年校园足球八大体系建设行动计划》,使得校园足球总体战略走向基本明确。即初期以足球特色学校、试点县区、满天星训练营在全国布点,建设总体布局架构,同时补足短板(如师资、场地、学生运动员等级认定等)。经过地方层面的实践积累,形成校园足球发展战略体系,并确定了下一步的工作重点——校园足球竞赛,即以赛代训、以赛促学、以赛推动校园足球文化,让校园足球在普及的基础上不断提高。国家从组织和政策层面对校园足球发展进行顶层设计。

我国校园足球发展中政府职能定位存在传统体制壁垒、部门利益藩篱、政策扶持不力、规章制度冲突以及行政干预过度、市场监管缺失等问题。[①] 伴随着校园足球的深入发展,与之配套的公共服务逐渐成为阻碍其发展的瓶颈,需求侧与供给侧间的矛盾日益尖锐,供给模式不健全的弊端逐渐凸显。[②] 解决这一问题需要我国政府在校园足球发展中首先要确立宏观调控职能,建立政府与社会组织、市场机构、特色学校四级互动服务体系,建立合

---

① 参见邱林、戴福祥、张廷安:《我国校园足球发展中政府职能定位研究》,《武汉体育学院学报》2016 年第 6 期。

② 参见吴玉昊:《山东省校园足球公共服务体系及供给模式的研究》,山东大学硕士学位论文,2017 年。

作共治的管理体制和复合治理的运行机制。强化全国青少年校园足球工作领导小组的统筹协调作用，形成政府主导、学校主体、行业指导、社会参与的新时代中国特色校园足球制度体系和治理体系。

青少年校园足球上升为国家战略后成为国家和地方政府的一项公共事务，这项公共事务是一项系统工程，需要多元主体参与，不同利益相关者需要达成价值共识，同时国家和地方政府需要研制实现价值目标的治理工具，其中一个重要策略就是增加用于校园足球发展的公共财政支出，同时制定正确的校园足球发展政策以引发社会高度关注，共同构建协同的校园足球组织体系，达成校园足球发展的共享愿景。

第二节　校园足球公共服务协同供给的愿景和目标

一、校园足球的战略愿景是对其发展的纲领性目标的谋划与决策

校园足球发展寄托了“中国梦”“足球梦”和“教育梦”，它们共同建构了校园足球发展的战略愿景。三个愿景相互衔接，“中国梦”聚焦于人民美好生活与中华民族伟大复兴，“足球梦”聚焦于我国足球水平要“冲出亚洲，走向世界”。“中国梦”被定义为“实现中华民族伟大复兴，就是中华民族近代以来最伟大梦想”。“中国梦”的实现需要推动物质文明、政治文明、精神文明、社会文明、生态文明协调发展，把我国建设成为富强民主文明和谐美丽的社会主义现代化强国，实现中华民族伟大复兴。《体育强国建设纲要》将我国体育事业发展的战略总目标定位于满足人民美好生活需求与中华民族伟大复兴的标志性事业。习近平总书记对中国足球的发展提出了“三大愿景”：一是提高国民健康素质；二是培养爱国主义、集体主义和顽强拼搏的意志品质；三是提高中国足球的竞技水平，参加世界杯、举办世界杯和最后赢得世界杯。《教育部等6部门关于加快发展青少年校园足球的实施意见》(教体艺〔2015〕6号)指出，加快校园足球发展是贯彻党的教育方针、促进青少年身心健康、夯实足球人才根基、提高足球发展水平和成就中国足球梦想的基础工程。“教育梦”聚焦于立德树人，在于为国家民族成就人才，它既是中国足球发展的战略指南，也是校园足球发展的检验标准。2015年以来，中国足

球改革与校园足球发展的重要政策文件如《国务院办公厅关于印发中国足球改革发展总体方案的通知》(国办发〔2015〕11 号)、《教育部等 6 部门关于加快发展青少年校园足球的实施意见》(教体艺〔2015〕6 号)等文件,共同规定了校园足球发展的价值取向,具体包括国家战略、教育战略和体育战略(见表 7-2-1)。

表 7-2-1　校园足球蕴含的战略愿景构成

战略类型	战略价值		
国家战略	民族复兴	振奋民族精神	提升人口素质
教育战略	立德树人	推进素质教育	足球人才规模
体育战略	体育强国	足球水平提高	足球人才水平

在"教育兴,则国家兴",国运兴,则体育兴,"少年强,则中国强"的历史话语中,校园的崇高地位不仅在于其知识和思想的生产、更新与传播,更在于其让具备了各种能力的人才的不断涌现。

二、价值引领机制是落实校园足球"立德树人"根本任务的前提要件

校园足球上升为一项国家战略是一个公共选择问题。集体类竞技项目进校园是必然趋势,而校园足球则是一个起点。国家发展校园足球的目的,是把校园足球作为一项教育工程,通过校园足球达到育人的目的,实现"立德树人"这一教育的根本任务。价值引领机制是落实立德树人根本任务的前提要件,没有明确的价值观指导,校园足球只会沦为技能和谋取个人利益的工具,因此,以正确的价值观为导向培养学生的个体习性、人格品质、社会责任与担当精神是重中之重。"立德树人"的教育性还体现在排除教育的短期性、工具性与功利性,我们应坚持把校园足球作为教育"立德树人"的育人工程,作为培育和践行社会主义核心价值观的重要途径,作为培养爱国主义、集体主义和顽强拼搏精神与意志品质的重要方式。

探讨校园足球的价值问题源自当今中国校园足球发展中的现实问题的驱动。校园足球发展中的多元价值的冲突以及缺乏伦理与价值共识的问题在当下变得日益突出。我们由此深切地感到,一项国家战略行动的合法性以及公共决策的正当性,除去对宪法与制度框架的要求之外,还取决于在公

共领域中政治共同性的达成。出于这样的关切，我们更有必要认真检讨和思考多元价值冲突中的校园足球价值问题。

实践中的价值冲突，并不是抽象价值观念的直接碰撞，而是通过具体语境中对具体问题的施为行动来开启的。在具体的情景中，每个人或者群体对自身价值的实现除具有优先性考虑和实现程度的考虑，还有与其他价值的关系与结构性的考虑。这便形成了价值实践形态的丰富可能。在抽象层面上不可公度的价值之间的冲突，在实践形态中却有可能获得和解。所有价值冲突中的抉择都不是对抽象价值观念本身的选择。这并不是说与抽象观念无关，而是说它是由实现方式、实现的程度以及优先性的程度来体现的，有可能从非此即彼的类别选择，转入一种对价值实践形态的竞争性阐释选择。

从政治、经济、文化、教育的维度，将中国足球项目的价值目标概括为：成为人民群众满意的民心工程，成为体育强国地位的重要标志，成为国民经济可持续发展的支柱产业和人民群众休闲娱乐的重要方式；全面凸显中国的文化软实力，突破传统文化壁垒，服务于文化大繁荣、文化大发展，并促进蹴鞠文化的传承与保护，为世界足球历史保护贡献力量；成为国民教育的重要手段，成为意识形态构建的有效工具以及青少年成才的重要选择之一。“一个国家要想成为体育强国，没有高度发展的足球运动水平作为支撑是不可能达到或者成为体育强国的。”①

2020 年 8 月 28 日，教育部等 7 部委联合印发的《全国青少年校园足球八大体系建设行动计划》(教体艺〔2020〕5 号)提出：“发展青少年校园足球是党中央、国务院作出的战略部署，是落实立德树人根本任务的育人工程，是提高中国足球普及程度和竞技水平的基础工程，是全面推进学校体育综合改革、推进体教融合深度发展的探路工程。”校园足球作为推进学校体育综合改革的探路工程，在探讨校园足球价值时需要先来探讨新时代学校体育的价值。

政府职能的履行是通过输出公共政策来实现的，因而，一个合理合法的公共政策必须与政府的宗旨相吻合，即它必须符合社会大多数人的最大利

---

① 张廷安：《我国校园足球未来发展中应当确立的科学发展观》，《北京体育大学学报》2015 年第 1 期。

益。作为公共政策的核心，更重要的是关注“政府做什么，为什么要这样做，这样做有何作用和影响”。公共政策是对全社会价值做权威性分配，作为公共政策最本质的规定性，对校园足球政策价值判断问题进行探讨，特别是价值评估方面的研究是校园足球政策研究中不可缺失的向度。

2011 年 1 月，教育部制定了《义务教育体育与健康课程标准》。该《标准》以“健康第一”为指导思想，提出了义务教育阶段学校体育课程目标和内容体系的参考方案，并且对地方和学校的自主体育课程开发给予了更多空间。

2016 年 4 月，国务院办公厅印发《关于强化学校体育促进学生身心健康全面发展的意见》(国办发〔2016〕27 号)，提出“强化学校体育是实施素质教育、促进学生全面发展的重要途径，对于促进教育现代化、建设健康中国和人力资源强国，实现中华民族伟大复兴的中国梦具有重要意义”。“各地要把学校体育工作列入政府政绩考核指标、教育行政部门与学校负责人业绩考核评价指标。”

2020 年 10 月，中共中央办公厅、国务院办公厅印发《关于全面加强和改进新时代学校体育工作的意见》提出：学校体育是实现立德树人根本任务、提升学生综合素质的基础性工程，是加快推进教育现代化、建设教育强国和体育强国的重要工作，对于弘扬社会主义核心价值观，培养学生爱国主义、集体主义、社会主义精神和奋发向上、顽强拼搏的意志品质，实现以体育智、以体育心具有独特功能。《意见》提出要“把学校体育工作摆在更加突出位置”，“将学校体育纳入地方发展规划，明确政府、教育行政部门和学校的职责”。对政策落实不到位、学生体质健康达标率和素质测评合格率持续下降的地方政府、教育行政部门和学校负责人，依规依法予以问责。

校园足球政策是价值选择的结果，所以对校园足球政策的分析必须重视校园足球政策的价值来源和价值取向，基于价值的分析才能超越表面化的文本政策，溯及其背后真正的利益动因。

《国务院办公厅关于印发中国足球改革发展总体方案的通知》(国办发〔2015〕11 号)提出：“足球运动具有广泛的社会影响，深受广大群众喜爱。发展和振兴足球，对提高国民身体素质、丰富文化生活、弘扬爱国主义集体主义精神、培育体育文化、发展体育产业、实现体育强国梦具有重要意义，对经济、社会、文化建设也具有积极促进作用。”

《教育部等六部委关于加快发展青少年校园足球的实施意见》(教体艺〔2015〕6号)提出:“把发展青少年校园足球作为落实立德树人根本任务、培育和践行社会主义核心价值观的重要举措,充分发挥足球育人功能,遵循人才培养和足球发展规律,理顺管理体制,完善激励机制,优化发展环境,大力普及足球运动,培育健康足球文化,弘扬阳光向上的体育精神,促进青少年身心健康、体魄强健、全面发展,为提升人口素质、推动足球事业发展、振奋民族精神提供有力支撑。”

习近平总书记高度重视足球发展,多次在不同场合强调足球这一运动的功能和价值。习近平总书记在秦皇岛考察奥运场馆,看望正在训练中的中国女足时,勉励队员们:“弘扬‘铿锵玫瑰’高度团结、刻苦训练的优良传统,在赛场上争取新的荣光,为祖国争光,为民族争光,为人生添彩。”①习近平总书记在看望在德国训练的中国少年足球运动员时指出:“我希望你们通过这次来德国培训,在中国青少年足球方面发挥带动作用。也希望更多的青少年投身中国足球事业。我看好你们,看好你们这一代。我希望将来你们能够成为出色的足球运动员。”②他还曾说:“足球是一项讲究配合的集体运动,个人能力固然重要,但团队合作才是决定比赛结果的关键。这是我爱好足球运动的原因之一。”③“足球运动的真谛不仅在于竞技,更在于增强人民体质,培养人们爱国主义、集体主义、顽强拼搏的精神。”④习近平总书记关于中国足球发展的关键词汇包括重视、愿望、世界杯、梦想、人民体质、球迷、爱国主义、集体主义、团队合作、拼搏精神、世界杯等。这些内容指明了校园足球的政治使命与育人工作的重点,即坚持以人才培养为本位,提高学生体质与健康水平,锻炼学生的拼搏进取的意志品质,充当学校体育的改革先锋,振兴中国足球,助力中国梦的实现。

---

① 《习近平:外交舞台上的“足球先生”》,人民网,2014年3月30日,http://politics.people.com.cn/n/2014/0330/c1024-24772409.html。

② 《习近平看望在德国训练的中国少年足球运动员》,中国政府网,2014年3月30日,http://www.gov.cn/xinwen/2014-03/30/content_2649655.htm。

③ 《习近平的“足球外交”》,中国日报网,2018年6月24日,http://china.chinadaily.com.cn/2018-06/14/content_36391007.htm。

④ 《习近平会见国际足联主席》,《人民日报》2017年6月15日。

2017年9月21日,《人民日报谈足球教育:群性与个性的美好结合》一文认为,足球这项魅力四射的运动,为青少年个性塑造和团队属性磨合搭建了完美的平台,而足球文化的不断营造和持久深耕,则可以保障有志趣的青少年在正确方向上奋力前行、茁壮成长。作为一种教育方式,足球能让孩子们在锻炼身体的同时,懂得观察、总结、沟通、交流和协作的重要性,在球场上,他们不仅有身体和战术的对抗,也要学会接受生活赋予的种种磨历,例如强者也会感受失败的滋味,身处逆境时亦要燃起对胜利的渴望等。

校园足球是具有长期性、系统性的教体事业,它的深入推进与社会诸多领域有着密切的关联,需要社会系统的不断支持才能正常生长发育。国家发展校园足球是为了实现"立德树人"的根本任务,是把校园足球作为一项教育工程,实现"育人"的根本目的。

第三节　校园足球公共服务协同供给的制度安排

党的十八大以后,随着政府向服务型政府的转型和国家把体育作为社会发展的重要组成部分,我国政府把振兴足球作为发展体育运动、建设体育强国的重要任务摆上日程,但是随着足球改革发展的推进,足球公共服务却成为阻碍其发展的瓶颈,需求侧与供给侧间的矛盾日益尖锐。为整体推进校园足球的发展和公共服务供给,国家提出要创新校园足球供给体制和机制。2015年3月,国务院出台的《中国足球改革发展总体方案》(国办发〔2015〕11号)中明确提出:"搭建政府统筹推进、部门分工负责、社会广泛参与的管理框架。建立由政府牵头,相关行政部门、足协等社会团体共同参与的足球发展工作机制;政府的主要职责是提供公共服务,营造市场环境,加强监督管理。体育行政部门加强对足球改革发展的政策研究和宏观指导,促进各职能部门协同配合。教育行政部门履行好校园足球主管责任,积极推动校园足球发展。中国足球协会主要负责统一组织、管理和指导全国足球运动发展,推动足球运动普及和提高各地要积极贯彻落实本规划。"2015年7月,教育部印发《教育部等6部门关于加快发展青少年校园足球的实施意见》(教体艺〔2015〕6号),提出:"深化体制机制改革,加强顶层设计……以政府为主导,学校为主体,鼓励社会参与,整合多种资源,完善支持政策,形成青少年校园足球发展合力……充分发挥职业足球俱乐部、足球学校、体育运动学校在人才培养方面的积极作用，鼓励有条件的体育俱乐部、企业及其他社会组织联合开展有利于校园足球发展的公益活动。”

为加强全国青少年校园足球工作的领导、规划与管理，经国务院同意，教育部会同国家发展改革委、财政部、新闻出版广电总局、体育总局、共青团中央等五部门，共同成立全国青少年校园足球工作领导小组。2015 年 1 月 12 日，教育部印发《关于成立全国青少年校园足球工作领导小组的通知》（教体艺函〔2015〕1 号），提出：“为推进全国青少年校园足球工作，经国务院同意，由教育部牵头成立全国青少年校园足球工作领导小组。在教育部设立办公室，负责日常工作。”领导小组依据《全国青少年校园足球工作领导小组工作职责及议事规则》，领导全国青少年校园足球工作的开展，履行校园足球工作的宏观指导、统筹协调、综合管理等职责和任务。领导小组的主要职责包括：贯彻落实国家有关学校体育和校园足球的法律法规、方针政策和重要文件精神，审议全国青少年校园足球的规章制度和管理办法，部署全国青少年校园足球年度工作计划，以及审议全国青少年校园足球经费预算和决算等等。

全国青少年校园足球工作领导小组已然成为我国国家治理体系中的一个显要板块。领导小组自上而下的“三层次”架构即领导成员、组成人员、办事机构（见图 7-3-1）。

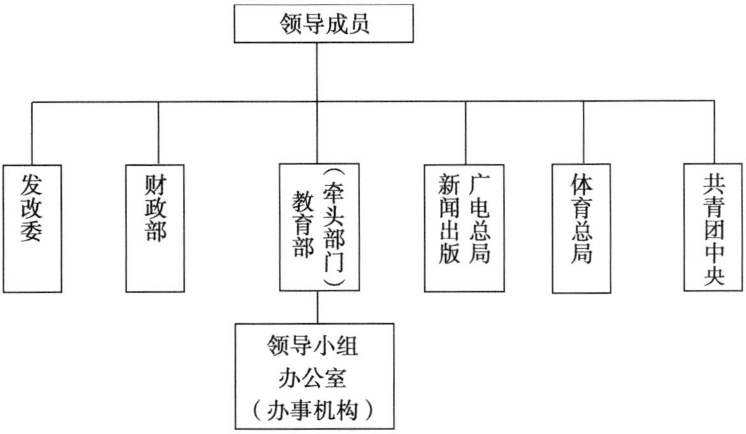

图 7-3-1　校园足球领导小组组织架构

全国青少年校园足球领导小组运行机制与智库机制协同组合。领导小组机制为突破“内部人”局限，超越“业务性”知识，通过引入、桥接建立更加专业、来源多样的“智力集群”。2015 年 6 月，成立了由 37 名业界专家、体育和教育系统足球理论和实务领域的专家以及一线工作者代表组成的全国青少年校园足球专家委员会，并多次召开专家委员会会议，有针对性地研究校园足球发展中的重大理论和实践问题，提出切实可行的对策和措施，审定《全国青少年校园足球教学指南》和《足球运动技能等级评定标准》，为校园足球发展提供了强有力的智力支持。在教育部人文社会科学研究项目中设立校园足球相关研究项目 20 项。领导小组、智库这一对机制组合是实现内脑与外脑良性互动的重要平台，如图 7-3-2 所示。

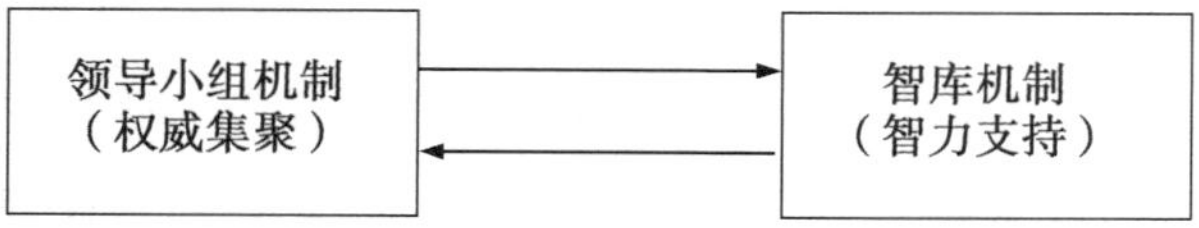

图 7-3-2　领导小组机制与智库机制链

各地市为了推动地方校园足球发展也建立了专家委员会机制。2021 年，吉林省青少年校园足球工作领导小组办公室批复成立首届吉林省青少年校园足球专家委员会（以下简称“校园足球专委会”），校园足球专委会成员是由全省各地教育行政部门、高校及足协等有关部门和单位推荐的专家组成，受吉林省校足办委托，开展校园足球的研究、咨询、指导、评估、服务等相关工作。2022 年，河南成立以大学、中小学、省级教育行政部门、省级体育行政部门、市级教育体育行政部门的代表组成的专家委员会。2016 年，山东省成立“山东省校园足球发展研究中心”，作为智库机构推进山东省校园足球工作。

全国青少年校园足球领导小组下设办公室，设在教育部体育卫生与艺术教育司，负责校园足球日常工作。教育部体育卫生与艺术教育司主要负责同志任办公室主任，分管负责同志任常务副主任，教育部监察局、体育总局青少年体育司、体育总局足球运动管理中心、教育部大中学生体育协会联合秘书处相关负责同志任副主任。教育部、体育总局有关司局（单位）负责同志，以及各成员单位联络员任办公室成员。

领导小组办公室作为办事机构，负责承担其交办的各项日常工作。校园足球领导小组设置在正式序列机构内（设在教育部）。绝大多数的中央领导小组办公室都采用这一模式。领导小组将其办事机构设置在职责最为相近的某一正式序列机构内（2010年设在体育总局，2015年设在教育部），既是出于工作便利的考虑，亦可有效控制人员编制规模和办公经费，减少额外支出。

作为全国青少年校园足球工作领导小组的办事机构，领导小组办公室具体要办哪些事、做哪些工作、采取哪些行动来履行职责，构成了这一机构运转的实质性内容，亦是理解其性质的关键所在。除了日常性的行政事务，领导小组办公室的职责主要包括实地调研、文件起草、政策阐释、督促落实这四个方面，它们之间环环紧扣，合力服务于领导小组的工作运转与治理议程。全国青少年校园足球工作领导小组办公室的主要职责是：提出全国青少年校园足球工作目标、任务和实施方案的建议，组织协调各成员单位共同促进全国青少年校园足球工作，组织开展全国青少年校园足球的全面推广工作，建立与各成员单位日常联络、问题反馈机制，检查督促领导小组决定事项的贯彻落实，承办领导小组召开的会议和重要活动，承办领导小组交办的其他事项。

全国青少年校园足球工作领导小组定期召开年度全体会议，遇重大决策事项不定期召开领导小组工作会议。会议由领导小组组长或组长委托的副组长主持，会议议题由领导小组组长确定，必要时领导小组可召开有关成员单位参加的专题会议。

2015年以来，为认真履行统筹规划、宏观指导和综合管理等主管职责，教育部召开5次部党组会议、1次部长专题办公会议研究校园足球工作。部党组成员有关校园足球工作的批示76次、考察调研5次、参加校园足球工作相关会议17次、专题研究工作4次。主要会议的内容见表7-3-1。

表 7-3-1 全国青少年校园足球领导小组会议内容

时间	会议	主要内容
2015 年 2 月 12 日	全国青少年校园足球领导小组举行第一次会议	领导小组组长、教育部部长袁贵仁在会上强调，要充分发挥领导小组的作用，统一思想、凝聚共识，科学谋划、突出重点，加强配合、形成合力，大力推动校园足球健康发展，为实现中国足球的腾飞梦想而努力奋斗
2017 年 1 月 24 日	全国青少年校园足球工作领导小组第二次会议	会议的主要内容是深入贯彻落实习近平总书记、李克强总理和刘延东副总理等中央领导同志关于发展校园足球的重要批示指示精神，总结 2016 年全国青少年校园足球工作，审议有关工作文件，研究部署 2017 年全国青少年校园足球工作重点①
2018 年 12 月 10 日	学校体育美育贯彻落实全国教育大会精神推进会暨全国青少年校园足球工作领导小组第四次会议	全国校足办负责人就四年来校园足球重点工作与进展成效、新时代校园足球八大体系建设方案进行汇报，并对 2019 年校园足球工作计划及相关文件做了说明②
2019 年 12 月 2 日	全国青少年校园足球工作领导小组第五次会议	会议强调，要进一步增强责任感和使命感，坚决贯彻落实党中央国务院决策部署，加快推进校园足球治理体系和治理能力现代化，全面开启全国青少年校园足球改革发展新征程③

① 《教育部办公厅关于印发〈全国青少年校园足球工作领导小组第二次会议纪要〉的通知》(教体艺厅〔2017〕4 号)，教育部办公厅，2017 年 3 月 23 日，http://www.moe.gov.cn/srcsite/A17/moe_938/s3276/201704/t20170401_301680.html。

② 《坚持立德树人根本任务不断开创新时代学校体育美育工作新局面学校体育美育贯彻落实全国教育大会精神推进会暨全国青少年校园足球工作领导小组第四次会议召开》，中华人民共和国教育部，2018 年 12 月 10 日，http://www.moe.gov.cn/jyb_xwfb/gzdt_gzdt/moe_1485/201812/t20181212_363106.html。

③ 《全面开启全国青少年校园足球改革发展新征程全国青少年校园足球工作领导小组第五次会议召开》，中华人民共和国教育部，2019 年 12 月 2 日，http://www.moe.gov.cn/jyb_xwfb/xw_zt/moe_357/jyzt_2016nztzl/2016_zt20/16zt20_gzdt/201912/t20191202_410519.html。

续表

时间	会议	主要内容
2020 年 12 月 31 日	全国青少年校园足球工作领导小组第六次会议	会议指出，6 年来，领导小组成员单位全面贯彻落实习近平总书记和党中央、国务院战略部署，按照《中国足球改革发展总体方案》要求，全力推进校园足球工作，发挥了“定盘星”“先锋队”“风向标”“加油站”“推进器”“指挥棒”“宣传队”“源动力”作用，搭建了新时代校园足球改革发展的“四梁八柱”，构建了推广普及和提质增效推进格局，校园足球师资培养培训体系不断完善，初步搭建了人才成长的“立交桥”①
2021 年 12 月 31 日	全国青少年校园足球工作领导小组第七次会议	会议强调，要围绕立德树人根本任务，更好地把“享受乐趣、增强体质、健全人格、锤炼意志”落到工作实处，进一步推动校园足球的改革与发展。深刻学习领会习近平总书记关于校园足球工作系列重要指示批示精神，为校园足球铸好魂、定好向。深刻认识和理解校园足球与教育强国、体育强国建设，与国家发展、民族振兴的关系，持之以恒推进校园足球工作。坚持守正创新，深入推进体教融合落地生根，为校园足球搭好桥、定好标②

各地方政府根据《教育部关于成立全国青少年校园足球工作领导小组的通知》精神，成立省级校园足球工作领导小组。例如，河南省教育厅印发《河南省教育厅等六部门关于成立河南省青少年校园足球工作领导小组的通知》(教体卫艺〔2015〕214 号)，提出“由河南省教育厅牵头成立河南省青少年校园足球工作领导小组”。领导小组依据《河南省青少年校园足球工作领

① 《推动新时代全国青少年校园足球工作高质量发展全国青少年校园足球工作领导小组第六次会议召开》，中华人民共和国教育部，2020 年 12 月 31 日，http://www.moe.gov.cn/jyb_xwfb/gzdt_gzdt/moe_1485/202012/t20201231_508381.html。

② 《久久为功推进校园足球工作高质量发展全国青少年校园足球工作领导小组第七次会议召开》，中华人民共和国教育部，2021 年 12 月 31 日，http://www.moe.gov.cn/jyb_zzjg/huodong/202112/t20211231_591789.html。

导小组工作职责及议事规则》，领导全省青少年校园足球工作的开展，履行校园足球工作的指导、协调和管理等职责和任务。河南省青少年校园足球工作领导小组下设办公室（以下简称“校足办”）具体负责日常工作，办公室设在省教育厅体卫艺处。校足办下设综合部、教研部、培训部、竞赛部、宣传部、幼儿部、国际部、外联部等 8 个部门，办公室成员由省教育厅、省体育局有关处室（单位）负责同志以及各成员单位联络员担任。还成立了由教育系统、体育系统 11 位业内专家组成的专家指导委员会，专家指导委员会下设教学、活动、竞赛、训练等指导小组，具体负责校园足球各项工作的业务指导，充分发挥专家的智库作用，5 年来制定出台了 30 多项校园足球管理文件，使得各项工作有规可依。省校足办设置了每月一次的工作例会制度，定期总结、研究工作，使得校园足球各项工作能够有效落地。

第四节　校园足球公共服务协同供给的过程

校园足球进行跨界性协同运作的第一步就是选择正确的合作伙伴。校园足球发展不是政府的事情，也不仅仅是一个部门的事情。为了推进校园足球供给，2020 年 12 月 11 日，国务院办公厅发函同意建立青少年体育工作部际联席会议制度。联席会议由国务院办公厅、教育部、体育总局、中央宣传部、国家发展改革委、民政部、财政部、人力资源社会保障部、自然资源部、住房城乡建设部、国家卫生健康委、税务总局、市场监管总局、银保监会、共青团中央等 15 个部门和单位组成，国务院办公厅、教育部、体育总局为牵头单位。

同时，要加大校园足球公共财政资金投入，探索多元主体投入机制。2016 年《教育部等 6 部门关于加快发展青少年校园足球的实施意见》指出：“探索建立政府支持、市场参与、多方筹措支持校园足球发展的经费投入机制。创新校园足球利用外资方式，有效利用境外直接投资、国际组织、外国政府以及其他组织的支持。”

2014 年在中国教育发展基金会设立青少年校园足球专项基金，接受社会捐献。中央财政在教育部设立了“青少年校园足球扶持专项资金”。2015～2017年，中央财政累计投入 6.48 亿元校园足球扶持资金，各省（区、市）投入校园足球的财政、体彩和社会资金等累计196.03亿元。各级财政也积极安排预算配合校园足球发展。教育部多渠道调动社会力量支持校园足球发展，企业赞助、慈善家募捐、社会资金参与校园足球赛事运营等，都是引入社会资金支持校园足球的重要渠道。中央和地方加大投入力度。三年来，中央财政累计投入6.48亿元校园足球扶持资金，各省（区、市）投入校园足球的财政、体彩和社会资金等累计196.03亿元（2015年42.72亿元，2016年80.04亿元，2017年73.27亿元）。教育部多渠道调动社会力量支持校园足球发展，2014年在中国教育发展基金会设立青少年校园足球专项基金，接受社会捐献。

校园足球工作得到了党中央、国务院的充分肯定。2020年9月23日，习近平总书记在教育文化卫生体育领域专家座谈会上指出“青少年校园足球现在开始推广和普及起来，还要久久为功”[①]。

发展校园足球是党中央、国务院作出的战略部署，是落实立德树人根本任务的育人工程，是提高中国足球普及程度和竞技水平的基础工程。进入新时代，我们要进一步深化校园足球公共服务供给改革，形成政府主导、多元主体参与协同推进校园足球健康发展的格局。

① 《微镜头·习近平总书记在专家代表座谈会上》，《人民日报》2020年9月24日。

第八章　校园足球公共服务协同供给的山东模式

第一节　山东省校园足球公共体育服务协同供给背景

山东是人口大省（户籍人口、常住人口均超过1亿人）、教育大省（各级各类学校达3.9万所，在校生达2090万人）、体育大省（经常参加体育锻炼人口超过40%，全运会连续四届总分位居全国第一）。近年来，山东省认真贯彻落实习近平总书记关于教育、体育的重要论述，紧紧围绕落实"立德树人"根本任务，全面深化学校体育改革，将深化体教融合作为推动体育事业发展的重要内容，坚持体教"一体化设计、一体化推进"，扎实推进体教深度融合，有力促进了青少年文化学习与体育锻炼协调发展。一是构建政策法规体系，全省推进体教融合。2018年在全国率先颁布实施《山东省学生体质健康促进条例》，为体教融合发展提供了法律保障。省委、省政府连续出台多项政策措施，加强顶层规划设计，统筹推进体教融合创新发展。省教育厅等六部门联合制定了《关于加快发展青少年校园足球的实施意见》，明确了"校园足球在全省各级各类学校全面铺开"。制定了《山东省校园足球"三年行动计划"》。二是强化部门协调联动，构建长效推进机制。建立了体育、教育部门联席会议制度，定期召开全省青少年体育工作会议，共同研究、协调、解决全省青少年体育工作中的困难和问题。

山东省深入贯彻习近平总书记关于抓好青少年足球、加强学校体育工作的重要指示精神，以"立德树人"为宗旨，按《关于加快发展青少年校园足球的实施意见》要求完善顶层设计，形成了全省整体发展的长效机制，打造为新时代“少年强”提供正能量的“山东模式”。近年来，山东省认真贯彻习近平总书记关于足球发展的一系列重要讲话、重要指示精神，始终把校园足球作为落实立德树人根本任务的育人工程，坚持普及与提高相结合，完善顶层制度设计，创新体制机制，以“校园足球文化”建设为中心，以“教师培训体系构建和赛事体系构建”为两翼，以“场地建设和资金投入”为保障，以“校园足球绩效评估”为准绳，全面推进校园足球改革发展。

在这一国家战略背景下，山东开展了轰轰烈烈的校园足球发展运动，掀起了足球发展的一股热潮。山东省政府部门高度重视校园足球工作，进行了一系列发展的举措。2015 年底，成立山东省青少年校园足球工作领导小组，并制定下发了《山东省青少年校园足球工作领导小组工作职责及议事规则》。2015 年 12 月，山东省教育厅等 6 部门联合制定了《关于加快发展青少年校园足球的实施意见》，明确了“校园足球在全省各级各类学校全面铺开”。2016 年 9 月，全省建立了 18 个省级校园足球训练营，由省财政每年安排 2000 万专项发展资金。依托山东体育学院成立了山东省校园足球发展研究中心。校园足球承载着我们的足球梦想，也承载着教育改革的梦想，地方政府在发展这一公共事务时要进行理性的分析，促进其理性发展。

第二节　山东省校园足球发展的价值和目标

山东省校园足球发展提出了以“立德树人，健全人格”为宗旨，以“把促进青少年足球参与和实现精英足球的成功”作为发展青少年足球的目标。提出精英足球和校园体育（社区足球）相融合的整体足球计划项目（体教融合项目）。坚持以足球为载体，搭建立德树人的平台，注重足球运动背后的精神塑造和人格教育，着力打造校园足球发展的“地基工程”，传递校园足球的价值，逐渐形成了良好的校园足球目标体系和价值体系。

山东省发展校园足球已达成价值共识：通过足球让孩子更美好，让生活更美好，让社会更美好。

山东省校园足球提出了明确的目标：让更多孩子有机会踢球，让踢球好的孩子有上升的机会。

山东省把青少年校园足球作为扩大足球人口规模、夯实足球人才基础的基础性工程，抓好小学、初中、高中至大学的普及工作；同时，坚持普及与提高并重，普及重心逐步下移到幼儿园，开展以培养兴趣为主的足球启蒙教育，并完善高校高水平足球运动队建设指导意见，在招生、教学、训练、竞赛和条件保障等方面重点统筹。通过构建从幼儿园到小学、中学、大学的一体化推进机制，初步形成了具有山东特色的校园足球协同治理体系。

完善青少年竞赛体系，拓宽青少年球员成长渠道，从而更好地推进校园足球一体化方案的实施。让更多孩子通过踢球上大学、去职业队、进国家队。目前招收高水平足球队员的高校已经达到了188所，通过体育单招全国也有大约97所高校面向足球学生招生。对于从小练习足球并获得一定运动等级的学生来说，考大学时会有很多扶持政策，“985”“211”这类名牌大学不再是梦想。

第三节　山东省校园足球公共服务供给的制度安排

山东省校园足球注重“顶层设计、整体规划、多主体协同”的建设思路，形成整体联动、活力迸发的蓬勃发展新气象。

2015年成立的山东省青少年校园足球工作领导小组，在2016年依托山东体育学院设立山东省校园足球发展研究中心，作为山东省青少年校园足球工作领导小组办公室的研究和执行机构，推进山东省校园足球整体工作；以20个省级校园足球训练营为纽带，以2307所全国足球特色学校、538所教育部足球特色幼儿园为基础，覆盖青少年成长的各阶段，带动全山东15000多所学校深度参与；形成了山东省教育厅体卫艺处、山东省足协、山东省校园足球发展研究中心、山东省校园足球协会、俱乐部代表、校园足球特色学校代表多元主体参与的协同治理机制，定期召开联席会议。山东省教育厅与国网山东电力公司签署《合作推动山东省校园足球发展框架协议书》，在教练员培训、校园足球活动组织和城市足球学校建设等方面开展深入合作。山东省教育厅联合7家单位成立了山东省校园足球协会。在全省建立了18个省级校园足球训练营。省教育厅等六部门联合制定了《关于加快发展青少年校园足球的实施意见》《山东省校园足球“三年行动计划”》《关于贯彻国办发〔2016〕27 号文件强化学校体育促进学生身心健康全面发展的实施意见》《山东省校园足球特色学校建设指南》和《山东省校园足球营地建设指南》等。

各市均成立了校园足球领导小组，领导小组下设办公室，各成员单位职责分工明确，具体负责组织、实施全市校园足球工作，积极落实国家、省、市对于校园足球工作的安排部署，制定了校园足球工作招生、管理、训练等规章机制。一些学校在每年的招生工作中，对足球特长生制定了相应的招生政策，确保校园足球人才输送通道的顺畅。如济南市商河县教体局，积极协调域内优秀中学，定向招收足球特长生，畅通了校园足球运动员的升学通道；枣庄市探索建设涵盖小学、初中、高中的校园足球培养体系，使有足球特长的学生可以顺利升入上一级学校或专业运动队；泰山区上高街道办事处凤台学校（初中）体教结合，体校梯队训练放在本校进行，充分利用体校的教练资源来开展本校的校园足球工作，通过体校给足球特长生提供更多上升渠道。

第四节　山东省校园足球公共服务协同供给过程

“十三五”期间全省累计投入 800 多亿元，新建、改扩建学校体育场馆 16214 个，体育器材配备达标率超过 93%。在校园足球方面，近 5 年全省累计投入 30 多亿元，新建、改扩建各种标准的校园足球场地 9672 块。在山东省教育发展基金会设立校园足球发展基金（体育彩票公益金的 5%），用于校园足球场地设施建设。自 2016 年起省财政每年安排 2000 万专项发展资金，在全省建立了 2 个省级和 16 个市级校园足球训练营，对训练营承担的训练、培训以及竞赛等任务情况给予补助。

《山东省足球改革发展实施方案》提出把足球场地建设纳入土地利用总体规划和城乡建设总体规划。“十三五”期间，各市至少建有 1 个可承办大型赛事的标准化足球场地，各县（市、区）至少建有 2 个社会标准足球场地等。今年 3 月，山东省质量技术监督局发布了《运动场地合成材料面层原材料使用规范》《运动场地合成材料面层施工要求》《运动场地合成材料面层验收要求》《运动场地合成材料面层维护保养指南》4 个山东省地方标准，明确了新建塑胶场地生产过程中允许使用的原材料和助剂清单，规定了验收细则、施工工艺和养护指南，为全省中小学校足球场地建设提供了质量安全保障。2017年，全省新建足球场地1000余块，全省可开展足球活动场地面积1100万平方米，累计投资达19亿元。滨州市把校园足球活动的场地建设纳入全市足球场地建设规划，按最高要求制定了塑胶运动场地建设标准，投资10亿元用于校园足球场地设施建设，新建、改建塑胶运动场项目267个，最终将实现所有乡镇中心以上学校和偏远足球特色学校人工草坪足球场地全覆盖。青岛市城阳区建设35处免费标准足球场，不到4000人就拥有一片标准足球场地，已超过德国现有的万人拥有场地面积的水平。

1.山东省校园足球公共服务供给的“项目制”

省教育厅与省体育局加强合作、深度融合，围绕体教结合的赛事融合，设计规划了“一赛、两证、一注册”的校园足球发展项目体系。“一赛”是针对全国青少年校园足球特色学校专门设计组织的省级校园足球联赛，由传统的学校组队改为由地市训练营组队，让更多特色学校的学生有机会参与比赛并获得足球运动员二级证，从而拓宽升学通道。“两证”是指在传统足协颁发的教练员等级证书的基础上，教育厅和足协共同签发的校园足球教练员等级证书(D＋、E＋)，让校园足球教练员更加专业化。“一注册”是指针对校园足球学校的学生进行的参赛注册制度，其根本目的是监测各地市四级联赛的开展情况。

2.多元主体参与的联赛制度

校园足球四级联赛动力系统，是班级—区县—地市—省级一体化的联赛制度，是层层递进、互为资格的体系，是贯通上下的普及拉动与精英推动的动力链，涵盖了各个学段的7个年龄层次，是在全国率先开展的全省整体架构普及与精英贯通的系统赛事，是真正实现校园足球价值的竞赛制度。

形成了“国家—省级—地市”三级培训体系。山东省在2016年底开设了专门培养校园足球教练的山东足协E级教练员培训班，共培训了2170名E级教练员。近几年共选派20多名一线足球教师赴英法两国留学，228名教练员接受了“学转英超”教练员讲师培训。全省共培训D级、C级教练员336人次，各地市依托足球训练营开展教师培训2057人次。此外，足球特色学校校长培训1607人次，足球特色幼儿园园长培训243人次。

构建“一条龙”人才培养体系，畅通优秀足球人才成长渠道。在全省评定32所优质普通高中为“山东省足球特色高级中学”，打破县域限制面向全市招收足球特长生；与山东大学等10余所省内高校建立结对关系，每年输送高水平运动员100余人；加大师范院校体育教育专业招生力度，每年有260余名足球特长生升入高校学习。

第五节　山东省校园足球公共服务协同供给案例

本节将通过全国青少年校园足球特色学校足球联赛和振华教育集团两个案例介绍山东省校园足球公共服务协同供给的情况。

一、体教融合打造山东省“全国青少年校园足球特色学校足球联赛”

（一）赛事简介

山东省“全国青少年校园足球特色学校足球联赛”自2018年起，每年举办一届，是省级层面组织的校园足球联赛，联赛涵盖了5人、7人、11人制各类赛制，实现了校园足球赛事全覆盖、一体化。该项赛事是国内首次全省整体架构的普及与精英贯通的系统赛事，旨在塑造新时代校园足球文化，培育全新型足球后备人才，完善校园普及与提高融合理念的足球四级联赛体系，为推动青少年校园足球健康发展提供强劲动力。

（二）赛事构思的产生与选择

1.联赛设计的前提

教育部门和体育部门的协同（融合）。

有一个执行团队——山东省校园足球发展研究中心。

有一套整体的高效运作机制。

2.赛事设计过程

可行性调研—专家咨询—专家论证，几易其稿，最终确定赛事方案。

（三）赛事的目标设计和赛事定义

1.赛事设计理念

教体融合，立德树人，选好苗子，积极提高。

2.赛事目标

促进青少年足球参与，实现精英足球的成长（校园足球和精英足球一体化）。

3.赛事解决问题

活动碎片化和内容单一化问题、组织壁垒和功能障碍问题、人才成长不通畅问题等。

4.赛事制度

(1)多元主体协同制度

省级教育部门＋省级体育部门(横向)。

市级教育部门＋市级体育部门(横向)。

省级教育部门＋市级教育部门(纵向)。

省级体育部门＋市级体育部门(纵向)。

(2)联席会议制度

(3)会签制度(教育厅和体育局会签)

5.赛事组织结构

赛事主办方：山东省教育厅、山东省体育局。

赛事承办方：山东省校园足球发展研究中心、山东省足球运动管理中心。

6.赛事组别设计

组别设置：涵盖小学、初中、高中学段，每个学段分两个年龄段，分男女队，共13个组别。每队组队学校不得超过6所，每所学校报名人数不得超过3人。从参加过本市市级足球联赛前6名的队伍中选拔。

(四)经费来源

山东省校园足球专项经费。省财政每年安排专项经费2000万元。

(五)赛事举办情况

截至2021年，共举办了4届联赛。

山东省第一届全国青少年校园足球特色学校足球联赛于2018年9月30日至10月6日分别在济南、德州、滕州、临沂、济宁五个赛区同时进行。共计12个组别，161支队伍，2688名学生参加此次比赛。领队、教练、裁判员和官员共计683人。本届比赛有68名高中学生获得二级运动员证书。

山东省第二届全国青少年校园足球特色学校足球联赛于2019年9月30日至10月6日分别在德州、日照、淄博、临沂、滨州、青岛六个地市的七个赛区同时举行。联赛覆盖中小学从 U10 至 U18 七个年龄组的男女运动员，共有 13 个组别、175 支球队、2949 名学生参加比赛。

山东省第三届全国青少年校园足球特色学校足球联赛，于 2020 年 10 月 11～17 日、11 月 3～9 日在山东鲁能泰山足球学校举行。受疫情影响本次联赛组别为高中 U18 男子组和 U18 女子组比赛，共有 600 余名运动员和教练员参加。

山东省第四届全国青少年校园足球特色学校足球联赛(高中 U18 男子组、高中 U18 女子组)于 2021 年 11 月 18 日至 12 月 4 日在山东省校园足球训练营(总营)—临沂市青少年示范性综合实践基地举行。共有 16 支男子队伍、14 支女子队伍参赛，男、女运动员共 587 人。

(六)赛事取得的成效

经过 4 年的发展，本项赛事已经成为我省校园足球的一项品牌赛事，获得社会的高度认可。以赛事为载体，充分发挥校园足球育人功能。赛事以“体教融合、立德树人”为根本理念，充分发挥了足球的教育价值，营造了积极向上的校园足球文化，促进了山东校园足球普及教育与精英提升的一体化，有力地推动了山东省校园足球持续、健康发展。本赛事更加注重培养学生运动员的道德行为规范和社会规则意识，体现了办赛的德育理念。赛事组委会将培养学生尊重裁判、尊重对手、尊重教练、尊重赛事工作人员的意识贯穿于整个办赛理念之中，提倡公平竞赛、安全竞赛、文明竞赛，完善裁判员公正执法、教练员和运动员严守赛风赛纪的约束机制。更加注重培养学生运动员的思想政治觉悟和家国情怀，创新了办赛的内容与方式。如 2021 年联赛联赛组委会在比赛休息日举办了以“学习红色体育历史，传承红色体育精神”为主题的红色文化活动，组织运动员、教练员和裁判员参观了“红嫂文化博物馆”和“红色体育文化展览”。通过红色文化教育活动，带领师生和裁判员探索了红色体育文化的精神内核，坚定了文化自信，挖掘了民族精神在中华体育精神中的外在表现，激励每一位运动员在赛场上顽强拼搏，奋勇争先，不负青春，不负韶华。

联赛借助新媒体平台，多角度宣传校园足球文化内涵。联赛由山东电视台体育频道全程跟踪报道，通过齐鲁网、新浪微博、闪电新闻客户端、山东省校园足球发展研究中心微信公众号等平台每日推送联赛报道，多角度剖析每一场比赛的赛事细节及其背后所体现出来的教育意义，不仅向社会宣传了校园足球文化的价值内涵，更提升了足球联赛的关注度和影响力，赛事品牌效应逐渐凸显。

联赛坚持问题导向，搭建基层教练员沟通交流平台。比赛期间组织多种形式的教练员交流活动，为全省各地市的带队教练员们提供了一个互相沟通交流、分享执教经验的良好平台，促进足球特色学校教练员通过比赛发现问题、寻找差距，补足带队过程中存在的问题短板。

通过联赛也检验了各地市校园足球的发展水平。比赛成绩表明，青岛、淄博长期重视校园足球工作，校园足球运动水平继续在全省处于领先位置；临沂、滨州、济南、潍坊、济宁、菏泽加大校园足球工作力度，各学段得到较为均衡发展；聊城、烟台强化足球特色学校日常训练，比赛成绩提升明显。同时，比赛成绩表明我省校园足球运动整体发展不均衡的状况尚未得到根本改变，各市存在较大差距。

二、振华教育集团校园足球协同发展之路

（一）振华教育集团简介

胶州市中云振华教育总校（集团）成立于 2014 年 8 月，由原振华小学和中云小学合并而成。十八年来，学校从尊重孩子的兴趣出发，让越来越多的孩子喜欢上了足球运动，从中受益并享受到了足球的快乐。学校也从一所只有 300 多名学生、十几位教师的村级小学，发展到现在拥有 3 个校区、4500 多名学生、230 多名教师的教育集团。

可以说，学校选择了足球，足球也成就了学校，学校和足球的发展是密不可分的，从关注一支足球队，到校园足球的全面普及，再到关注足球人才的培养；从刚开始的精神坚守到现在的思想引领，足球赋予他们的不仅仅是特色的发展，更多的是寓于其中的深刻的教育内涵。

（二）振华教育集团校园足球发展历程

振华教育集团的前身是中云小学，中云小学的前身是兰州西路小学，是一所创办于 1975 年的乡村小学，到 2005 年姜秀山担任校长时，仍然是教学设施简陋，教学质量较差，办学特色不清，是典型的“条件贫穷、学生贫少、荣誉贫乏”的“三贫”学校。尽快改变学校的落后面貌，成为新任校长姜秀山念

兹在兹的教育梦想。上任不久，他发现了一个让人欣喜的现象：每天课外活动，学校的两位男教师各带领一支球队，在满是碎石子的操场上踢球，而其他的孩子们则在边上呐喊助威。学校里的"足球赛"，给了姜秀山很大的启发。经反复论证，他决定从兴趣入手，从尊重师生的爱好入手，把校园足球发展定为突破口，通过足球趟出一条"脱贫"之路。

从此，学校为两位教师一路"开绿灯"：为他们正式组建学校的男子足球队，并购置和安装足球设施；积极为他们争取外出交流的机会，并鼓励他们敢于参加各级各类的赛事，进一步拓宽师生踢足球的空间。在开展足球运动的初期，不给任务，不下指标，为足球队营造适宜的发展环境。

在克服了建队初期没有专业教练、没有标准场地等困难之后，从2008年开始，中云小学足球队开始崭露头角，接连在多项比赛中取得好成绩：2008年，获胶州市中小学生足球联赛冠军；2010年，获青岛市"市长杯"小学男子县市组冠军；2011年，获青岛市"肯德基"杯青少年足球锦标赛亚军。《半岛都市报》、《青岛早报》、搜狐网、腾讯网等媒体都对中云小学的足球进行报道或转载。《中国体育报》在2012年3月14日以《碎石场上踢出的足球冠军》和《业余教练不业余》为题对学校足球队进行了报道，引起了各方关注。时任国家体育总局足管中心主任韦迪为学校寄语："加油，从足球中发现快乐！"2012年5月，年维泗为学校题字："和美中云，快乐足球。"

在校园足球的带动下，"中云小学"这个名字开始逐渐为群众所熟知。学校的各方面工作也进入了一个快速上升的时期，全校师生的荣誉感、认同感、幸福感得到提升。在这种动力的推动下，学校的教学质量也展现出突飞猛进的发展势头，2010年起连续被评为胶州市教学质量优胜单位、教学管理先进单位，一跃成为胶州市村级小学梯队中的领军者。

荣誉纷至沓来，"中云现象"进一步发酵。恰恰在这时候，全国上下对校园足球给予了高度重视。于是，学校在实践中反思，在反思中实践，最初的足球发展理念发生了深刻的嬗变，逐步形成了"足球是文化""足球是教育"等校园足球发展理念，趟出了一条以"九个以"为主要内容的校园足球发展道路。自2012年起，学校的校园足球成绩斐然：全国"斯凯孚——与世界有约"全国青少年足球邀请赛第五名和第三名；"谁是球王"争霸赛青岛赛区第二名，山东四强；全国"未来之星"校园足球锦标赛第三名；2017、2018年青岛市“市长杯”冠军;2019 年青岛市“市长杯”甲组亚军;连续多年获胶州市“市长杯”甲乙组双料冠军。

(三)振华教育集团校园足球发展的价值

1.振华教育集团把立德树人作为学校发展校园足球的价值追求

自教育集团成立伊始,学校就把德育教育放在教学首位,提出“五维双翼”教育理念(“五维”即树立身心快乐、乐学善思、善于创新、向善尚美、国家情怀等五大核心素养;“双翼”即突出快乐足球和快乐阅读两大特色),进一步丰富“振华教育”文化底蕴,全面夯实学校发展文化根基。同时,学校将习惯养成作为提升德育教育的主抓手,从道德好习惯、礼仪好习惯、学习好习惯、生活好习惯等四个方面入手,加强学生行为习惯养成教育,着力培养学生形成正确的道德观、人生观和世界观,引领学生在人生道路上健康成长。

校园足球的特点是“校园”,这决定了它的育人功能,决定了它是一项富有文化内涵的综合性的教育活动。因此,该学校将校园足球定位为:植根于快乐教育,发轫于兴趣培养,着眼于身心健康,瞄向于特色创建,融合于模式创新,浸润于文化营建。

2.通过发掘足球的文化价值,塑造校园足球文化,实现立德树人目标

从一种师生业余爱好的小现象,到校园足球异军突起的大现象,进而演变成一种文化,促进了学校的跨越式发展,这一现象印证了国际足联主席布拉特所说的:“足球是一种文化。”

足球的文化内核是运动精神,它可以让我们从中学会合作、学会尊重、学会永不言败、学会不屈不挠。在校园足球发展过程中,学校始终没有忘记初衷,带领全校师生,从足球发展中寻找有价值的元素,创建学校文化:从最初的两位兼职教练身上,他们总结出“敬业比专业更有价值,热爱比谋生更有动力”;从学校最初的操场,他们总结出“心中有足球,天下到处是足球场。人生也是如此,心有多大,舞台就有多大”,“格局成就人生”;从学校足球发展的历程,他们总结出“人员多少不是足球成绩好坏的根本,思想的高度才最终决定行路的远近”;从球员在场内场外的表现,他们总结出“要坚持到底,要尊重对手,要善于总结”等认识。

学校及时将这些文化内涵“定格”,以实现从器物层到制度层再到理念层的跨跃升级,从而形成强大的文化磁场和全方位辐射。学校以足球发展

历程为蓝本，建立了足球文化展室。展室通过岁月风铃、君子好“球”、精益“球”精、文化延伸四大板块展示了足球发展历程、足球特色精髓和足球发展的眼界。学校用独特的视角，发掘足球中的德育元素，出版了《君子好“球”》文化侧记，拍摄了《君子好“球”》专题电视片；挖掘身边生动有趣的足球案例，并着手编撰《振华足球故事》丛书；设计了具有足球印记的学校吉祥物“乐乐”，利用球星制作管理名片，编创足球公益广告语，并通过网站、微信平台、校报等多种媒介传递文化信息，将文化符号植入学生心中。

有了文化就有了力量。以足球精神为底色的学校文化，成为凝聚师生思想、激发行动力的动力源。在此驱动下，学校的各项工作得到跨越式发展：2014 年，学校再度与胶州市振华小学合并，成立中云振华教育集团。学校管理、校园环境、教学品质、教育质量，无不彰显出独具学校特色的文化价值取向。姜秀山说：“如果将足球仅仅看作是课程，那它至多是丰富了学校的教育内容和形式；但如果能够看高一点儿，足球运动应当成为最顶尖的教育。一是其集体性。足球讲求团队意识和相互配合，这要比单打独斗的体育项目更能培养团队协作意识。二是高对抗性。做堂堂正正的现代中国人，‘野蛮体魄’和‘文明精神’是两个必备要素；大国崛起的路途中，需要全民族健康的体魄和坚强的意志作为支撑。三是不确定性。足球的魅力在于变幻不定、充满希望，给人以永不停歇的力量。”

2015 年 9 月 18 日，教育部“开展青少年校园足球工作座谈会”在青岛市市直机关会议中心召开。会上，姜秀山以《一所村级小学的足球视野》为题，从“看重一点儿，总有一种方式让学生与足球结缘；看远一点儿，自觉蹚出一条发展校园足球的路；看高一点儿，足球运动成为最顶尖的教育；看厚一点儿，足球运动本身是深邃的文化；看淡一点儿，让校园足球远离名利场”等五个方面做了发言，得到了与会代表的一致认可。

（四）振华教育集团校园足球协同发展之路

1.实现办学集团化

集团化办学是现代教育均衡发展的产物。2014 年 8 月，青岛市教育局出台了《关于加快办学模式改革，进一步扩大优质教育资源的指导意见》。在这种形势推动下，胶州市委市政府审时度势，根据区域分布的原则（中云小学和振华小学是对门），决定将振华小学和中云小学合并成立胶州市中云振华教育总校(集团),作为全市第一家试水办学体制改革的学校。

与一般意义上"名校带弱校"的集团化办学相比,胶州市中云振华教育集团走的是"强强联合"的道路。振华小学是老城区的一所名校,经过多年的努力发展,学校以其过硬的师资队伍和教育教学质量,名列全市小学前茅。尤其在名师团队、学生素质、快乐阅读等方面,都彰显出一所老校的深厚文化底蕴。中云小学原是一所位于城乡接合部的村级小学,自2005年以来,学校以校园足球为突破口,构建以"和美"为主题的学校文化,全面提高办学水平,形成了鲜明的办学特色。由此,如何实现两所学校的优质资源合理共享,人员有序流动,实现"1+1>2"的规模效益,就成为集团化办学的初衷。集团成立后,中云和振华两所小学的办学优势就这样实现了互补。从开始的两个校区,发展到现在的三个校区,成为胶州市最大的学校。经过管理并轨、特色共生、课程同谱,集团化办学模式逐步成熟,优质教育资源不断扩大,教育供给侧持续优化,有力促进了教育公平与均衡发展。

2.党建引领,构建起"一核五翼九制",凝聚发展合力

2018年,随着办学规模的不断扩大,集团将党建工作作为推进学校中心工作的核心抓手,党建工作同学校教育教学工作浑然一体,不可分割。党建工作决定了学校的方向、思想、理念和实践,为教育教学提供保障和服务;学校的教育教学工作反过来反映党建工作的效能,是党建工作的显影剂,率先成立胶州市第一家学校党委,在各分校设立党支部,构建起"一核五翼九制"("一核"即以中云振华教育集团党委为领导核心,加强对集团各校区各类组织和各项工作的领导;"五翼"即构建决策、执行、协商、监督、协同等五个组织;"九制"即建立联系群众、民意征询、民主协商、关爱帮扶、品牌活动、价值引领、动态管理、文明引导、组织共建等9大机制)党建共同体,开启了党建引领学校发展新篇章。同时,充分发挥学校党委的战斗堡垒作用,积极组织开展"两学一做"学习教育、"主题党日+"党建活动,有效提高了广大教师的思想觉悟,增强了团队积极进取、健康向上的凝聚力,为学校教育事业持续发展提供了有力支持。在党建生命共同体的框架下,打造全面育人新模式。

3.以联盟校助力

学校以俱乐部为依托,联合本市农村的10所学校,发起成立了"足球联盟",实现优质资源共享。学校还开展了"足球运动进社区活动",以吸引更

多的社区居民参与到足球运动中来。同时，发挥俱乐部的作用，组织各个年龄段的学生和成人加入俱乐部，由俱乐部管理并协调进行足球活动。

4.校园足球与专业俱乐部联姻

学校和黄海俱乐部合作，黄海足球俱乐部在胶州建立梯队，并把梯队放到学校中进行训练，在走向职业道路之前做好球员专业训练与学业兼顾，为学生的未来发展保驾护航。2016 年，辛泳龙、张炳越、熊文博三名球员签约内蒙古呼和浩特市队，现在这三名球员表现优良，不仅在足球专业上有较大的提高，而且在学业上也处于所在班级前列，他们的未来发展空间极为开阔。

5.以“媒体”造势，普及与宣传并重

通过《半岛都市报》、《教育家》杂志、《青岛早报》、各大网站、《金胶州》等对学校的校园足球发展进行及时报道，宣传足球理念，推广足球经验，改变足球观念。2018 年 5 月 11 日，在青岛市市长杯竞赛期间，他们邀请了 8 家媒体进行了座谈。校园足球的发展不仅要铺下身子实干，更要重视宣传工作。宣传的目的就是要让全社会关注校园足球，让更多的家长接受校园足球，让各级领导重视校园足球，进而为校园足球的发展营造良好的社会氛围，获得强劲的政策支持。

（五）振华教育集团校园足球发展效果

多年来，各级领导多次视察振华，为学校的发展定轨、导向，给予了政策、资金、硬件建设的支持，学校办学条件得到极大改善。仅 2012 年以来，学校先后荣获“全国校园足球特色学校”“全国十大爱读学校”“全国创新教育先进单位”“青岛市足球示范学校”“青岛市足球重点学校”“青岛市足球特色学校”“青岛市中小学德育工作先进集体”“胶州市足球特色学校”“胶州市书香校园”“2010～2017 年度教育体育工作先进单位”“2011～2017 年度教学管理先进单位”“胶州市教育体育系统创先争优示范点”“中国管理科学研究素质教育研究所科研重点课题足球示范校”“教育部中国好老师项目基地校”“青岛市文明单位”“青岛市文明校园”“青岛市优秀家长学校”“全国‘新教育 100’示范校”等荣誉称号。

因为了解，所以热爱；因为热爱，所以执着。从兰州西路小学到中云小学再到中云振华教育集团，在多年的办学实践中，学校已经深谙足球的协同发展之道，足球不仅仅是一种运动，它可以延伸到教育的每一个角落，托举着学校向更快、更高发展。发展到今天，校园足球不仅是这所学校工作中的一个亮点，而且“践行快乐之道，成就和美人生”的学校文化已经深入人心，并内化为全体师生工作和学习的巨大精神力量。

结　语

无论是我国还是西方，体育发展进入一个新的历史阶段，面临的一个共同问题是政府和社会如何均衡发展，尽管我国和西方发展路径不一样——西方是由社会主导为主，政府干预为辅；我国则是由政府主导，社会组织参与。如今，比在任何时候都需要关注政府、社会、市场这些核心主体在公共体育服务供给中的定位，如何进行边界和职责的划分，通过一定的制度安排，形成帕累托最优，提供高效、优质的公共体育服务。

公共体育服务的跨域性、跨边界性特征越来越突出，公共体育服务供给主体的多元化趋势和多元合作治理的实践正在逐渐改变着公共体育服务的形态和逻辑，这是世界发展的趋势和潮流。公共体育服务供给是一个复杂的投入产出过程，存在多方面的制度嵌入和联系，而不单单是一个人、财、物和组织的结合。其他主体的进入有可能在多方面改变公共体育服务供给的制度生态，协调公共体育服务供给主体的关系，建构一个多元主体参与、协同供给的公共体育供给模式，才能发挥整体效应，有效地提高公共体育服务供给绩效。

公共体育服务协同供给模式是一个复杂的系统，公共体育服协同供给分析模型构建主要包括体育发展的社会背景、公共体育服务供给的愿景和目标、协同供给的制度安排、协同的过程设计和优化、公共体育服务绩效的评价等。

公共体育服务协同供给在发达国家已成为一种主流模式。这一现象背后隐含着创造体育的公共价值的价值诉求，很多国家把体育作为实现美好社会发展的一种工具，对体育的价值认知由个体价值转向公共价值，体育在公共领域中的地位得到政府的提升和认可。并且，为了实现这一目标，提出通过建立一个跨组织的、将整个社会治理机构联合起来的协同系统，包括中央与地方政府、公共组织、私人组织以及志愿者团体。发达国家的体育服务递送深深地依赖各种伙伴关系、协议和同盟所组成的协同网络来从事和完成。这种协同供给模式改变了传统的行政组织提供模式，取而代之的是基于平等伙伴关系的合作模式。

政府是公共体育服务最大的投资者，发展体育是政府的一项重要责任。政府需要明确发展体育的目标，需要一个治理结构良好的组织来分配资金、发挥领导力，协同其他合作伙伴形成一个有效的公共体育服务递送体系来实现目标。政府必须清晰产品的概念和选择生产合作伙伴共同实现目标。国家体育管理组织（管理某个体育项目的国家组织）作为公共体育服务供给体系的核心机构，越来越受到各国政府的重视，希望扩展国家单项体育组织的权力和增强其治理能力以增加他们的行政和资金效率以及独立于政府组织的执行职能。

在公共体育服务供给中，世界各国的体育发展目标基本都是促进大众体育的参与和实现精英体育的成功。但是这一简单目标背后却隐含着一个难题和困境，就是如何权衡两者的发展。这一困境的解决需要一系列合理的制度安排，建构大众体育和竞技体育的整体化模型，通过创造一种新的方法来共享领导和利益相关者之间协作便是一种有效的制度安排。

我国社会进入全面以结构性转型为基本特征的社会转型时期，由总体性社会逐步入一个不断裂变的多元化社会。这样的背景下由原来的总体性社会中形成的全能型政府垄断的公共体育服务供给模式与新的社会结构格格不入，必然进行转型。在转型中，解体不彻底，出现连体现象、依附关系和路径依赖，多元供给主体间需要由依附性关系向合作关系转型，建立有效的协同供给体系，实现社会发展体育的目标。我们应将公共价值作为公共体育服务的价值基础，把体育纳入社会发展的总体目标中去构建公共体育服务协同供给的整体框架，在厘清政府责任的情况下，形成预算合理的治理体系。要使协同供给真正达到预期目的还需明确公共体育服务产品的概念，确立我们的合作伙伴，明确公共资金的预算、使用和责任框架，研制我国体育组织治理框架体系，并辅之以绩效评价体系。

政府提供公共服务的一个重要目标是创造公共价值，因此，在公共哲学视域下从哲学和历史的角度挖掘体育的公共价值，将公共价值管理和公共体育服务协同供给研究相结合是公共体育服务研究的一个重要问题。体育价值的研究，尤其是公共哲学视域下体育的公共价值的研究，是一个值得关注的课题。

地方政府公共体育服务协同供给，尤其是基于项目的与地方政府协同供给，是公共服务协同供给的一种重要方式，具体的供给机制和制度保障亟须进行深入研究。

我国政府职能转型的当下，构建公共体育服务协同供给模式是我们的现实选择，但这是一个复杂的需要从宏观到微观进行设计的大工程。如国家项目管理组织（我国的单项体育协会）作为公共体育服务的生产机构，脱钩后如何制定认证标准和流程进行认证，需要结合我国体育发展的现实和世界其他国家的认证标准进行深入的研究。又如我国的资金预算、公共体育组织治理原则和治理工具等亦需要进行深入的研究。这些探索都任重而道远，受研究现实条件的约束加之本人能力有限，书中未能够对我国未来公共体育服务供给的发展路径进行更深入和系统的分析，这既是本研究的不足之处，也是笔者今后努力的一个方向。

参考文献

（一）中文文献

1.岑国斌:《政府购买城市社区体育公共服务机制建设研究》,《广州体育学院学报》2018 年第 6 期。

2.陈翀、孙科:《本源·功利·回归——纵论中国校园足球改革障碍突破策略》,《体育学研究》2018 年第 2 期。

3.陈静霜:《我国公共体育服务模式选择与供给主体分析》,《成都体育学院学报》2009 年第 6 期。

4.迟福林:《政府转型与事业单位改革应同步推进》,《人民论坛》2010 年第 10 期。

5.丛湖平、卢伟:《政府购买公共体育服务的模式、问题及建议——基于苏、浙、沪、粤等省市的调研》,《体育科学》2016 年第 12 期。

6.戴永冠、林伟红:《公共体育服务概念、结构及人本思想》,《武汉体育学院学报》2012 年第 10 期。

7.邓莉:《当代中国意识形态建设的公共哲学审视》,《北京大学学报(哲学社会科学版)》2015 年第 6 期。

8.朱强:《体育慈善之初步研究》,《体育学刊》2007 年第 2 期。

9.黄寿军:《我国体育慈善事业发展中的问题与对策》,《体育文化导刊》2007 年第 8 期。

10.曹瑾、郭琼珠、何元春:《从失范到规范:体育慈善事业的相关问题研究》,《湖北体育科技》2014 年第 4 期。

11.潘四凤:《中国体育慈善事业发展存在的问题及对策研究》,《北京体育大学学报》2010 年第 6 期。

12.刘昉:《体育慈善刍议》,《体育科技文献通报》2014 年第 8 期。

13.丁鸿祥:《社区公共体育服务供给模式创新研究》,《广州体育学院学报》2012 年第 1 期。

14.方燕、张昕竹:《机制设计理论综述》,《当代财经》2012 年第 7 期。

15.冯维胜、曹可强:《政府购买公共体育服务的评估实践与反思》,《首都体育学院学报》2016 年第 6 期。

16.高奎亭、李勇勤、孙庆祝、殷志栋:《地方政府购买公共体育服务的经验、启示与选择》,《首都体育学院学报》2018 年第 2 期。

17.关怀志:《多元主体参与公共体育服务治理的协同机制研究》,《文化创新比较研究》2017 年第 12 期。

18.郭其友、李宝良:《机制设计理论:资源最优配置机制性质的解释与应用——2007 年度诺贝尔经济学奖得主的主要经济学理论贡献述评》,《外国经济与管理》2008 年第 11 期。

19.韩丹:《中国群众体育路向何方》,《体育与科学》2004 年第 2 期。

20.郝海亭、肖林鹏、郇昌店等:《自治——公共体育服务的"公平、效率"供给方式》,《广州体育学院学报》2010 年第 2 期。

21.胡敏中:《论公共价值》,《北京师范大学学报(社会科学版)》2008 年第 1 期。

22.陈庆云、鄞益奋:《论公共管理研究中的利益分析》,《中国行政管理》2005 年第 5 期。

23.胡伟:《论我国政府购买公共体育服务制度的完善》,《体育与科学》2016 年第 1 期。

24.花楷、刘晓宇:《"精明买家":政府购买体育公共服务的内在逻辑、现实困境与实现路径》,《天津体育学院学报》2018 年第 1 期。

25.黄洋:《希腊城邦的公共空间与政治文化》,《历史研究》2005 年第

5 期。

26.熊欢:《城市化与市民体育的兴起——美中城市体育发展之比较》,《体育科学》2008 年第 5 期。

27.蒋中伟、刘露、艾志远、王大鹏:《基于善治理论的我国校园足球治理机制研究》,《沈阳体育学院学报》2019 年第 3 期。

28.荆俊昌、冯欣欣:《服务型政府背景下公共体育服务的多元化供给研究》,《沈阳体育学院学报》2011 年第 6 期。

29.柯火炎:《中华全国体育协进会研究(1924～1949)》,华中师范大学硕士学位论文,2009 年。

30.孔德银:《我国政府购买体育公共服务模式研究——基于理论与经验的分析》,《云南行政学院学报》2017 年第 1 期。

31.来博:《多元供给模式下我国公共体育服务供给侧结构性改革研究》,《广州体育学院学报》2018 年第 1 期。

32.赖其军、郇昌店等:《从政府投入到政府购买——公共体育服务供给创新研究》,《体育文化导刊》2010 年第 7 期。

33.兰自力、骆映、魏太森:《逻辑检视与现实困境:政府购买公共体育服务路径探析》,《武汉体育学院学报》2016 年第 10 期。

34.蓝国彬、樊炳有:《我国体育公共服务供给主体及供给方式探析》,《首都体育学院学报》2010 年第 2 期。

35.李峰、刘璐:《发达国家政府购买公共体育服务的经验及其启示》,《云南行政学院学报》2017 年第 2 期。

36.李克敏、刘春华:《政府购买体育服务的项目制选择与治理成效》,《北京体育大学学报》2016 年第 11 期。

37.张圣、徐家良:《政府慈善赋权何以走向有序?——探寻渐进之道》,《学习与实践》2021 年第 3 期。

38.郑功成:《中国慈善事业发展:成效、问题与制度完善》,《中共中央党校(国家行政学院)学报》2020 年第 6 期。

39.朱俊立:《构建公共财政与慈善组织间培育服务性合作新关系模式》,《财政研究》2011 年第 9 期。

40.汪大海、何立军:《中国慈善事业的合作治理模式及其路径选择》,《江西社会科学》2010 年第 5 期。

41.冯佳:《发展慈善事业任重道远——专访全国政协委员、清华大学公共管理学院教授王名》,《中国社会组织》2015 年第 6 期。

42.李卫东、夏伦、王健:《校园足球活动政策的本质内涵、发展目标与推进思路》,《体育文化导刊》2018 年第 2 期。

43.林尚立:《中国政治发展的动力资源》,《探索与争鸣》2000 年第 2 期。

44.刘峰:《不完全信息、激励与机制设计理论——2007 年度诺贝尔经济学奖评述》,《光明日报》2007 年 10 月 30 日。

45.刘世宏、陈海:《发展校园足球现存主要问题及改进策略》,《山东体育学院学报》2015 年第 4 期。

46.刘艳:《公共体育服务多元参与机制创新研究》,《北京体育大学学报》2016 年第 1 期。

47.刘艳丽、苗大培:《社会资本与社区体育公共服务》,《体育学刊》2005 年第 3 期。

48.刘艳丽、姚从容:《从经济学视角试论我国体育公共服务产业生产主体的多元化》,《西安体育学院学报》2004 年第 5 期。

49.刘玉:《广东省政府购买公共体育服务研究》,《中国体育科技》2017 年第 6 期。

50.柳鸣毅、丁煌:《基于路线图方法的我国青少年校园足球治理体系研究》,《武汉体育学院学报》2017 年第 1 期。

51.龙静云、戴圣鹏:《论企业的慈善责任》,《伦理学研究》2010 年第 4 期。

52.曾盛聪:《伦理失灵、道德焦虑与慈善公信力重建》,《哲学动态》2013 年第 10 期。

53.满江虹:《体育企业参与政府购买公共服务的模式》,《上海体育学院学报》2017 年第 5 期。

54.梅湘屏、郭建强:《政府购买公共体育服务绩效研究——以常州市为例》,《体育科技》2017 年第 3 期。

55.彭锦鹏:《全观型治理:理论与制度化策略》,《政治科学论丛》(台湾)2005 年第 23 期。

56.彭炤灯:《政府购买视角下的校园足球体系构建研究》,《广州体育学院学报》2018 年第 5 期。

57.秦小平、王格格、王健、陈元欣:《政府购买体育公共服务法律缺失与对策研究》,《山东体育学院学报》2016 年第 2 期。

58.邱林、戴福祥、张廷安:《我国校园足球发展中政府职能定位研究》,《武汉体育学院学报》2016 年第 6 期。

59.邱林、王家宏:《国家治理现代化进程中校园足球体制革新的价值导向与现实路径》,《上海体育学院学报》2018 年第 4 期。

60.沈克印、吕万刚:《我国政府购买公共体育服务的制度建设研究——基于社会学制度主义的分析视角》,《成都体育学院学报》2017 年第 1 期。

61.沈克印、吕万刚:《政府购买公共体育服务的学理逻辑与边界问题研究》,《首都体育学院学报》2018 年第 2 期。

62.史小强、戴健、程华、刘峥:《政府在购买全民健身公共服务中的角色偏差与矫正》,《成都体育学院学报》2018 年第 1 期。

63.世界银行:《让服务惠及穷人——2004 年世界发展报告》,中国财政经济出版社 2004 年版。

64.孙立平:《"中等收入陷阱"还是"转型陷阱"?》,《开放时代》2012 年第 3 期。

65.唐刚、彭英:《多元主体参与公共体育服务治理的协同机制研究》,《体育科学》2016 年第 3 期。

66.唐任伍、赵国钦:《公共服务跨界合作:碎片化服务的整合》,《中国行政管理》2012 年第 8 期。

67.田凯:《组织外形化:非协调约束下的组织运作——一个研究中国慈善组织与政府关系的理论框架》,《社会学研究》2004 年第 4 期。

68.田培杰:《协同治理:理论研究框架与分析模型》,上海交通大学博士学位论文,2013 年。

69.汪全胜、卫学芝:《政府购买体育公共服务的运作机制析论》,《体育与科学》2017 年第 4 期。

70.王崇喜、陈治:《校园足球运动县域推进体系的构建与实践探索——以临颍县校园足球发展工程为例》,《北京体育大学学报》2012 年第 4 期。

71.王名:《中国民间组织 30 年:走向公民社会》,社会科学文献出版社 2008 年版。

72.吴卅、常娟:《政府购买公共体育服务研究——基于上海市民体育大联赛个案调查》,《体育文化导刊》2016 年第 1 期。

73.吴卅:《政府购买公共体育服务绩效评估现状——基于上海市和常州市经验》,《北京体育大学学报》2017 年第 3 期。

74.肖林鹏、李宗浩、杨晓晨:《公共体育服务概念及其理论分析》,《天津体育学院学报》2007 年第 2 期。

75.肖林鹏:《论我国公共体育服务供给的基本问题》,《体育文化导刊》2008 年第 1 期。

76.谢叶寿、阿英嘎:《英国政府购买公共体育服务的实践与启示》,《体育与科学》2016 年第 2 期。

77.谢叶寿、陈钧:《政府购买公共体育服务的风险及防范措施》,《首都体育学院学报》2018 年第 3 期。

78.严强:《论公共政策的价值》,《南京政治学院学报》2007 年第 2 期。

79.杨冬钧:《全民共享体育公共服务的制度困境与优化》,《浙江工业大学学报(社会科学版)》2010 年第 3 期。

80.尹维增、张德利:《对构建和谐社会环境下公共体育服务的基本责任研究》,《体育与科学》2009 年第 1 期。

81.袁方成、盛元芝:《“新公共管理运动”的困境与转型——新西兰公共部门改革的反思及参鉴》,《公共管理学报》2011 年第 3 期。

82.袁新锋:《政府购买公共体育服务边界的研究》,《山东体育学院学报》2017 年第 3 期。

83.张大超、杨娟:《我国政府购买公共体育服务的现实困境和发展对策》,《体育科学》2017 年第 9 期。

84.张德利、尹维增、李诚刚、朱峰、张永龙:《欧美政府购买体育公共服务模式及对我国的启示》,《体育与科学》2018 年第 6 期。

85.张磊:《多主体参与下的京津冀校园足球协同发展创新策略——基于三螺旋模型的分析》,《北京体育大学学报》2020 年第 9 期。

86.张立荣、曾维和:《当代西方"整体政府"公共服务模式及其借鉴》,《中国行政管理》2008 年第 7 期。

87.张韬磊、吴燕丹:《政府购买残疾人公共体育服务的实现路径研究》,《西安体育学院学报》2018 年第 1 期。

88.张廷安:《我国校园足球未来发展中应当确立的科学发展观》,《北京体育大学学报》2015 年第 1 期。

89.张小航、杨华:《政府购买公共体育服务中的现代财政保障机制研究》,《天津体育学院学报》2018 年第 3 期。

90.张义峰、李文辉:《"合作主义"公共体育服务模式探析——基于非营利性体育组织发展视角》,《吉林体育学院学报》2011 年第 1 期。

91.赵曼丽:《公共服务协同供给研究:基于共生理论的分析框架》,《学术论坛》2012 年第 12 期。

92.郑恒峰:《基于我国公共服务中我国政府公共服务供给机制创新研究:基于协同治理的视角》,《辽宁行政学院学报》2009 年第 11 期。

93.郑娟、郑志强:《公共体育服务协同供给:基于演化博弈的分析框架》,《中国体育科技》2017 年第 2 期。

94.郑卫荣:《政府治理视角下的公共服务协同治理》,《经营与管理》2010 年第 6 期。

95.郑原、李卫东、韩斌、许明浩:《省域校园足球推进的审视与未来发展——基于 H 省的实地调研》,《武汉体育学院学报》2019 年第 4 期。

96.周志忍、蒋敏娟:《中国政府跨部门协同机制探析:一个叙事与诊断框架》,《公共行政评论》2013 年第 1 期。

97.赵立波:《大部制改革理性定位与战略设计》,《行政论坛》2013 年第 3 期。

98.朱光磊、张志红:《"职责同构"批判》,《北京大学学报(哲学社会科学版)》2005 年第 1 期。

99.[美]托马斯・R.戴伊:《理解公共政策》,谢明译,中国人民大学出版社 2004 年版。

100.[美]E.S.萨瓦斯:《民营化与公私部门的伙伴关系》,周志忍等译,中国人民大学出版社 2002 年版。

101.[美]埃莉诺・奥斯特罗姆:《公共事物的冶理之道》,余逊达、陈旭东译,上海三联书店 2000 年版。

102.[美]戴维・奥斯本、[美]特德・盖布勒:《改革政府:企业家精神如何改革着公营部门》,周敦仁等译,上海译文出版社 1996 年版。

103.[美]罗纳德・J.奥克森:《治理地方公共经济》,万鹏飞译,北京大学出版社 2005 年版。

104.[美]马克・穆尔:《创造公共价值:政府战略管理》,伍满桂译,清华大学出版社 2003 年版。

105.[美]迈克尔・麦金尼斯:《多中心体制与地方公共经济》,毛寿龙译,上海三联书店 2000 年版。

106.[美]萨拉蒙:《公共服务中的伙伴:现代福利国家中政府与非营利组织的关系》,田凯译,商务印书馆 2008 年版。

107.[英]达霖・格里姆赛、[澳]莫文・K.刘易斯:《公私合作伙伴关系:基础设施供给和项目融资的全球革命》,济邦咨询公司译,中国人民大学出版社 2008 年版。

108.[英]尼古拉斯・迪金:《政府、民间团体和企业在英国社会福利中的协作伙伴关系》,《行政管理改革》2010 年第 7 期。

109.李长晏:《跨域治理》,台北五南图书出版股份有限公司 2005 年版。

110.车峰:《我国公共服务领域政府与 NGO 合作机制研究》,中央民族大学博士学位论文,2012 年。

111.陈喆:《中国部际联席会议制度的实施效果研究》,华东政法大学硕士学位论文,2016 年。

112.翟志远:《公共服务供给中的主体间关系——基于中国的多案例分析与比较》,浙江大学博士学位论文,2012 年。

113.李炜冰:《中国慈善事业发展中的政府责任研究》,南京大学博士学位论文,2013 年。

114.刘笑贝:《县级政府购买青少年校园足球服务研究——以株洲市荷塘区为例》,湘潭大学硕士学位论文,2020 年。

115.苗治文:《当代中国体育公共政策分析》,北京体育大学博士学位论文,2006 年。

116.秦长江:《协作性公共管理:理念、结构与过程》,上海交通大学博士学位论文,2012 年。

117.吴玉昊:《山东省校园足球公共服务体系及供给模式的研究》,山东大学硕士学位论文,2017 年。

118.汪辉勇:《公共价值论》,湘潭大学博士学位论文,2008 年。

119.吴丽芳:《我国青少年校园足球协同治理研究》,福建师范大学博士学位论文,2020 年。

120.吴玉昊:《山东省校园足球公共服务体系及供给模式的研究》,山东大学硕士学位论文,2017 年。

121.谢志平:《关系、限度、制度:转型中国的政府与慈善组织》,复旦大学博士学位论文,2007 年。

122.杨丽芳:《我国单项运动协会体制改革研究》,北京体育大学博士论文,2013 年。

123.袁腾飞:《青岛市青少年校园足球公共服务供给体系研究》,山东体育学院硕士学位论文,2020 年。

124.张帆:《政府购买服务视角下淮北市校园足球发展路径研究》,淮北师范大学硕士论文,2018 年。

(二)外文文献

1.Ansell, C., Gash, A., "Collaborative Governance in Theory and Practice", *Journal of Public Administration Research and Theory*, 2008, 18(4).

2.Bardach, E., "*Getting Agencies to Work Together: The Practice and Theory of Managerial Craftsmanship*", Washington, D. C.: Brookings Institution Press, 1998.

3.Booth, D., "Sports Policy in Australia: Right, Just and Rational?" *The Australian Quarterly*, 1995.

4.Brockett, C., *Australia: Evolution and Motivators of National Sport Policy*, London: Palgrave Macmillan UK, 2017.

5.Bryson, J. M., Crosby, B. C., "Stone, M. M., "The Design and Implementation of Cross-Sector Collaborations: Propositions from the Literature", *Public Administration Review*, 2006, 66(1).

6.Cigler, B. A., "Preconditions for the Emergence of Multicommunity Collaborative Organizations", *Review of Policy Research*, 1999, 16(1).

7.Clarke, J., Ojo, J. S., "Sport Policy in Cameroon", *International Journal of Sport Policy*, 2017, 9(1).

8.Culpepper, P. D., *Institutional Rules, Social Capacity, and the Stuff of Politics: Experiments in Collaborative Governance in France and Italy*, European University Institute, 2004.

9.Dawes, S. S., Eglene, O., "New models of collaboration for delivering government services: A dynamic model drawn from multi-national research", Proceedings of the 2004 Annual National Conference on Digital Government Research", Digital Government Society of North America, 2004.

10.Dedekorkut, A., *Determinants of Success in Interorganizational Collaboration for Natural Resource Management*, The Florida State University, 2004.

11.Doyeon, W., Meungguk, P., "Motivating Factors Influencing College Students' Participation in Charity Sport Events", *International Journal of Sport Management & Marketing*, 2010, 8(3/4).

12.Fahlén, J., Wickman, I. E. K., "Resisting Self-Regulation: An Analysis of Sport Policy Programme Making and Implementation in

Sweden", *International Journal of Sport Policy*, 2014, 7(3).

13.Filo, K., Funk, D., O'Brien, D., "The Antecedents and Outcomes of Attachment and Sponsor Image within Charity Sport Events", *Journal of Sport Management*, 2010, 24(6)

14.Wood, L., Snelgrove. R., Danylchuk, K., "Segmenting Volunteer Fundraisers at a Charity Sport Event", *Journal of Nonprofit & Public Sector Marketing*, 2010, 22(1).

15.Filo, K., "The Meaning behind Attachment: Exploring Camaraderie, Cause, and Competency at a Charity Sport Event", *Journal of Sport Management*, 2009, 23(3).

16.Bunds, K.S., Brandon-Lai, S., Armstrong, C., "An Inductive Investigation of Participants' Attachment to Charity Sports Events: The Case of Team Water Charity", *European Sport Management Quarterly*, 2016, 16(3).

17.Green, M., "Olympic Glory or Grassroots Development? Sport Policy Priorities in Australia, Canada and the United Kingdom, 1960-2006", *The International Journal of the History of Sport*, 2007, 24(7).

18.Harris, S., *An Analysis of the Significance of Sub-regional Partnerships in the Community Sport Policy Process*, Loughborough University, 2014.

19. Hartmann-Tews., I., "Social Stratification in Sport and Sport Policy in the European Union", *European Journal for Sport & Society*, 2016, 3(2).

20.Sullivan, H., Skelcher C., *Working Across Boundaries*: *Collaboration in Public Services*, London: Palgrave Macmillan, 2002.

21.Houlihan, B., *Sport*, *Policy*, *and Politics*: *A Comparative Analysis*, London: Psychology Press, 1997.

22.Barrie, H., Green M., eds., *Comparative Elite Sport Development*, london: Routledge Press, 2007.

23.Huxham, C., Vangen, S., *Managing to Collaborate: The Theory and Practice of Collaborative Advantage*, Routledge Press, 2013.

24.Keat, R. A. , & Sam, M. P., "Regional Implementation of New Zealand Sport Policy: New Instrument, New Challenges", *International Journal of Sport Policy & Politics*, 2013, 5(1).

25.Kelly, G., Mulgan, G., Muers, S., "Creating Public Value: An Analytical Framework for Public Service Reform", London: Strategy Unit, Cabinet Office, 2002.

26.Kobayashi, T., Hoye, R., Nicholson, M., "Sport Policy in Vanuatu", *International Journal of Sport Policy and Politics*, 2017, 9(4).

27.Meier, H. E. , & Fuchs, A., "From Corporatism to Open Networks? Structural Changes in German Sport Policy-making", *International Journal of Sport Policy & Politics*, 2014, 6(3).

28.Morse, R. S., Stephens, J. B., "Teaching Collaborative Governance: Phases, Competencies, and Case-based learning", *Journal of Public Affairs Education*, 2012, 18(3).

29.Ostrom, V. & Ostrom, E., *Public Goods and Public Choices, in Alternatives for Delivering Public Services: Toward Improved Performance*, New York: Westview Press, 1977.

30.Parnell, D., Cope, E., Bailey, R., et al., "Sport Policy and English Primary Physical Education: The Role of Professional Football Clubs in Outsourcing", *Sport in Society*, 2017, 20(2).

31.Piggin, J., Jackson, S., Lewis, M., "Telling the Truth in Public Policy: An Analysis of New Zealand Sport Policy Discourse", *Sociology of Sport Journal*, 2009 (26).

32.Ring, P. S., van de Ven, Andrew, H., "Development Processes of Cooperative Interorganizational Relationships", *Academy of Management Review*,1994, 19(1).

33.Royce, H, "The Urban Filthier New Policies and Issues", *Journal of Housing*, January, 1987.

34.Scelles, N., "France: Organisation of Sport and Policy Towards Sport Federations", *Sport Policy Systems and Sport Federations*, Palgrave Macmillan UK, 2017.

35.Scheerder, J., "Vandermeerschen, H., Breedveld, K., Diversity in Participation Reigns, Policy Challenges Ahead: Sport for All (Ages) from a European Perspective", *Sport and Physical Activity Across the Lifespan*, 2017.

36.Zadek, S., "The Logic of Collaborative Governance: Corporate responsibility, Accountability and the Social Contract", *Corporate Social Responsibility Initiative working paper*, 2006, 17.

后 记

研究，如同在森林里寻找那一条通向彼岸的路，有时步履维艰去摘取那颗鲜亮的果实，有时披荆斩棘去发现远处的那点微光，时间在一点一滴的探索中流走，变成那一颗颗闪烁的思想火花散落在成果的字里行间。

不经研究不会理解多少个不眠之夜思考的痛苦和获得有价值信息的欣喜，人生苦乐，尽在努力的过程之中……

感谢在我的学术成长之路上帮助我的老师、朋友和亲人。感恩于山东省校园足球发展研究中心这一平台给予我研究和实践校园足球梦的机会，让我于思考中实践，在实践中不断的探索和成长。

马玉华

2023 年 9 月